EDITORA DO CONHECIMENTO

Auxiliando a humanidade a encontrar a Verdade

Luzes da Teosofia

Luzes da Teosofia – Vol. 7

Autores diversos

CONHECIMENTO EDITORIAL LTDA.
Rua Prof. Paulo Chaves, 276 – Vila Teixeira Marques
CEP 13480-970 — Limeira — SP
Fone/Fax: 19 3451-5440
www.edconhecimento.com.br
vendas@edconhecimento.com.br

Organizador: Edilson Almeida Pedrosa
Projeto gráfico: Sérgio Carvalho
Ilustração da capa: Caspar David Friedrich
Caminhante sobre o mar de névoa

ISBN 978-65-5727-038-7
1ª Edição – 2020

• Impresso no Brasil • Presita en Brazilo
Produzido no departamento gráfico da

Conhecimento Editorial Ltda
grafica@edconhecimento.com.br

Dados Internacionais de Catalogação na Publicação (CIP)
Angélica Ilacqua CRB-8/7057

Luzes da Teosofia – Vol. 7 / Organizado por Edilson Almeida Pedrosa — Limeira, SP : Editora do Conhecimento, 2020.

246 p. (Teosofia: A força da Verdade)

Diversos autores
ISBN 978-65-5727-038-7

1. Teosofia 2.Ciências ocultas 3. Espiritualidade 4. Reencarnação 5. Filosofia I. Pedrosa, Edilson Almeida

20-2312 CDD – 130

Índices para catálogo sistemático:
1. Ciências ocultas : Esoterismo

Autores diversos

Luzes da Teosofia

Volume 7

1ª edição
2020

EDITORA DO CONHECIMENTO

A iluminação não é um substituto para a virtude, esforço ou disciplina, mas a recompensa pela alta realização em todas essas virtudes. As pessoas gentis que acreditam que a realização espiritual irá aliviá-las de suas responsabilidades terrenas têm muito de teologia, mas não suficiente filosofia em suas almas. A teologia ensina a lançar seus fardos sobre os outros, mas a filosofia diz-lhes para carregá-los por si mesmos. A iluminação não é o início do ocultismo, mas o fim da senda. Poucos procuram a sabedoria por ela mesma, muitos a desejam apenas como uma solução para os desconfortos da vida. A sabedoria seguramente liberta o homem da servidão aos aborrecimentos triviais, mas também lhe confere uma responsabilidade maior do que ele jamais imaginou.

Manly Palmer Hall, em *Palavras para o Sábio: Um Guia Prático para as Ciências Ocultas*

Conteúdo

Prefácio

> Um livro aberto é um cérebro que fala; fechado, um amigo que espera; esquecido, uma alma que perdoa; destruído, um coração que chora. – Tagore

A teosofia é o acervo de conhecimentos das causas da existência de tudo no Universo retido por um grupo de seres extraordinários chamados adeptos, cujas mentes estão em perfeita sintonia com a Mente Universal. Além da busca incessante pelo conhecimento e sabedoria universais, as doutrinas teosóficas firmam-se também nos preceitos do amor, da fraternidade e do não egoísmo. É nesse manancial infinito e eterno da verdade, do amor e da sabedoria universais onde se assentam todas as religiões e encontra-se a essência dos sistemas filosófico-religiosos da antiguidade. A teosofia unifica, explica e harmoniza filosofia, ciência e religião, e o exame apurado da literatura teosófica autêntica deixa transparecer claramente essa concordância fundamental.

O movimento teosófico moderno, fundado por H. P. Blavatsky e Henry Steel Olcott, no último quartel do século XIX, espalhou-se pelo mundo e tem se tornado cada vez mais conhecido na atualidade. Grande parte do sucesso dessa nova corrente de pensamento deve-se à notável obra escrita deixada por Blavatsky, a qual se coloca como um dos capítulos mais destacados da criatividade humana. Percebe-se naquele magnífico edifício literário uma espantosa demonstração de talento, erudição, inspiração, visão profética, profundidade espiritual, constituindo-se um fenômeno inexplicável que ainda choca e surpreende a mente da maioria das pessoas que entram em contato com ele. A grandiosa obra de Blavatsky compõe-se não apenas dos muitos e importantíssimos livros que publicou, mas também de numerosos artigos editados por vários periódicos e que formam, em seu conjunto, um acervo monumental. Boris de Zirkoff, sobrinho de Blavatsky, colecionou notas, diários, artigos, cartas, bem como todos os seus livros publicados, perfazendo uma coleção, em 14 volumes, que foi denominada The Blavatsky Collected Writings e totaliza mais de 8000 páginas.

Além de todo esse rico material provindo da fundadora, que contém ensinamentos valiosos, com suas instruções particulares, inclusive as que ela transmitiu depois de 1888 aos membros da Seção Esotérica da Sociedade Teosófica, os atuais teósofos dispõem de uma quantidade volumosa de livros, pesquisas e artigos elaborados por teósofos notáveis de grande erudição e espiritualidade, sendo alguns deles companheiros de primeira hora dos fundadores da Sociedade Teosófica e outros que se destacaram em fases subsequentes de desenvolvimento e expansão da teosofia pelo mundo, inclusive na atualidade. Só para lembrar alguns nomes, podemos citar, dentre dezenas de outros igualmente importantes: A. P. Sinnett, William Q. Judge, H. S. Olcott, Annie Besant, T. Subba Rao, C. W. Leadbeater, G. R. S. Mead, Gerald Massey, Franz Hartmann, Ernest Wood, C. Jinarajadasa, Arthur A. Powell, N. Sri Ram, Geoffrey Hodson, Gottefried de Purucker, Boris de Zirkoff, Clara M.Codd, P. G. B. Bowen, Geoffrey Farthing, N. Bhashyacharya, R. B. Holt, Parabolanus, Frederick Hockley, Geo. C. Williams, Ianthe Hoskins, A. L. Pogosky, Bhagavan Das.

Após quase 150 anos da fundação da Sociedade Teosófica, ocorrida em 1875, a tremenda produção literária dos teósofos e pesquisadores vinculados, discípulos ou não dos mestres de sabedoria, especialmente os milhares de artigos produzidos, encontram-se à disposição dos estudantes de filosofia esotérica na forma de livros e outras publicações ou até mesmo na internet. Porém, quase tudo se encontra redigido em línguas estrangeiras, especialmente a inglesa, o que dificulta enormemente para os pesquisadores e buscadores da vida espiritual de língua portuguesa com desconhecimento de outros idiomas.

Há, por conseguinte, grande demanda a ser suprida por mais publicações na nossa língua que exponham integralmente o pensamento dominante e as tendências atuais que derivam dos ensinamentos valiosos da Sabedoria Antiga. A **EDITORA DO CONHECIMENTO** espera agora que esse anseio possa ser satisfeito com a publicação da presente série de volumes do selo 'Luzes da Teosofia'. A profícua produção literária sob a forma de artigos produzidos por Blavatsky e os mais destacados teósofos do passado e da atualidade serão disponibilizados, a cada mês, sob o formato de livros, numa série sem prazo determinado para terminar. A Editora espera que essa antologia do conhecimento divino, exposta magistralmente por qualificados pesquisadores da verdade eterna, possa se constituir num roteiro seguro de acesso ao conhecimento esotérico.

Os teósofos caracterizam-se especialmente por serem livres pensadores. Desde a sua fundação, a Sociedade Teosófica, apesar de ter o seu corpo doutrinário, nunca impôs aos seus membros renúncia às crenças particulares e aos ensinamentos e dogmas de suas religiões, a única exigência é com a prática da fraternidade e o respeito mútuo. De sorte que não se deve esperar nos textos apresentados nesta série ora lançada inteira coerência e concordância uns com os outros, pois cada autor teosófico tem o direito de expressar livremente o pensamento de qualquer escola a que esteja vinculado, mas jamais o de menosprezar opiniões opostas à sua ou de forçar qualquer pessoa a aceitar os seus pontos de vista.

Sonhos[1]

por H. P. Blavatsky
Tradução: Edilson A. Pedrosa

Observação: Este trabalho foi reproduzido a partir de anotações taquigráficas, que foram realizadas no momento em que o assunto era discutido. As afirmações de H. P. B. ocorrem na forma de respostas a perguntas. Na reimpressão seguinte, as perguntas foram omitidas, as respostas de Blavatsky foram, porém, preservadas com a adição de algumas poucas palavras em locais onde se tornavam necessárias à compreensão.

Alma animal só ativa em sonhos

Nos sonhos comuns, chamados de visões ociosas, que se distinguem dos sonhos reais, os princípios ativos são ***kama***[2], a sede do ego pessoal e do desejo, que é despertado para atividade caótica pelas reminiscências adormecidas do ***manas*** inferior, ou alma animal (o ***nephesh*** dos cabalistas hebraicos). Ele é o raio que emana do ***manas*** superior, ou ego permanente, e é esse princípio que forma a mente humana no instinto dos animais, pois os animais também sonham.[3] Essa ação combinada de ***kama*** e da alma animal é, no entanto, pura-

[1] Título original: *Dreams*. Texto reimpresso de *Transactions of The Blavatsky Lodge of The Theosophical Society*, 1890 (Comunicações da Loja Blavatsky da Sociedade Teosófica: 1890), editado e reorganizado por Alice Leighton Claro. The Blavatsky Pamphlets – n. 7.

[2] Remetemos o leitar ao final deste trabalho, onde há um glossário (Anexo n° 1) das palavras que interessam ao entendimento do texto e ao Anexo n° 2, que é um quadro sinótico dos sete princípios constituintes do ser humano. (NT).

[3] [A palavra 'sonho' significa realmente 'adormecer', sendo a última função chamada em russo *dreamatj*. – ED].

mente mecânica. É o instinto, não a razão, que está ativo nela. Durante o sono do corpo, eles[4] recebem e emitem choques elétricos mecânicos de e para vários centros nervosos. O cérebro dificilmente é impressionado por eles, e a memória armazena-os naturalmente, sem ordem ou sequência. Ao despertar, essas impressões desaparecem gradualmente, assim como todas as sombras fugazes que não têm uma realidade básica ou substancial subjacente. A faculdade retentiva do cérebro, no entanto, pode registrar e preservá-las se elas o tiverem impressionado forte o bastante. Mas, como regra, nossa memória registra apenas as impressões fugidias e distorcidas que o cérebro recebe no momento do despertar. Esse aspecto dos sonhos, no entanto, foi suficientemente observado e descrito corretamente em obras fisiológicas e biológicas modernas, pois tais sonhos humanos não diferem muito dos sonhos dos animais. Aquilo que é inteiramente terra incógnita para a ciência são os sonhos e as experiências reais do ego superior, que também são chamados de sonhos, mas não deveriam ser assim denominados ou, então, o termo que designa as outras "visões" dos adormecidos deveria mudar.

Ego imortal ativo em sonhos reais

A natureza e as funções dos sonhos reais não podem ser compreendidas a menos que admitamos a existência de um ego imortal no homem mortal, independente do corpo físico; pois o assunto torna-se praticamente ininteligível a menos que acreditemos – o que é fato – que durante o sono o indivíduo torna-se apenas uma forma animada de argila, cujos poderes de pensamento independente estão totalmente paralisados.

Mas, se admitirmos a existência de um ego superior ou permanente em nós (e que ego não deve ser confundido com o que chamamos de "eu superior") poderemos compreender que aquilo que frequentemente consideramos sonhos, geralmente aceitos como fantasias ociosas, são, na verdade, páginas desgarradas e arrancadas da vida e das experiências do homem interior, das quais a fraca lembrança, no momento de despertar, torna-se mais ou menos distorcida pela nossa

[4] [*Kamas* e *manas* inferior. NT].

memória física. Esta última memória captura mecanicamente algumas impressões dos pensamentos, fatos testemunhados e atos realizados pelo homem interior durante suas horas de total liberdade. Pois nosso ego vive sua própria vida separada dentro de sua prisão de barro sempre que se liberta das amarras da matéria, ou seja, durante o sono do homem físico. Esse ego é o ator, o homem real, o verdadeiro eu humano. Porquanto o homem físico não pode sentir ou ser consciente durante os sonhos; pois a personalidade, o homem exterior, com seu cérebro e mecanismo de pensamento, fica mais ou menos paralisado por completo.

Poderíamos comparar o ego real a um prisioneiro, e a personalidade física ao carcereiro de sua prisão. Se o carcereiro adormece, o prisioneiro escapa ou, pelo menos, passa para o lado de fora das paredes de sua prisão. O carcereiro está meio adormecido e parece balançar a cabeça o tempo todo por uma janela, através da qual ele só consegue, de vez em quando, ter vislumbres de seu prisioneiro, como se ele fosse uma espécie de sombra se movendo na frente dele. Mas o carcereiro não pode perceber nem saber nada das ações reais – e especialmente dos pensamentos – do seu custodiado; pois, em todos os eventos, durante o sono, esses não impressionam o seu carcereiro. O verdadeiro ego não pensa como sua personalidade evanescente e temporária. Durante as horas de vigília, os pensamentos e a voz do ego superior atingem ou não o seu carcereiro – o homem físico – pois são a voz de sua consciência, mas durante o sono são absolutamente a "voz no deserto". Nos pensamentos do homem real, ou da "individualidade" imortal, as imagens e visões do passado e do futuro são como as do presente; nem seus pensamentos são como os nossos, imagens subjetivas em nossa atividade mental, mas atos e ações vivas, atualidades presentes. São realidades, assim como foram quando a fala expressa em sons não existia; quando os pensamentos eram coisas, e os homens não precisavam expressá-las em discursos, pois eles percebiam-nas instantaneamente em ação pelo poder de *kriya-sakti*, aquele poder misterioso que transforma instantaneamente ideias em formas visíveis, e essas eram tão objetivas para o "homem" da terceira raça quanto os objetos da visão são agora para nós.

Ações-pensamento do ego

Os poucos fragmentos daqueles pensamentos do ego que são transmitidos à nossa memória física, que às vezes os retém, são refletidos no cérebro do adormecido como sombras externas nas paredes de lona de uma tenda, as quais o ocupante vê quando acorda. Então o homem pensa que sonhou tudo aquilo e sente como se tivesse vivido alguma coisa, enquanto são, na realidade, as ações-pensamento do verdadeiro ego que ele percebeu vagamente. À medida que fica completamente desperto, suas lembranças tornam-se a cada minuto mais distorcidas e se misturam às imagens projetadas do cérebro físico, sob a ação do estímulo que faz com que o adormecido desperte. Essas lembranças, pelo poder de associação, colocam em movimento vários conjuntos de ideias.

Para o sonhador (o ego), em seu próprio plano, as coisas naquele plano são tão objetivas quanto os nossos atos são para nós. Os sentidos do dormente recebem choques ocasionais e são despertados em ações mecânicas; o que ele ouve e vê é, como já foi dito, um reflexo distorcido dos pensamentos do ego. Este último é espiritual superior e está intimamente ligado aos princípios superiores, *buddhi* e *atmâ*. Estes princípios superiores são inteiramente inativos em nosso plano, e o ego superior (*manas*) está mais ou menos adormecido durante o despertar do homem físico. Esse é especialmente o caso de pessoas de mente muito materialista. Tão dormentes estão as faculdades espirituais, porque o ego está muito obstruído pela matéria, que dificilmente pode dar toda a sua atenção às ações do homem, mesmo se ele cometer pecados pelos quais aquele ego (quando reunido com seu *manas* inferior) terá que sofrer conjuntamente no futuro. São, como eu disse, as impressões projetadas no homem físico por este ego que constituem o que chamamos de "consciência". E, na medida em que a personalidade, a alma inferior (ou *manas*), se une à sua consciência superior, ou ego, a ação do último sobre a vida do homem mortal torna-se mais marcante.

O "ego superior" é o *manas* superior iluminado por *buddhi*; o princípio da autoconsciência, o "eu-sou-eu", em suma.

É o *kârana-sarira*, o homem imortal, que passa de uma encarnação para outra.

Sonhos reais impressos ocasionalmente no cérebro

Como os sonhos são, na realidade, as ações do ego durante o sono físico, eles são, é claro, registrados em seu próprio plano e produzem nele os efeitos apropriados. Mas deve ser sempre lembrado que os sonhos, em geral, e como os conhecemos, são simplesmente nossas lembranças despertas e confusas desses fatos.

Acontece muitas vezes, de fato, que não nos lembramos de ter sonhado, mas mais tarde a lembrança do sonho surge-nos de repente com um flash. Há muitas causas. É análogo ao que às vezes acontece com cada um de nós. Muitas vezes, uma sensação, um cheiro, até mesmo um ruído ocasional ou um som traz-nos de imediato à mente eventos, cenas e pessoas há muito esquecidos. Algo do que foi visto, feito ou pensado pelo "ator noturno", o ego, imprimiu-se naquele momento no cérebro físico, mas não foi trazido para a memória consciente, desperta, devido a alguma condição física ou obstáculo. Essa impressão está registrada no cérebro em sua célula ou centro nervoso apropriado. Mas, devido a alguma circunstância acidental, fica pendente, por assim dizer, até que algo lhe dê o impulso necessário. Então o cérebro transfere-a imediatamente para a memória consciente do homem acordado; pois assim que as condições requeridas são satisfeitas, aquele centro particular entra em ação de pronto e faz o trabalho que tinha que fazer, mas fora impedido no momento de completá-lo.

Há uma espécie de comunicação telegráfica consciente acontecendo incessantemente, dia e noite, entre o cérebro físico e o homem interior. O cérebro é uma coisa tão complexa, tanto física como metafisicamente, que é como uma árvore cujo casca você pode remover camada por camada, com cada camada sendo diferente de todas as outras e cada uma tendo seu próprio trabalho, função e propriedades especiais. Durante o sono, a memória física e a imaginação são evidentemente passivas, porque o sonhador está adormecido: seu cérebro está adormecido, sua memória está adormecida, todas as suas funções estão inativas e em repouso. É somente quando elas são estimuladas, como eu lhes disse, que são excitadas. Assim, a consciência do adormecido não está ativa, mas passiva. O homem interior, no entanto, o ego real, age independentemente durante o sono do corpo; mas é duvidoso que algum de nós – a menos que esteja completamente familiarizado com a fisiologia do ocultismo – possa entender a natureza de sua ação.

Parte desempenhada pela luz astral

A luz astral é a "tábua da memória" do homem animal, aquele *akasa* do ego espiritual. Os sonhos do ego, assim como os atos do homem físico, são todos registrados, pois ambos são ações baseadas em causas e produzem resultados. Nossos "sonhos", sendo simplesmente o estado de vigília e as ações do verdadeiro eu, devem estar, é claro, registrados em algum lugar. Leia *Karmic visions* (Visões cármicas), em *Lucifer* [Volume II, 1889. *Blavatsky Pamphlet* n° 10] e observe a descrição do ego real, sentado como um espectador da vida do herói e talvez algo lhe atinja.

A filosofia esotérica ensina-nos que a luz astral é simplesmente a escória do *akasa*, que é a ideação universal em seu sentido metafísico. Embora invisível, ainda é, por assim dizer, a radiação fosforescente deste último e o intermediário entre ele e as faculdades do pensamento do homem. São os pensamentos que poluem a luz astral e fazem dela o que é – o depósito de todas as iniquidades humanas e especialmente as psíquicas. Em sua gênese primordial, a luz astral como radiação é bastante pura, ainda que quanto mais ela desça, aproximando-se de nossa esfera terrestre, mais se diferencie e se torne impura em sua própria constituição. Mas o homem ajuda consideravelmente essa poluição e devolve sua essência muito pior do que quando a recebeu.

A diferenciação no mundo físico é infinita. A ideação universal – ou *mahat*, se você prefere – envia sua radiação homogênea para o mundo heterogêneo, e ela alcança as mentes humanas, ou pessoais, através da luz astral. Nossas mentes recebem sua iluminação diretamente do *manas* superior através do inferior, sendo o primeiro a pura emanação da ideação divina – os *mânasa-putras* que se encarnaram no homem.

Os *mânasas* individuais, ou os *kumaras,* são as radiações diretas da ideação divina («indivíduo», no sentido da diferenciação posterior, devido a inúmeras encarnações). Em suma, são a agregação coletiva daquela ideação, que se tornam em nosso plano, ou do nosso ponto de vista, *mahat*, tal como os *dhyan chohans* são, em seu agregado, o Verbo ou «Logos» na formação do mundo. Se as personalidades (*manas* inferior, ou as mentes físicas) fossem inspiradas e iluminadas unicamente por seus alter egos superiores, haveria pouco pecado neste mundo. Mas elas não são. E, emaranhando-se nas malhas da luz astral, elas se separam cada vez mais de seus egos pais. Leia e estude o que Eliphas Lévi diz sobre a luz astral, que ele chama de Satanás e a Grande Serpente. A luz astral tem sido considerada demasiadamente no sentido literal, vindo a significar algum tipo de segundo céu azul. Esse espaço imaginário, no entanto, no qual estão impressas as incontáveis imagens de tudo o que sempre foi, é e será, é antes uma realidade triste demais. Torna-se para o homem (em todo psíquico, e quem não é?) no demônio tentador, seu "anjo do mal" e inspirador de todos os nossos piores atos. Ela age de acordo com a vontade do homem adormecido por meio de visões impressas em seu cérebro adormecido (cujas visões não devem ser confundidas com os "sonhos"), e esses germes produzem seus frutos quando ele acorda.

Parte desempenhada pelo carma e pela vontade nos sonhos

A vontade do homem exterior, a nossa vontade, está naturalmente adormecida e inativa durante os sonhos; mas uma certa virada pode ser dada à vontade adormecida durante a sua inatividade, e certos resultados posteriores desenvolvidos pela interação mútua, produzidos quase mecanicamente, através da união de dois ou mais «princípios» em um único, de modo que eles ajam em perfeita harmonia, sem qualquer atrito ou um único malogro, quando acordado. Mas esse é um dos artifícios da «magia negra», e quando usado para bons propósitos pertence ao treinamento de um ocultista. É preciso estar muito adiantado no «caminho» para ter uma vontade que possa agir conscientemente durante o sono físico ou agir sobre a vontade de outra pessoa durante o sono, como, por exemplo, para controlar os seus sonhos e assim controlar as suas ações quando acordada.

Quando um adepto consegue unir todos os seus "princípios" em um, ele é um *jivanmukta*; ele virtualmente não é mais desta Terra e se torna um *nirvâni*, que pode entrar em *samâdhi* à vontade. Os adeptos são geralmente classificados pelo número de "princípios" que eles têm sob seu perfeito controle, pois aquilo que chamamos de vontade tem seu lugar no ego superior, e esse, quando está livre de sua personalidade carregada de pecado, é divino e puro.

Na Índia, os hindus – que preservaram em toda a sua pureza tradições de seus antepassados e recordam-se delas – dizem que o carma desempenha um papel nos sonhos; o que todo homem recebe o recompensa ou pune por todos os seus atos, tanto no estado de vigília quanto no de sonho. Eles sabem que o eu (*Self*) é o ego real e que ele vive e age, embora num plano diferente. A vida externa é um "sonho" para este ego, enquanto a vida interior, ou a vida no que chamamos de plano do sonho, é a vida real para ele. E assim os hindus (os profanos, é claro) dizem que o carma é generoso e recompensa o homem real nos sonhos, assim como à falsa personalidade na vida física.

O homem físico, animal, é tão pouco responsável quanto um cachorro ou um rato. Para a forma corporal, tudo acaba com a morte do corpo. Mas o verdadeiro eu (*self*), aquilo que emanou sua própria sombra, ou a personalidade inferior pensante, que encenou e puxou os fios durante a vida do autômato físico, terá que sofrer conjuntamente com seu *factotum* (empregado faz-tudo NT) e alter ego em sua próxima encarnação.

Manas superior e inferior são um – e ao mesmo tempo não são – e esse é o grande mistério. O *manas* superior do ego é essencialmente divino e, portanto, puro; nenhuma mancha pode poluí-lo, assim como nenhuma punição, por si só, pode alcançá-lo; tanto mais que é inocente e não participa das vilanias deliberadas de seu ego inferior. No entanto, pelo próprio fato de que durante a vida a forma superior seja distinta da inferior, embora sejam duais, "pai e filho" são um; e porque, reunindo-se com o ego pai, a alma inferior agarra-se e imprime sobre ele todas as suas más e boas ações, e ambos têm que sofrer: o ego superior, embora inocente e sem defeito, tem que suportar o castigo dos erros cometidos pelo eu inferior juntamente com ele em sua futura encarnação. Toda a doutrina da expiação é construída sobre esse antigo dogma esotérico; pois o ego superior é o antítipo daquilo que é o tipo nesta terra, ou seja, a personalidade. Para aqueles que entendem, é a velha história védica de Visvakarman repetida, praticamente demonstrada. Visvakarman, o Deus-pai que tudo vê, que está além da compreensão dos mortais, envia um filho de Bhuvana, o Espírito Santo, sacrificando a si mesmo para salvar os mundos. Na filosofia indiana, o nome místico do "ego superior" é *kshetrajna*, ou "espírito encarnado", aquele que conhece ou esclarece *kshetra*, "o corpo". Etimologize o nome e encontrará nele o termo *aja*, primogênito, e "lamb", o cordeiro. Tudo isso é muito sugestivo, e volumes podem ser escritos sobre o desenvolvimento pré e pós-genético do tipo e do antítipo – do Cristo-Kshetrajan, o "Deus-homem", o primogênito, simbolizado como o "cordeiro". *A Doutrina Secreta* mostra que os *mânasa-putras*, ou egos encarnantes, assumiram, voluntária e conscientemente, o peso de todos os futuros pecados de suas futuras personalidades. Daí é fácil ver que não é nem o Sr. A. nem o Sr. B. nem qualquer uma das personalidades que periodicamente vestem o ego autossacrificante que são os verdadeiros sofredores, mas é, na verdade, o inocente *christos* dentro de nós. Assim, os místicos hindus dizem que o eu eterno, ou o ego (o um em três e três em um), é o "cocheiro", ou condutor; as personalidades são os passageiros temporários e evanescentes; enquanto os cavalos são as paixões animais do homem. É verdadeiro, então, dizer que, quando permanecemos surdos à voz de nossa consciência, nós crucificamos o Cristo em nós. Mas voltemos aos sonhos.

O único Deus está no homem

No caso de pessoas que têm sonhos verdadeiramente proféticos, isso ocorre porque seus cérebros físicos e sua memória estão mais próximos de e solidários com seu "ego superior" do que ocorre com a generalidade dos homens. O ego-eu tem mais facilidade para imprimir na concha física e na memória aquilo que é importante para essas pessoas do que no caso de outras menos dotadas. Lembre-se que o único deus com quem o homem entra em contato é o seu próprio deus, chamado espírito, alma e mente ou consciência, e esses três são um.

Mas há ervas daninhas que devem ser destruídas para que uma planta possa crescer. Nós devemos morrer, disse São Paulo, para que possamos viver novamente. É através da destruição que podemos melhorar, e os três poderes (a preservação, a criação e a destruição) são apenas alguns tantos aspectos da centelha divina dentro do homem.

Nenhum adepto sonha. Um adepto é alguém que obteve domínio sobre seus quatro princípios inferiores, incluindo o corpo, e não deixa, portanto, a carne traçar o seu próprio caminho. Ele simplesmente paralisa seu eu inferior durante o sono e torna-se perfeitamente livre. Um sonho, como entendemos, é uma ilusão. Um adepto sonha, então, tendo se livrado de todas as outras ilusões? Em seu sono, ele simplesmente vive em outro plano mais real.

Não há homem no mundo, até onde sei, que nunca tenha sonhado. Todos mais ou menos sonham. Mas, na maioria das pessoas, os sonhos desvanecem-se repentinamente ao acordar. Isso depende da condição mais ou menos receptiva dos gânglios cerebrais. Homens não espirituais e aqueles que não exercitam suas faculdades imaginativas ou em que o trabalho manual os tenha esgotado, de modo que os gânglios não agem nem mecanicamente durante o repouso, raramente sonham ou nunca sonham com alguma coerência.

Sonhos e estados oníricos

O estado de sonho é comum não apenas a todos os homens, mas também a todos os animais, é claro, desde os mamíferos mais elevados até os menores pássaros e até mesmo os insetos. Todo ser dotado de um cérebro físico ou de órgãos próximos a ele deve sonhar. Todo animal, grande ou pequeno, tem, mais ou menos, sentidos físicos; e, embora esses sentidos estejam entorpecidos durante o sono, a memória ainda vai, por assim dizer, agir mecanicamente, reproduzindo sensações passadas. Que cães, cavalos e bois sonham todos nós sabemos, e também os canários, mas esses sonhos são, penso eu, meramente fisiológicos. Como as últimas brasas de um fogo agonizante, com seu clarão espasmódico e chamas ocasionais, assim age o cérebro quando adormece. Os sonhos não são, como diz Dryden, "interlúdios produzidos pela fantasia", pois tais interlúdios só podem se referir a sonhos fisiológicos provocados por indigestão ou alguma ideia ou evento que tenham impressionado o cérebro ativo durante as horas de vigília.

O processo de ir dormir é explicado parcialmente pela fisiologia. É dito pelo ocultismo que o esgotamento periódico e regulado dos centros nervosos e, especialmente, dos gânglios sensoriais do cérebro, que se recusam a agir por mais tempo neste plano, para não se tornarem impróprios para o trabalho, são obrigados a recuperar sua força em outro plano ou *upâdhi*. Primeiro vem o *svapna*, ou estado de sonho, e isso leva ao de *sushupti*. Não é preciso lembrar que nossos sentidos são todos duais e agem de acordo com o plano de consciência em que a entidade pensante se energiza. O sono físico proporciona a maior facilidade para sua ação nos vários planos; ao mesmo tempo, é uma necessidade, para que os sentidos possam se recuperar e obter um novo sopro de vida para o estado de *jagrata*, ou estado de vigília, dos *svapana* e *sushupti*. De acordo com a *rãja yoga*, *turya* é o estado mais elevado. Quando um homem está esgotado por um estado do fluido de vida, ele procura por outro (como, por exemplo, quando exaurido pelo ar quente, ele se refresca com a água fria), então o sono é o recanto sombrio no iluminado vale da vida. Dormir é um sinal de que a vida desperta se tornou forte demais para o organismo físico e de que a força da corrente vital deve ser quebrada pela mudança do estado de vigília para o de adormecido. Peça a um bom clarividente que descreva a aura de uma pessoa recém-renovada pelo sono e a de outra imediatamente antes de dormir. A primeira será vista banhada em vibrações rítmicas de correntes de vida – douradas, azuis e rosada; essas são as ondas elétricas da vida. A segunda está, por assim dizer, em uma névoa de intensa tonalidade laranja-dourada, composta de átomos que giram a uma rapidez espasmódica quase incrível, mostrando que a pessoa começa a ficar excessivamente saturada de vida; a essência da vida é forte demais para os seus órgãos físicos, e ela deve buscar alívio no lado obscuro dessa essência, lado esse que é o elemento do sonho, ou sono físico, um dos estados de consciência.

A definição de "um sonho" depende do significado do termo. Você pode "sonhar", ou, como dizemos, visões do sono, acordado ou dormindo. Se a luz astral é captada em um copo ou vaso de metal pela força de vontade, e os olhos fixos em algum ponto dela com uma forte vontade de ver, o resultado será uma visão desperta, ou "sonho", se a pessoa é de toda sensível. As reflexões da luz astral são vistas melhor com os olhos fechados e, no sono, ainda mais distintamente. De um estado lúcido, a visão se torna translúcida; da consciência orgânica normal, eleva-se a um estado transcendental de consciência.

Existem muitos tipos de sonhos, como todos sabemos. Deixando de lado o "sonho da digestão", há sonhos cerebrais e sonhos da memória, visões mecânicas e conscientes. Sonhos de advertência e de premonição requerem a cooperação ativa do ego interior. Eles também são devidos frequentemente à cooperação consciente ou inconsciente dos cérebros de duas pessoas vivas ou de seus dois egos.

É o cérebro físico do ego pessoal que geralmente sonha; sendo a sede da memória, irradia e lança faíscas como as brasas espalhadas de um incêndio. A lembrança do dormente é como uma harpa eólica de sete cordas, e o seu estado mental pode ser comparado ao vento que varre os acordes. A corda correspondente da harpa responderá a um dos sete estados de atividade mental em que o dormente se encontrava antes de adormecer. Se for uma brisa suave, a harpa será pouco afetada; se um furacão, as vibrações serão proporcionalmente poderosas. Se o ego pessoal está em contato com os seus princípios superiores e os véus dos planos superiores são desviados, tudo está bem. Se, pelo contrário, for de natureza animal, materialista, não haverá provavelmente sonhos; ou, se a memória captar, por acaso, o sopro do "vento" de um plano superior, visto que ficará impressionado através dos gânglios sensoriais do cerebelo e não pela ação direta do ego espiritual, ele receberá imagens e sons tão distorcidos e desarmoniosos que até mesmo uma visão *devacânica* pareceria um pesadelo ou uma caricatura grotesca. Portanto, não há uma resposta simples para a pergunta: "O que é isso que sonha?", pois depende inteiramente de cada indivíduo e qual princípio será o motor principal nos sonhos, e se eles serão lembrados ou esquecidos.

Objetividade e subjetividade nos sonhos

Se é admitida a aparente objetividade de um sonho como sendo apenas aparente, então, é claro, o sonho é subjetivo. A questão é para quem ou quais são as imagens ou representações objetivas ou subjetivas nos sonhos? Para o homem físico, o sonhador, tudo o que ele vê com os olhos fechados e em sua mente ou através dela é naturalmente subjetivo. Mas, para o observador dentro do sonhador físico, sendo o próprio observador subjetivo aos nossos sentidos materiais, tudo o que ele vê é tão objetivo quanto ele próprio é para si mesmo e para os outros que são como ele. Os materialistas rirão provavelmente e dirão que fazemos de um homem uma família inteira de entidades, mas isso não é verdade. O ocultismo ensina que o homem físico é um, mas o homem pensante é septenário, pensando, agindo, sentindo e vivendo em sete estados diferentes de ser, ou planos de consciência, e que para todos estes estados e planos o ego permanente (não a falsa personalidade) tem um conjunto distinto de sentidos.

Planos de consciência nos sonhos

Mas, a menos que você seja um adepto ou um chela altamente treinado, familiarizado completamente com aqueles diferentes estados de ser (ou planos de consciência), o conjunto distinto de sentidos para cada estado não pode ser diferenciado. A ciência, como a biologia, a fisiologia e até mesmo a psicologia (das escolas de Maudsley, Bain e Herbert Spencer) não abordam esse assunto. A ciência ensina-nos sobre os fenômenos da volição, sensação, intelecto e instinto e diz que tudo isso são manifestações dos centros nervosos, o mais importante dos quais é o nosso cérebro. Ela falará do agente (ou substância peculiar), como os tecidos vasculares e fibrosos, através do qual estes fenômenos ocorrem e explicará sua relação um com o outro dividindo os centros ganglionares em motores sensoriais e simpáticos, mas nunca soprará uma palavra do misterioso agente do intelecto em si mesmo ou da mente e de suas funções.[5]

Agora, acontece frequentemente de estarmos conscientes e sabermos que estamos sonhando. Isso é uma prova muito boa de que o homem é um ser múltiplo no plano do pensamento, de modo que não só o ego, ou homem pensante, Proteus, é uma entidade multiforme, sempre mutável, mas também é, por assim dizer, capaz de se separar, na mente ou no plano do sonho, em duas ou mais entidades; e, no plano da ilusão, que nos segue até o limiar do nirvana, ele é como *Ain-Soph* falando com *Ain-Soph*, mantendo um diálogo consigo mesmo e falando através, sobre e para si mesmo. E esse é o mistério da deidade inescrutável no Zohar e nas filosofias hindus; é o mesmo na metafísica da cabala, dos *Puranas*, da vedanta, ou no chamado mistério cristão da divindade e da trindade. O homem é o microcosmo do macrocosmo: o deus da terra é construído sobre o padrão do deus na natureza. Mas

[5] [Isso foi dito em 1889. Hoje a ciência ocidental está aceitando, um após o outro, os ensinamentos da doutrina secreta sem, no entanto, reconhecer sua fonte. É assim particularmente em relação a *manas* (mente), desde que Einstein divulgou a Teoria da Relatividade em 1915. Pois, enquanto a velha escola do materialismo sustentava a visão de que nossas mentes são o produto de nossos cérebros, agora nos é dito que a matéria pode ser mental. Como diz o professor Eddington: "Não há nada que impeça a montagem de átomos que formam o cérebro de serem eles mesmos uma máquina pensante, em virtude dessa natureza que a física deixa indeterminada e indeterminável". E a conclusão é que a "Mente do homem, que, na velha perspectiva, era um resultado aleatório e insignificante de forças alienígenas, é mais uma vez restaurada como o mistério central no universo que ela inspeciona". Veja *Buddhism the Science of Life* (*Budismo a Ciência da Vida*), de Alice L. Cleather e Basil Crump. Peking, 19.8 2ª edição, pp. 37-39. – editor].

a consciência universal do ego real transcende um milhão de vezes a autoconsciência do ego pessoal, ou falso ego.

Barreiras entre os planos de consciência

A explicação da experiência onírica em que o sonhador parece estar perpetuamente lutando por alguma coisa, mas nunca a atingindo, é que o eu físico e a sua memória estão excluídos da possibilidade de saber o que o ego real faz. O sonhador apenas vislumbra fracamente os feitos do ego, cujas ações produzem o chamado sonho no homem físico, mas é incapaz de segui-lo consecutivamente. Um paciente delirante, em recuperação, tem a mesma relação com a enfermeira que o observa e cuida em sua doença que o homem físico mantém com o seu verdadeiro ego. O ego age conscientemente dentro e fora dele, tal como a enfermeira age ao cuidar e supervisionar o homem doente. Mas nem o paciente depois de deixar a cama de doente nem o sonhador, ao despertar, será capaz de lembrar de nada, exceto de fragmentos e vislumbres.

Sono e morte

Há uma analogia entre o sono e a morte, mas uma diferença muito grande, porque no sono há uma conexão, por mais fraca que seja, entre a mente inferior e a superior do homem, e a última está mais ou menos refletida na primeira, embora muitos de seus raios possam ser distorcidos. Mas, uma vez que o corpo esteja morto, o corpo da ilusão, *mayâvi-rupa*, torna-se *kâma-rûpa*, ou a alma animal, e ele é deixado à própria sorte. Portanto, há tanta diferença entre os fantasmas e o homem quanto entre um material grosseiro, animal, mas um lúcido mortal, e um homem entorpecido pela bebida e impossibilitado de distinguir os ambientes mais notáveis; entre uma pessoa encerrada em uma sala totalmente escura e outra em uma sala iluminada, ainda que imperfeitamente, por uma luz ou outra.

Os princípios inferiores são como bestas selvagens, e o *manas* superior é o homem racional que os doma ou subjuga com maior ou menor sucesso. Mas, uma vez tenha o animal se libertado do mestre que o mantém em sujeição, ele deixa de ouvir sua voz e vê-lo, partindo então para a selva e o seu antigo covil. Leva algum tempo, no entanto, para um animal retornar ao seu estado original e natural, mas o princípio inferior, ou "fantasma", retorna instantaneamente, e assim que a tríade superior entra no estado devacânico, a díade inferior torna-se o que foi desde o início, um princípio dotado de instinto puramente animal, ainda mais feliz pela grande mudança.

O "espectro": sua evocação

Durante o sono e o sonho, a condição do *linga sarira*, ou corpo plástico, é a de estar dormindo com o corpo, a menos que seja projetado por algum desejo poderoso gerado no *manas* superior. Nos sonhos, não desempenha nenhum papel ativo, mas, pelo contrário, é inteiramente passivo, sendo a testemunha, involuntariamente meio sonolenta, das experiências pelas quais os princípios superiores estão passando. Às vezes, essa forma projetada pode ser vista, como em casos de doença ou paixão muito forte por parte da pessoa vista ou da pessoa que vê; a possibilidade é mútua. Uma pessoa doente, especialmente pouco antes da morte, tem grande chance de ver em sonho ou visão aqueles a quem ama e em quem está continuamente pensando, assim acontece também a uma pessoa acordada, mas que está pensando intensamente em outra que esteja dormindo naquele momento.

Na magia negra, não é algo raro a evocação do "espírito" de uma pessoa adormecida; o bruxo pode então captar o segredo que quiser da aparição, e o adormecido ignorará o que está ocorrendo. Sob tais circunstâncias, o que aparece é o *mayavivi-rûpa*; mas há sempre o perigo de que a memória do homem vivo venha a preservar as reminiscências da evocação e lembrar-se dela como um sonho vívido. Se não for, no entanto, a uma grande distância, o duplo, ou *linga sarira*, pode ser evocado, mas ele não pode falar nem dar informação, e há sempre a possibilidade de o adormecido ser morto por causa dessa separação forçada. Muitas mortes súbitas durante o sono ocorreram assim, e o mundo não toma conhecimento.

Mediunidade perigosa

O sonhador de uma entidade no *kama-loka* atrairia provavelmente um pesadelo para si ou correria o risco de se tornar "possuído" pelo "fantasma" assim atraído, caso fosse um médium ou alguém que estivesse tão passivo durante as suas horas de vigília que até mesmo o seu eu superior torna-se incapaz de protegê-lo no momento. É por isso que o estado mediúnico de passividade é tão perigoso e, com o tempo, torna o eu superior inteiramente incapaz de ajudar ou mesmo de advertir a pessoa adormecida ou seduzida. A passividade paralisa a conexão entre os princípios inferior e superior. É muito raro encontrar exemplos de médiuns que, enquanto mantém a vontade passiva, com o propósito de se comunicar com alguma inteligência superior, algum espírito externo (não desencarnado), ainda preserve suficientemente a sua vontade pessoal, de forma a não romper completamente a conexão com o eu superior.

Muito diferente é o caso de um sonhador *en rapport* [em simpatia, harmonia. NT] com uma entidade no *devachan*; porque nenhum *devachani* [habitante do *devachan* – NT] pode descer ao nosso plano; somos nós, ou melhor, nosso eu interior, que deve ascender ao seu. Isso só pode ser feito durante o sono por um sonho, visão ou em transe.

O "sono" de um bêbado não é um sono real, mas um pesado estupor; sem descanso físico, mas ainda pior que insônia, o estupor mata o bêbado rapidamente. Nesse estado, assim como durante o estado embriagado de vigília, tudo gira e gira em torno do cérebro, produzindo na imaginação e fantasiando formas horríveis e grotescas em contínuo movimento e convoluções.

Um pesadelo é fisiológico e surge da opressão e dificuldade em respirar; e esta dificuldade sempre criará tal sensação de opressão e de calamidade iminente. No caso dos sonhos de tísicos, esses são muitas vezes agradáveis, porque o tuberculoso torna-se cada dia mais livre de seu corpo material e proporcionalmente mais em proporção. À medida que a morte se aproxima, o corpo se esvai e deixa de ser um impedimento ou barreira entre o cérebro do homem físico e o seu eu superior.

Sonhar deve ser cultivado, pois é cultivando o poder do que é chamado de "sonhando" que a clarividência é desenvolvida.

Interpretação dos sonhos

Interpretações de sonhos, como, por exemplo, as que são dadas em livros de sonhos, são inúteis. Cada sonho do ego difere de todos os outros, tal como acontece com nossos corpos físicos. O único meio de interpretar sonhos é a faculdade clarividente e a intuição espiritual do "intérprete". Se tudo no universo tem sete chaves de decifração do seu simbolismo no plano físico, quantas não serão nos planos superiores?

Classificação dos sonhos

Os sonhos, no entanto, podem ser classificados. Podemos dividi-los grosseiramente em sete classes e estas, por sua vez, podem ser subdivididas. Assim, nós os dividiríamos em:

- 1– Sonhos proféticos. São impressos em nossa memória pelo eu superior e são geralmente diretos e claros: uma voz ouvida ou vinda de vaticínio.
- 2– Sonhos alegóricos, ou vislumbres nebulosos de realidades captadas pelo cérebro e distorcidas pela nossa fantasia. Eles são geralmente apenas parcialmente verdadeiros.
- 3– Sonhos enviados pelos adeptos, bons ou maus, por mesmerizadores ou pelos pensamentos de mentes muito poderosas empenhadas em impor-nos a sua vontade.
- 4– Retrospectiva: sonhos de eventos pertencentes a encarnações passadas.
- 5– Sonhos de aviso para outras pessoas que não conseguem ser impressionados.
- 6– Sonhos confusos, cujas causas foram discutidas acima.
- 7– Sonhos que são meras fantasias e imagens caóticas, devido à digestão, algum problema mental ou causa externa semelhante.

Glossário[6]

Adepto (latim) *Adeptus*, "Aquele que obteve". No ocultismo, é aquele que atingiu o estágio da iniciação e se tornou um mestre na ciência da filosofia esotérica.

AEther (grego). Entre os antigos era a divina substância luminosa que permeia todo o universo, a vestimenta da deidade suprema .... Entre os modernos, é o éter, cujo significado dos quais na física e na química pode ser visto em qualquer dicionário...

Ain Soph (hebraico) A divindade "ilimitada" ou infinita que emana e se estende .... Na metafísica religiosa dos antigos filósofos hebreus, o princípio uno era uma abstração ... embora os modernos cabalistas tenham conseguido agora, por meio de mero sofismas e paradoxos, convertê-lo em um "Deus Supremo" e nada mais elevado.

Akasa (sânscrito). A sutil, supersensível essência espiritual sutil e supersensual que permeia todo o espaço; a substância primordial erroneamente identificada com o Éter. Mas é em relação ao éter o que o espírito é para a matéria, ou o atma para o kama-rupa.

Bhuvana (sânscrito). Um nome de Rudra, ou Shiva, um dos três componentes da Trimurti (Trindade) hindu.

Cabala (hebraico). A sabedoria oculta dos rabinos hebreus da Idade Média derivada das antigas doutrinas secretas relativas à cosmogonia e às coisas divinas, que foram combinadas em uma teologia após o tempo do cativeiro dos judeus na Babilônia. Todas as obras que se enquadram na categoria esotérica são denominadas cabalísticas.

Carma (sânscrito). Fisicamente, Ação; metafisicamente, a lei de retribuição, a lei de causa e efeito, ou causação ética. Nêmesis apenas no sentido de mau carma ... existe o carma do mérito e o carma do demérito. O carma não castiga nem recompensa, é simplesmente a universal única lei que dirige infalivelmente – e, por assim dizer, cegamente – todas as outras leis produtoras de certos efeitos ao longo dos sulcos de suas respectivas causas.

Devachan (sânscrito). "Morada dos deuses". Um estado

[6] As explicações a seguir são do Glossário Teosófico, de H. P. Blavatsky, 1892.

intermediário entre duas vidas terrestres, no qual o ego (*atmâ-buddhî-manas*, ou a trindade feita um) entra, após sua separação de *kama-rûpa* e a desintegração dos princípios inferiores na terra.

Dhyân Chohans (Sânscrito) Lit., "Os Senhores da Luz". Os mais altos deuses, correspondendo aos arcanjos da Igreja Católica Romana. As divinas inteligências encarregadas da supervisão do cosmos.

Ego (latim) "Eu"; a consciência no homem "eu sou eu" – ou o sentimento da condição de "eu-sou". A filosofia esotérica ensina a existência de dois egos no homem, o mortal, ou pessoal, e o superior, o divino e impessoal, o primeiro chamado "personalidade" e o último "individualidade".

Esotérico (grego). Oculto, secreto. Derivada do grego '*esotericos*', "interno", escondido.

Jagrata (sânscrito). O estado de vigília da consciência. Quando mencionado na filosofia do ioga, *jagrat-avasth* é a condição de vigília, um dos quatro estados de prânava em práticas ascéticas comuns entre iogues.

Jivanmukta (sânscrito). Um adepto ou iogue que atingiu o estado final de santidade e se separou da matéria; um *mahatma*, ou *nirvani*, aquele que "vive em êxtase" e emancipado. Praticamente, alguém que alcançou o nirvana durante a vida.

Kâma-loka (sânscrito) O plano semimaterial, subjetivo e invisível para nós, onde permanecem as "personalidades" desencarnadas, as formas astrais, chamadas *kâma-rûpa*, até que se desvaneçam pela completa exaustão dos efeitos dos impulsos mentais que criaram esses *eidolons* das paixões e dos desejos humanos e animais. Veja *kâma-rûpa*.

Kama-rûpa (sânscrito). Metafisicamente, em nossa filosofia esotérica, é a forma subjetiva criada em virtude dos desejos e pensamentos mentais e físicos relacionados com objetivos materiais, por todos os seres sencientes; uma forma que sobrevive à morte de seus corpos. Depois desta morte, três dos sete "princípios" ... o corpo, o seu protótipo astral e a vitalidade física – não tendo mais uso – consome-se na Terra. Os três princípios superiores, agrupados em um só, fundem-se no estado de *devachan* ... e o *eidolon* da ex-personalidade é deixado sozinho em sua nova morada. Nela, o pálido duplo do homem que se foi vegeta por um período de tempo cuja duração é variável e proporcional ao elemento de materialidade que nele restou, e que é determinado pela vida passada do defunto. Privado como se encontra de sua mente superior, espírito e sentidos físicos, fica abandonado a seus próprios desígnios insensatos, desintegrando e desvanecendo-se gradualmente. Mas, se atraído forçosamente de volta à esfera terrestre, seja pelos desejos apaixonados ou apelos dos amigos sobreviventes, seja ainda pelas práticas necromânticas comuns – sendo a mediunidade uma das mais perniciosas -, o "fantasma" pode subsistir por um período muito superior ao da extensão da vida natural de seu corpo. Uma vez que o *kama-rûpa* tenha aprendido o caminho de volta aos corpos humanos vivos, ele se torna um vampiro, alimentando-se da vitalidade daqueles que estão tão ansiosos por sua companhia. Na Índia, esses *eidolons* são chamados *pisâchas* e são muito temidos.

Kârana Sarira (sânscrito). O "corpo causal". É dual em seu significado. Exotericamente, é *avidyâ* (ignorância), ou o que é a causa da evolução de um ego humano e sua reencarnação; portanto, o *manas* inferior. Esotericamente, o corpo causal ... corresponde ao *buddhi* e ao *manas* superior, ou alma espiritual.

Kriyasakti (sânscrito). O poder do pensamento; uma das sete forças da natureza. Potência criativa dos *siddhis* (poderes) dos iogues realizados.

Kshetrajna, ou *kshetrajneswara* (sânscrito). Espírito corporificado, o ego consciente em suas mais altas manifestações; o princípio reencarnado: o "Senhor" em nós.

Kumâra (sânscrito). Um menino virgem ou jovem celibatário. Os primeiros *kumâras* são os sete filhos de Brahmâ .... Diz-se que lhes foi dado tal nome devido à sua recusa formal de "procriar suas espécie" e, assim, "permaneceram iogues", como diz a lenda.

Loka (sânscrito). Uma região ou local circunscrito. Na metafísica, um mundo, esfera ou plano. Os *Purânas* na Índia falam incessantemente de sete e quatorze *lokas*, acima e abaixo de nossa terra; dos céus e infernos.

Luz Astral (ocultismo). A região invisível que envolve o nosso globo, como o faz a todos os outros ... uma essência sutil visível apenas para um olho clarividente, e o mais inferior, exceto um (a saber, a terra), dos sete princípios *akásicos* ou cósmicos ... a luz astral não emite nada além do que recebeu ... é o grande cadinho terrestre, no qual as vis emanações da terra (morais e físicas) de que se nutre a luz astral são todas convertidas em sua essência mais sutil e as desenvolve intensificadas, tornando-se assim epidemias morais, psíquicas e físicas.

Mahat (sânscrito). Lit. "O grande". O primeiro princípio de inteligência e consciência universais ... o produtor de *manas*, o princípio do pensamento, e *ahankara*, egoísmo, ou sentimento de "eu sou eu" (no Manas inferior).

Mânasas (sânscrito) Aqueles que dotaram a humanidade com *manas,* ou inteligência, os egos imortais nos homens.

Mâyâvî-Rûpa (sânscrito). "Forma ilusória"; o "duplo" na filosofia esotérica; *doppelgänger* ou perisprit, em alemão e francês.

Nephesh (hebraico). Alento de vida ... Apetites. Este termo é usado muito vago na Bíblia. Geralmente significa *prâna*, "vida"; na cabala equivale à paixão animal e alma animal. Portanto ... Nephesh é o sinônimo do princípio *prâna-kâmico*, ou a alma animal vital no homem.

Nirvana (sânscrito)...Nas explicações esotéricas, é o estado de existência e consciência absolutas, o qual o ego de um homem que atingiu o mais alto grau de perfeição e santidade durante a vida acessa depois que o corpo morre; e, ocasionalmente, como no caso de Gautama Buddha e outros, durante a vida.

Nirvâni (sânscrito). Aquele que atingiu o nirvana – uma alma emancipada. Que o nirvana não significa nada do tipo afirmado pelos orientalistas, todo estudioso que visitou a China, a Índia e o Japão está bem ciente disso. É escapar da miséria, mas apenas da matéria, da libertação... de *kama* e a completa extinção dos desejos animais. Um estado de absoluta aniquilação ... de tudo relacionado com a matéria ou o mundo físico ... Sâkyamuni Buddha disse nos últimos momentos de sua vida que "o corpo espiritual é imortal".

Purânas (sânscrito). Lit.: "antigo". Uma coleção de escritos simbólicos e alegóricos – dezoito em número presentemente – supostamente teriam sido compostos por Vyasa, o autor do *Mahâbhârata*.

Râja-Yoga (sânscrito). O verdadeiro sistema de desenvolvimento de poderes psíquicos e espirituais e união com o eu superior – ou com o espírito supremo, como o profano expressa. O exercício, regulação e concentração de pensamento. O *raja-yoga* se opõe ao *hatha-yoga*, o treinamento físico ou psicofisiológico no ascetismo.

Rûpa (sánscrito). Corpo; qualquer forma, termo aplicável até mesmo à forma dos deuses, que são subjetivas para nós.

Samâdhi (sânscrito). Um estado de arrebatamento extático completo. O termo vem das palavras *sam*-âdha, "autocontrole". Aquele que possui esse poder é capaz de exercer um controle absoluto sobre todas as suas faculdades, físicas ou mentais. É o grau supremo da ioga.

Sushupti Avashthâ (sânscrito). Sono profundo; um dos quatro aspectos de prânava.

Svapna (sânscrito). Um estado de transe ou de sonho. Clarividência.

Turiya (sânscrito). Um estado do mais profundo transe – o quarto estado do *taraka râja yoga*, um que corresponde a *atmâ* e, nesta Terra, a, o sono sem sonhos – uma condição causal.

Upâdhi (sânscrito). Base; o veículo, carregador ou portador de algo menos material do que ele próprio; como o corpo humano é o upâdhi de seu espírito; éter é o upâdhi da luz etc; uma substância definidora ou limitadora.

Vedas (sânscrito). A "revelação" das escrituras dos hindus; palavra derivada da raiz *vid*, "saber" ou "conhecimento divino". São as mais antigas e sagradas obras em sânscritas. Os Vedas ... são reivindicados pelos hindus ... por terem sido primeiramente ensinados oralmente por milhares de anos e, então, compilados nas margens do Lago Mânasa-Sarovara (foneticamente, Mansarovara), além dos Himalaias, no Tibete ... Compilados em sua forma definitiva por Veda-Vyasa, os próprios brâmanes atribuem unanimemente uma antiguidade de 3.100 anos antes da era cristã, a época em que Vyasa floresceu ... Eles estão escritos em uma forma tão antiga de sânscrito ... (que) apenas os mais instruídos *panditas* o podem ler em sua forma original. Os escritos védicos estão classificados em duas grandes divisões, exotéricos e esotéricos ... os *Upanishads* estão incluídos nesta última classificação.

Vishvakarman (sânscrito). "Aquele que tudo cria". Um deus védico, uma personificação da Força Criadora, descrito como o Um "deus que tudo vê, ... o gerador, o ordenador, que ... está além da compreensão dos mortais (não iniciados)". Nos dois hinos do Rig-Veda especialmente dedicados a ele, diz-se que " se sacrifica a si mesmo".

Zohar, ou *Sohar*. Um compêndio da teosofia cabalística ... A tradição atribui sua autoria ao rabino Simeon ben Jochai, 80 a.C. ... Há partes das doutrinas do *Sohar* que carregam a marca da civilização e do pensamento caldeu, ao qual a raça judaica esteve exposta durante o cativeiro babilônico ... Não há tradução em inglês do Sohar como um todo, nem mesmo uma em latim.

Natureza Setenária do Homem: Os Sete "Princípios"

I) Quaternário Inferior

(a) *Sthûla Sarira*, ou *Rûpa*.

É o corpo físico, veículo de todos os outros princípios durante a vida

(b) *Prâna*

Vida, ou princípio vital.

Necessário apenas para a, c, d e as funções do *manas* inferior, que abrangem todas aquelas limitadas ao cérebro (físico).

(c) *Linga Sarira*, ou corpo astral

O duplo, o corpo fantasma.

(d) *Kâma Rûpa*

A sede dos desejos e paixões animais.

Este é o centro do homem animal, onde está a linha de demarcação que separa o homem mortal da entidade imortal.

II) Tríade Superior Imperecível

(e) *Manas* – um princípio duplo em suas funções.

Mente, inteligência: que é a mente humana superior, cuja luz, ou radiação, liga a mônada durante toda a vida ao homem mortal.

O estado futuro e o destino cármico do homem dependem da direção tomada por *manas*: se gravita mais para baixo, para *kâma-rûpa*, a sede das paixões animais; ou para cima, para *buddhi*, o ego espiritual. Neste último caso, a consciência superior das aspirações espirituais individuais da mente (*manas*), assimilando *buddhi*, é absorvida por ele e forma o ego, que entra em êxtase *devacânico*.

(f) *Buddhi*

A Alma Espiritual.

O veículo do puro espírito universal.

(g) *Atma*

Espírito.

Um com o Absoluto, como sua radiação.

Testemunho sobre os Mahatmas[7]

por Damodar K. Mavalankar
Tradução: Edilson A. Pedrosa

As críticas ao livro *O Mundo Oculto* do Sr. Sinnett impõem a mim o dever de testemunhar a experiência pessoal e o conhecimento do fato de que aqueles a quem chamamos nossos "Irmãos da Primeira Seção" (também conhecidos como os mestres ou *mahatmas*), da qual Koot Hoomi Lal Singh é um, e que possuem os assim chamados poderes "miraculosos", são seres reais e vivos.

Não é crença no meu caso, mas conhecimento, pois, se tenho visto um deles, vi pelo menos cerca de meia dúzia em várias ocasiões, em plena luz do dia, em lugares abertos, e conversei com eles, não só quando Mme. Blavatsky estava em Bombaim, mas mesmo quando ela estava longe e eu aqui em Bombaim. Eu também os vi nos momentos em que estava viajando (por exemplo, no Ceilão). Fui levado à residência

[7] Título original: Testimony Concerning the Mahatmas. Os editores informam que este documento on-line foi coletado de vários artigos e cartas ocultos por Damodar no livro Damodar e os Pioneiros do Movimento Teosófico. Uma "edição" anterior deste livro pode ser encontrada online em: Damodar: The Writings of a Hindu Chela. Alguns desses artigos também estão online sob o sobrenome de Mavalankar em The Blavatsky Archives.
Os extratos utilizados neste artigo foram transcritos dos artigos originais, mas algum material foi silenciosamente deletado. O texto também foi editado com algumas palavras explicativas, frases e frases adicionadas de tempos em tempos ao texto original para tornar a narrativa geral mais fácil de ler. As adições não foram colocadas entre parênteses.
http://www.blavatskyarchives.com/mavalankar_on_the_masters.htm

de alguns deles e, uma vez, quando o coronel Olcott e Mme. Blavatsky estavam comigo. Eu conheço Koot Hoomi Lal Singh pessoalmente e vi e conversei com ele quando Mme. Blavatsky estava aqui, também quando estava longe.

Eu tinha a certeza moral da existência dos *mahatmas* do Himalaia muito antes de ouvir o nome da Sociedade Teosófica, antes mesmo de ser formada na América em 1875. Na minha infância eu tive uma doença muito perigosa, e os médicos me deram por perdido. Embora meus parentes estivessem a cada momento esperando minha morte, tive uma visão que causou uma impressão tão profunda em minha mente que nunca consegui esquecê-la. Então eu vi uma certa personagem – a quem eu então considerava ser um deva, ou seja, deus – que me dava um remédio peculiar; e curiosamente, comecei a me recuperar a partir daí. Alguns anos depois, quando um dia eu estava em meditação, vi um personagem idêntico e o reconheci como meu salvador. Mais de uma vez ele me salvou das garras da morte.

Alguns anos depois dessa última ocasião, os fundadores da Sociedade Teosófica chegaram à Índia; e dentro de alguns meses entrei para a Sociedade. Desde então, testemunhei vários fenômenos, tanto na presença como na ausência de Mme. Blavatsky, na companhia de outros ou quando sozinho. Vários relatos foram publicados de tempos em tempos no *Theosophist* em meu próprio nome. Há diversas outras ocorrências não mencionadas sobre as quais escrevi em correspondência privada a amigos teósofos de Londres e Nova York.

Eu posso acrescentar aqui que, algum tempo depois de me juntar à Sociedade, vi vários Mahatmas, tanto em sua forma astral como em corpos físicos, um dos quais era o *Mahatma* Koot Hoomi conhecido como correspondente do Sr. Sinnett, o autor das cartas publicadas em *O Mundo Oculto*. E quando eu o vi, identifiquei-o imediatamente com o poder majestoso que eu tinha visto em minha juventude três vezes, aquele que salvou minha vida duas vezes e apareceu uma vez durante a minha meditação. Eu tenho várias cartas dele e de outros. E todas estas cartas escritas pela própria pessoa, recebidas por mim ou por qualquer outra pessoa, têm a mesma caligrafia. Ultimamente, desde que eles me escolheram para receber instruções verbais, tenho recebido muito poucas comunicações por escrito.

Antes de ingressar na Sociedade, e mesmo depois, durante a ausência de Mme. Blavatsky e na sua presença, sob mil e uma circunstâncias diferentes, recebi várias cartas de diferentes Mahatmas dirigidas a mim ou a outros, já os vi, conversei com eles, ouvi as suas vozes e vi vários tipos de fenômenos.

H. P. B., o coronel Olcott e eu fomos as únicas três pessoas que pararam uma noite em uma aldeia no Ceilão, em maio de 1880, tendo o resto do nosso grupo ido para outro lugar. Estávamos, até cerca de 12 horas da noite, ocupados em iniciar pessoas e formar um ramo da nossa Sociedade. O Coronel Olcott e H. P. B. foram para a cama por volta de uma hora. Como tínhamos que ficar na aldeia apenas uma noite, fomos a uma hospedaria onde só tinha acomodação confortável para dois viajantes. Tive, portanto, que me deitar numa poltrona na sala de jantar. Eu mal tinha trancado a porta do quarto e me deitado na poltrona quando ouvi uma leve batida na porta. Foi repetida duas vezes antes que eu tivesse tempo suficiente para chegar à porta. Abri e senti uma imensa alegria quando vi o mestre novamente! Num sussurro muito baixo ele ordenou que eu me vestisse e o seguisse.

Na porta dos fundos da hospedaria está o mar. Eu o segui como me mandara fazer. Ele me levou até a porta dos fundos do lugar, e andamos cerca de três quartos de hora à beira-mar. Então nos viramos na direção do mar. Em tudo ao redor havia água, exceto no lugar em que estávamos andando, o qual estava bastante seco! Ele andava na frente e eu o seguia. Caminhamos assim durante aproximadamente sete minutos quando chegamos a um lugar que se parecia com uma ilha pequena. No topo do prédio havia uma luz triangular. De longe, uma pessoa de pé na praia pensaria que era um local isolado, coberto por arbustos verdes. Há apenas uma entrada. E ninguém a pode descobrir a menos que o ocupante deseje que a pessoa encontre o caminho.

Depois que chegamos à ilha, tivemos que andar por cerca de cinco minutos antes de chegarmos ao prédio. Lá em um pequeno jardim em frente, encontramos um dos irmãos sentados. Eu o tinha visto antes na sala do conselho, e é a ele que este lugar pertence. O mestre sentou-se perto dele e eu fiquei diante deles. Nós estávamos lá por cerca de meia hora. Mostram-me uma parte do lugar. Quão agradável é! E dentro deste lugar há uma pequena sala onde o corpo permanece enquanto o espírito se movimenta. Que local encantador e encantador é aquele! Que cheiro agradável de rosas e vários tipos de flores! Eu gostaria de ter permissão para visitar aquele lugar novamente caso venha ao Ceilão outra vez. A meia hora estava terminada, e o tempo de findar nossa saída estava próximo. O mestre do lugar, cujo nome eu não conhecia, colocou sua mão de bênção sobre minha cabeça e eu caminhei novamente. Nós voltamos para perto da porta da sala onde eu estava dormindo, e ele de repente desapareceu lá no local.

Também no Ceilão fui levado a um certo lugar onde os mestres têm o seu Conselho. Depois disso, vi o mestre duas ou três vezes sozinho numa mesma atividade. Felizes foram aqueles momentos em que sozinhos à meia-noite mantivemos, então, conversação! Nada ou ninguém para nos perturbar! Ficamos à vontade durante esse tempo. Fui também levado a outros dois lugares: um deles fica perto de Colombo, uma casa particular do mestre, e o outro perto de Kandy, uma biblioteca. Agora penso apenas nos quatro lugares onde fui levado enquanto estava no Ceilão.

Certa noite, depois de me vestir para o jantar no vapor, em nosso caminho de volta para Bombaim, vindo do Ceilão, tirei da mala o meu casaco para ser colocado depois do jantar. Como de hábito, examinei seus bolsos e coloquei-o na minha cama. A mesa de jantar ficava exatamente em frente à minha cabine, de modo que eu podia facilmente ver qualquer um entrando ou saindo de lá, mas não vi ninguém.

Depois que terminamos o jantar, entrei e coloquei o casaco. Sem pensar, coloquei as minhas mãos nos bolsos como costumo fazer e, de repente, na mão direita, senti um papel, que não havia estado lá quando o examinei pela primeira vez. Eu o peguei e, para minha surpresa, encontrei uma carta endereçada a Mme. Blavatsky. Levei-a para mais perto da luz.

A tampa estava aberta, e nela estavam escritas em vermelho as palavras: "Para Damodar ler". Então, li a carta e vi que era sobre os mesmos assuntos em que o mestre estivera ocupado.

Pensando o tempo todo, eu me deitei na minha cama. Absorvido em pensamentos profundos, fiquei assustado com o som de passos na cabine, que eu havia trancado por dentro. Eu olhei para trás e lá estava o mestre novamente e mais dois outros! Que noite agradável foi essa! Falamos de várias coisas relativas ao conhecimento e à filosofia por cerca de meia hora! Aqueles foram os momentos mais felizes da minha vida! Mas isso foi apenas para aquela época, e eu decidi me fazer digno de desfrutá-los sempre!

Tendo retornado de nossa viagem ao Ceilão, H. P. B. e Coronel Olcott partiram de Bombaim, em 27 de agosto de 1880, para Simla e outros lugares no Norte, nos afazeres da Sociedade, e eu estava quase sozinho na Sede. O sr. e a sra. Coulomb também ficaram e estiveram conosco, mas eles não estavam muito interessados nesses assuntos. Eu trabalhei sozinho nos compartimentos da H. P. B. e não houve uma única alma que viesse me perturbar.

Na noite anterior ao meu aniversário (em setembro), eu fui como de costume para o jantar à noite. Depois do jantar, fomos para a varanda do bangalô de H. P. B. Uma súbita sensação peculiar veio sobre mim, e a brilhante luz da lua me lembrou da minha viagem para ------ onde o Coronel O. e eu estivemos magnetizados.

Neste momento, Mme. C. ouviu passos no quarto de H. P. B. e alguém tentando abrir o armário. Eu não ouvi nada disso, mas não me atrevi a ir examinar, pois H. P. B., antes de sua partida, disse-me para não fazer tal coisa, caso de eu ouvisse qualquer barulho ou vozes lá. Pela mesma razão, eu impedi os outros de tentar entrar lá, como eles queriam, por medo de que algo pudesse estar errado. Depois de algum tempo, tudo aquilo cessou, e os dois foram para a cama.

Entrei no meu escritório, cuja janela se abre para a varanda onde estávamos sentados depois do jantar. E logo acima da mesa, tapando parcialmente o relógio, havia uma grande nota triangular. Quando saí da sala de jantar, não havia nada lá, pois, sempre quando eu entrava ou saía, verificava aquele relógio e, se a nota estivesse lá antes, eu não teria visto os números do relógio e, consequentemente, já teria percebido isso antes. Levantei-a e abri-a, e havia no interior um gorro dobrado triangularmente que os faquires e as pessoas do norte da Índia usam. Dentro estava escrito "Para Damodar". É um presente que eu sempre preservarei e continuarei a ter.

Depois disso, recebi muitas vezes comunicações dos mestres e de outros por correio ou de alguma forma misteriosa.

Então, um dia, às duas da manhã, depois de terminar o meu trabalho, tranquei a porta do quarto e deitei na minha cama. Cerca de dois ou três minutos depois ouvi a voz de H. P. B. em seu quarto me chamando. Levantei-me com num arranco e entrei. Ela disse "algumas pessoas querem ver você" e acrescentou depois de um momento: "Agora saia, não olhe para mim". Antes, porém, tive tempo de virar o rosto, vi-a desaparecer gradualmente no local e, daquele mesmo chão, surgiu a forma dos mestres.

Quando voltei, vi dois outros vestidos no que depois aprendi serem roupas tibetanas. Um deles permaneceu com o mestre no quarto de H. P. B. Encontrei o outro sentado na minha cama no momento em que saí. Eu o saudei e perguntei se tinha alguma ordem para dar. Ele disse: "Se houver alguma, elas serão dadas a você, sem serem solicitadas".

Ele me disse, então, para ficar parado por algum tempo e começou a me olhar fixamente. Eu senti uma sensação muito agradável, como se estivesse saindo do meu corpo.

Não posso dizer agora quantas horas se passaram entre isso e o que vou agora relatar. Mas eu vi que estava em um lugar peculiar. Era o extremo superior de Caxemira, aos pés do Himalaia. Vi que fui levado a um lugar onde havia apenas duas casas bem em frente uma da outra e nenhum outro sinal de habitação. De uma dessas saiu Koot Hoomi. Era a casa dele. Oposta à dele estava a do Mestre Morya. O irmão Koot Hoomi ordenou que eu o seguisse.

Depois de percorrer uma curta distância de cerca de 800 metros, chegamos a uma passagem subterrânea natural que fica sob os Himalaias. O caminho é muito perigoso. Há uma calçada natural no rio Indo que corre por baixo em toda a sua fúria. Apenas uma pessoa pode andar sobre ela de cada vez e um passo falso sela o destino do viajante.

Além desta calçada existem vários vales a serem atravessados. Depois de caminhar uma distância considerável através desta passagem subterrânea, chegamos a uma planície aberta em L ----- k. Há um grande e massivo edifício com milhares de anos de idade. Na frente dele há um enorme tau egípcio. O edifício baseia-se em sete grandes pilares em forma de pirâmides. O portão de entrada tem um grande arco triangular. No interior existem vários aposentos. O prédio é tão grande que acho que pode conter facilmente vinte mil pessoas. Eu fui levado a alguns desses compartimentos.

Esse é o lugar central principal onde aqueles de nossa Seção que são merecedores de iniciação nos mistérios têm que ir para a sua cerimônia final e lá permanecer pelo período necessário. Eu subi com meu guru para o grande salão. A grandeza e serenidade do lugar é suficiente para impressionar qualquer um. A beleza do altar que está no centro e onde todo candidato tem que fazer seus votos no momento de sua iniciação deslumbrará, com certeza, os olhos mais brilhantes. O esplendor do trono do líder supremo é incomparável. Tudo se baseia num princípio geométrico e contém vários símbolos que são explicados apenas ao iniciado. Mas eu não posso dizer mais nada agora, pois que estou sob uma obrigação de sigilo, que Koot Hoomi arrancou de mim lá.

Enquanto estava lá, eu não sei o que aconteceu, mas de repente encontrava-me na minha cama e levantei-me. Eram 8hs da manhã. O que foi que eu vi? Foi um sonho ou realidade? Se realidade, como eu poderia atravessar todo o Himalaia, mesmo em meu corpo astral em tão pouco tempo? Perplexo com essas ideias, fiquei em silêncio quando uma nota caiu diante do meu nariz. Abri-a e dentro descobri que não era um sonho, mas que fui levado de algum modo misterioso em meu corpo astral para o lugar real da iniciação, onde estarei fisicamente para a cerimônia, se me mostrar merecedor da bênção. Minha alegria que senti naquele momento pode ser mais facilmente conjeturada do que descrita.

Em 19 de abril de 1883, na Sociedade Teosófica (Madras), Narasimhalu Chetty e eu estávamos sentados em uma cadeira bem perto da cama de Mme. Blavatsky, abanando-a e conversando para induzi-la gradualmente ao sono. Então, por alguns minutos, estávamos conversando sobre algumas cavernas e outras coisas.

De repente, Mme. Blavatsky deu um pulo e exclamou: "Eu o sinto". Ela nos ordenou estritamente a não abandonarmos nossos lugares nem ficarmos excitados, mas devíamos permanecer onde estávamos, sem mover um centímetro, de um jeito ou de outro, e estar perfeitamente calmos e quietos. Subitamente, ela pediu nossas mãos, e a mão direita de cada um de nós foi segurada por ela. Nem dois minutos se passaram, quando vimos o Mestre Morya vindo da porta de tela do quarto de Mme. B., e se aproximando dela.

Sua maneira de andar era tão gentil que nenhum passo nem o menor som era audível; pelos seus gestos, nem aparentava se mover. Foi apenas a mudança de posição que nos fez ver que ele chegava mais e mais perto. Parou exatamente em frente a Mme. B. – não mais que um braço distante de nós. Nós estávamos de lado da cama e ele do outro.

Eu o tenho visto com frequência suficiente para me permitir reconhecê-lo imediatamente. Ele então se inclinou sobre a cama. Seu usual longo casaco branco, o peculiar epagri (turbante), longos cabelos negros que fluíam sobre os ombros largos e a longa barba – eram, como sempre, impressionantes e pitorescos. Ele estava em pé perto de uma porta cujas persianas estavam abertas. Através das persianas, a luz da lâmpada, e a luz da lua, através das janelas que estavam todas abertas, incidiam em cheio sobre ele. E estando no escuro, ou seja, não tendo luz contra nossos olhos – pois estávamos virados contra as janelas através da quais a luz da lua vinha – podíamos ver distinta e claramente.

Ele segurou a cabeça de Mme. B e colocou as mãos duas vezes sobre ela. B., então, estendeu a mão que passou através da dele – um fato que provava que o que vimos fora um *rupa mayavi* (corpo de aparição), embora tão vívido e claro a ponto de dar a impressão de ser um corpo físico. Ela imediatamente pegou a carta das mãos dele, que se amarrotou e, por assim dizer, fez um barulho. Ele então fez um aceno em nossa direção, deu alguns passos, inaudíveis e imperceptíveis como antes, e desapareceu!

Narasimhalu reconheceu-o imediatamente, pois o viu de perto e bem nitidamente. Parece que, em 1874, o Mestre Morya estava em Madras, e tanto Narasimhalu quanto seu irmão Subbiah Chetty o viram, embora não soubessem de mais nada. O que causou uma forte impressão em suas mentes foi o fato do súbito desaparecimento dele diante de seus olhos. Narasimhalu jura que ele é a mesma pessoa que viu em 1874.

Mme. B. entregou então a carta para mim, como tinha sido planejado para mim. Dentro havia instruções do meu reverenciado guru. Nunca vou esquecer a experiência da noite anterior; tão clara, vívida e tangível que foi!

Em Lahore, no final de novembro de 1883, fui visitado pelo Mahatma Koot Hoomi em corpo físico, por três noites consecutivas, por cerca de três horas cada vez, e, em um dos casos, fui encontrá-lo fora de casa – voltando a entrar com ele, oferecendo-lhe um assento e depois conversando longamente. Além disso, esse que vi pessoalmente em Lahore era o mesmo que eu tinha visto em forma astral na sede da Sociedade Teosófica, e o mesmo que, em minhas visões e transes, eu tinha visto em sua casa a milhares de quilômetros de distância, alcançando em meu ego astral o que me era permitido, contando, naturalmente, com a sua ajuda direta e proteção.

Naqueles casos, com os meus poderes psíquicos ainda pouco desenvolvidos, eu sempre o havia visto como uma forma nebulosa, embora suas feições fossem perfeitamente distintas e sua lembrança estivesse profundamente gravada nos olhos e na memória de minha alma; enquanto, agora, em Lahore, Jummu e em outros lugares, a impressão fosse totalmente diferente. Nos primeiros casos, ao fazer *pranam* (saudação), minhas mãos passavam por sua forma, enquanto nas últimas ocasiões elas encontravam roupas e carne sólidas.

Aqui, vi um homem vivo diante de mim, com as mesmas feições, embora muito mais imponente em sua aparência geral e porte do que eu tantas vezes vira num retrato possuído por Mme. de Blavatsky e num único com o sr. Sinnett.

Em Jummu, de novo, quando partimos de Lahore, tive a boa sorte de ser enviado ao *ashram* sagrado e a oportunidade de visitá-lo, tendo permanecido por alguns dias na abençoada companhia de muitos dos vários e desacreditados *mahatmas* do Himalaia e de seus discípulos. Lá encontrei não apenas meu amado *Gurudeva* Koot Hoomi e o Mestre Morya, do Coronel Olcott, mas vários outros membros da Fraternidade, inclusive um dos mais elevados.

O lugar que me foi permitido visitar é nos Himalaias. Eu o vi em meu próprio *sthula sarira* (corpo físico) e encontrei meu mestre idêntico à forma que eu tinha visto nos dias anteriores ao meu chelado. Assim, eu vi meu amado guru não apenas como um homem vivo, mas, na verdade, como um jovem comparativamente a alguns outros *sadhus* da companhia abençoada, apenas muito mais gentil, que não evita um comentário alegre e, às vezes, conversação.

Assim, no segundo dia da minha chegada, depois da hora das refeições, foi-me permitido manter uma convivência por mais de uma hora com meu mestre. Ele perguntou-me sorrindo o que me fez olhar para ele tão perplexo, eu perguntei por minha vez: "Como é que alguns membros da nossa Sociedade têm em suas cabeças a noção de que o mestre seja "um homem idoso", e que eles até já o viram em visão clarividente como um velho que passou dos sessenta anos?"

Ao que ele sorriu agradavelmente e disse que este último equívoco deveu-se a relatos de um certo *brahmachari*, discípulo de um *swami vedantino* no N. W. P. – que havia encontrado no ano passado, no Tibete, o chefe de uma seita (meu mestre), um *lama* idoso, que foi seu companheiro de viagem naquele momento. O dito *brahmachari*, tendo falado do encontro na Índia, levou várias pessoas a confundirem o lama com o meu mestre.

Quanto a ser percebido clarividentemente como um "homem idoso", isso nunca poderia acontecer, acrescentou ele, pois a clarividência real não pode levar ninguém a tais noções errôneas. E, então, ele gentilmente me repreendeu por dar qualquer importância à idade de um guru, acrescentando que as aparências eram muitas vezes falsas etc., explicando-me outros pontos.[8]

---

[8] Nota final:
Este documento on-line foi coletado de vários artigos e cartas escritos por Damodar K. Mavalankar no livro Damodar e os Pioneiros do Movimento Teosófico. Uma "edição" anterior deste livro pode ser encontrada online em: Damodar: The Writings of a Hindu Chela. Alguns desses artigos também estão online sob o sobrenome de Mavalankar em The Blavatsky Archives.
Os extratos dados acima foram transcritos dos artigos originais, mas algum material foi silenciosamente deletado. O texto também foi editado com algumas palavras explicativas, frases e frases adicionadas de tempos em tempos ao texto original para tornar a narrativa geral mais fácil de ler. As adições não foram colocadas entre parênteses.

Comentários sobre o Bhagavad Gita[9]

por T. Subba Row
Tradução: Edilson A. Pedrosa

Prefácio

Este artigo foi publicado pela primeira vez em *The Theosophist* – a revista fundada por H. P. Blavatsky e Cel. H. S. Olcott em Madras, na Índia. A primeira palestra, intitulada "Introdutória", foi proferida na Convenção da Sociedade Teosófica, realizada em Madras em 1885 e foi publicada na edição de fevereiro de 1886 do *The Theosophist*, volume VII, nº 77, página 281, com uma nota editorial afirmando que era a introdução a uma série de palestras sobre o Bhagavad Gita que Subba Row prometeu entregar na próxima Convenção da Sociedade Teosófica, programada para 1886. Assim, as quatro palestras foram realizadas e publicadas um ano depois, ou seja, no volume VIII de *The Theosophist*, e os discursos foram entregues aos delegados que participaram da convenção da Sociedade Teosófica, de 27 a 31 de dezembro de 1886.

Em 1888, as palestras foram publicadas em forma de livro por Tookaram Tatya em Bombaim, na Índia. Mas, como há várias omissões nesta publicação, a presente edição é reproduzida a partir das palestras publicadas originalmente no *The Theosophist*. Entretanto, duas notas de rodapé que foram

[9] Título original: *Notes on the Bhagavad Gita*. Theosophical University Press Online Edition (1934). Fonte: *https://www.theosociety.org/pasadena/gita-sr/nbg-hp.htm*.

acrescentadas à palestra I na edição de Tookararm Tatya (pp. 5 e 18) e mantidas na presente edição – nas páginas 15 e 31.

Na página 511 de *The Theosophist*, Volume VIII, maio de 1887, seguindo um artigo de Subba Row sobre *The Constitution of the Microcosm* (A Constituição do Microcosmo), ele solicitou que seis correções fossem feitas em sua terceira palestra (indicando página e linha), e elas foram incorporadas nos lugares designados por ele. (Estas correções não foram feitas na edição de Tookaram Tatya.) Eruditos e estudantes estão seguros de que foi feita uma reprodução fiel do original, sendo corrigidos apenas os erros tipográficos. No que diz respeito à grafia sânscrita: as palavras aparecem como originalmente impressas; do mesmo modo, no que diz respeito ao uso de letras maiúsculas, hifenização e itálico, ainda que varie no curso da série das palestras, conforme impressas no *The Theosophist*.

(Theosophical University Press – novembro de 1934.)

Nota da editora brasileira

Para facilitar o estudo de assunto tão complexo, a tradução ora editada vai acrescida de um glossário dos termos sânscritos mais relevantes elaborado pela Editora do Conhecimento, que se utilizou como fontes principais de informação o *Glossário Teosófico* (Ed. Ground), atribuído a H. P. Blavatsky; a *Encyclopedic Theosophical Glossary* (*https://www.theosociety.org/pasadena/etgloss/pro-pz.htm*), publicada pela Theosophical University Press; da *Wikipedia* e elementos essenciais fornecidos no texto pelo próprio autor. A leitura atenta deste artigo, quando acompanhada do perfeito entendimento dos conceitos embutidos nas palavras sânscritas apresentadas, equivale a um curso de teosofia do mais elevado nível.

Palestra introdutória

Ao estudar o *Bhagavad Gita*, não se deve tratá-lo como se fosse isolado do resto do *Mahabharata* tal como existe atualmente. Ele foi inserido por Vyasa no lugar certo como uma referência especial a alguns dos incidentes naquele livro. É preciso primeiro perceber a posição real de Arjuna e

Krishna, para que se possa apreciar o ensinamento do último. Dentre outras denominações, Arjuna tem um nome muito estranho – ele é chamado em momentos diferentes por dez ou onze nomes, a maioria dos quais é explicada por ele mesmo no *Virataparva*. Um nome é omitido da lista, qual seja, Nara. Esta palavra significa simplesmente "homem". Pode parecer estranho, à primeira vista, o motivo pelo qual um homem em particular deveria ser chamado dessa forma genérica. No entanto, aqui está uma pista que nos permite compreender não apenas a posição do *Bhagavad Gita* no texto e a sua conexão com Arjuna e Krishna, mas toda a corrente que percorre o *Mahabharata* por inteiro, que implica as visões reais de Vyasa sobre a origem, as provações e o destino do homem. Vyasa olhou para Arjuna como homem, ou melhor, a verdadeira mônada do homem; e para Krishna, como o Logos, ou o espírito que vem salvar o homem. Para alguns, parece estranho que esse ensino altamente filosófico tenha sido inserido em um lugar aparentemente inadequado por completo para ele. Supõe-se que o discurso tenha ocorrido entre Arjuna e Krishna pouco antes do início da batalha. Mas, quando vocês começam apreciar o *Mahabharata*, veem que este é o lugar mais adequado para o Bhagavad Gita.

Historicamente, a grande batalha era uma luta entre duas famílias. Filosoficamente, é a grande batalha em que o espírito humano tem que se envolver contra as paixões inferiores do corpo físico. Muitos de nossos leitores provavelmente já ouviram falar do chamado habitante do umbral, tão vividamente descrito no romance *Zanoni*, de Lytton. De acordo com a descrição desse autor, o habitante do umbral parece ser algum monstro elementar ou outro monstro com uma forma misteriosa que aparece diante do neófito assim que ele está prestes a entrar na terra misteriosa e que tenta abalar sua resolução com ameaças de perigos desconhecidos se ele não estiver totalmente preparado.

Não existe tal monstro na realidade. A descrição feita tem sentido figurado. Há, no entanto, um habitante do umbral cuja influência no plano mental é muito mais penosa do que qualquer terror físico possa ser. O verdadeiro habitante do umbral é formado pelo desespero e desânimo do neófito, que é chamado a abandonar todas as suas velhas afeições por parentes, pais e filhos, bem como as suas aspirações por objetos da ambição mundana, que talvez tenham sido seus associados por muitas encarnações. Quando chamado para desistir dessas coisas, o neófito sente uma espécie de branco, antes que possa realizar suas possibilidades mais elevadas. Depois de ter desistido de todas as suas associações, sua própria vida parece desaparecer no ar. Ele parece ter perdido toda a esperança e não ter nenhum objetivo por que viver e trabalhar. Não vê sinais de seu próprio progresso futuro. Tudo diante dele parece escuridão, e uma espécie de pressão sob a qual ela começa a cair abate-se sobre a alma e, na maioria dos casos, ele começa a recuar e desiste de mais progresso. Mas, no caso de um homem que realmente lute, ele batalhará contra esse desespero e será capaz de prosseguir no caminho. Posso aqui lhes citar algumas passagens na autobiografia de Mill. Claro que o autor não sabia nada de ocultismo; mas houve uma fase em sua vida mental, que parece ter ocorrido em um ponto específico de sua carreira, que é muito parecida com o que tenho descrito. Mill foi um grande filósofo analítico. Ele fez uma análise exaustiva de todos os processos mentais (mente, emoções e vontade):

> Agora vi ou pensei ter visto o que sempre eu recebera antes com incredulidade, que o hábito da análise tende a desgastar os sentimentos, como de fato acontece quando nenhum outro hábito mental é cultivado... Assim, nem os prazeres egoístas nem altruístas eram prazeres para mim.
>
> Por fim, ele chegou a reduzir o homem a nada. Nesse ponto, uma espécie de melancolia, que tinha algo de terror, tomou conta dele. Nesse estado de espírito, continuou por alguns anos, até ler uma cópia dos poemas de Wordsworth cheios de simpatia pelos objetos naturais e pela vida humana. "A partir deles", diz ele, "parece que eu aprendi quais seriam as fontes perenes da felicidade, quando todos os maiores males da vida deveriam ter sido removidos." Isso indica fracamente o que o *chela* deve

experimentar quando decide renunciar a todos os antigos associados e é chamado a viver em função de um futuro brilhante num plano superior. Esse estágio de transição foi, mais ou menos, a posição de Arjuna antes do discurso em questão. Ele estava prestes a se envolver numa guerra de extermínio contra inimigos liderados por alguns de seus parentes mais próximos e encolheu-se naturalmente diante da ideia de matar parentes e amigos. Cada um de nós é chamado a matar todos os nossos desejos e paixões, não que sejam necessariamente maus em si mesmos, mas que a sua influência deve ser aniquilada antes que possamos nos estabelecer nos planos superiores. A posição de Arjuna destina-se a tipificar a de uma *chela*, que é chamado a enfrentar o morador do umbral. Enquanto o guru prepara seu *chela* para as provações da iniciação pelo ensino filosófico, então, nesse ponto crítico, Krishna passa a instruir Arjuna.

O *Bhagavad Gita* pode ser encarado como um discurso endereçado por um guru a um *chela* que se determinou completamente a renunciar todos os desejos e aspirações mundanos, mas que ainda sente um certo desânimo causado pelo aparente vazio de sua existência. O livro contém dezoito capítulos, todos intimamente conectados. Cada capítulo descreve uma fase ou um aspecto particular da vida humana. O discípulo deve ter isso em mente ao ler o livro e esforçar-se para perceber as correspondências. Ele encontrará o que parece ser repetições desnecessárias. Estas eram uma exigência do método adotado por Vyasa, sua intenção era representar a natureza de maneiras diferentes quando apreciada sob os pontos de vista das várias escolas filosóficas que floresceram na Índia.

No que diz respeito ao ensino moral do *Bhagavad Gita*, é afirmado muitas vezes por aqueles que não apreciam os benefícios do estudo oculto que, se todos perseguissem esse programa, o mundo chegaria a um impasse e que, portanto, esse ensinamento só pode ser útil para poucos e não para pessoas comuns. Isso não é assim. É claro que a maioria dos homens não está em condições de abandonar seus deveres como cidadãos e membros de famílias. Mas Krishna afirma distintamente que esses deveres, se não são conciliáveis com a vida ascética numa floresta, podem certamente ser reconciliados com o tipo de abnegação mental que é muito mais poderoso na produção de efeitos nos planos superiores do que qualquer isolamento físico do mundo. Pois embora o corpo do asceta possa estar na selva, os seus pensamentos podem estar no mundo. Krishna, portanto, ensina que a importância real não reside no isolamento físico, mas no mental. Todo homem que tem deveres a cumprir deve dedicar sua mente a eles. Mas, diz o instrutor, uma coisa é realizar uma ação como uma questão de dever, e outra coisa é realizar a mesma ação por inclinação, interesse ou desejo. Claramente, está ao alcance de um homem fazer progresso definido no desenvolvimento de suas faculdades superiores, embora não haja nada perceptível em seu modo de vida para distingui-lo de seus companheiros. Nenhuma religião ensina que os homens devem ser escravos de interesses e desejos. Poucas indicam a necessidade de reclusão e ascetismo. A grande objeção que foi levantada contra o hinduísmo e o budismo é que, recomendando tal modo de vida aos estudantes do ocultismo, ele tende a esvaziar a vida dos homens engajados em atividades comuns. Essa objeção, no entanto, repousa sobre um mal-entendido. Pois essas religiões ensinam que não é a natureza do ato, mas a atitude mental do seu executante, que tem importância. Esse é o ensinamento moral que percorre todo o *Bhagavad Gita*. O leitor deve observar cuidadosamente os vários argumentos pelos quais Krishna estabelece sua proposição. Este leitor encontrará um relato da origem e do destino da mônada humana e da maneira pela qual alcança a salvação por meio da ajuda e iluminação derivada de seu Logos. Alguns tomaram a exortação de Krishna a Arjuna para adorá-lo como base da doutrina de um deus pessoal. Mas essa é uma conclusão errônea. Pois, embora falando de si mesmo como *Parabrahm*, Krishna ainda é o Logos. Ele se descreve como *atma*, mas sem dúvida é um com *Parabrahm*, pois não há diferença essencial entre *atma* e *Parabrahm*. Certamente, o Logos pode falar de si mesmo como *Parabrahm*. Assim, todos os filhos de Deus, incluindo Cristo, falaram de si mesmos como um com o Pai. Sua afirmação de que ele existe em quase todas as entidades do Cosmo expressa estritamente um atributo de *Parabrahm*. Mas um Logos, sendo uma manifestação do *Parabrahm*, pode usar essas palavras e assumir esses atributos. Assim, Krishna apenas convoca Arjuna para adorar seu próprio espírito superior, por intermédio do qual, unicamente, ele pode esperar alcançar a salvação. Krishna está ensinando a Arjuna que o Logos, no curso da iniciação, passará a ensinar à mônada humana, indicando que apenas por intermédio dela mesma a salvação deve ser obtida. Isso não implica a ideia de um deus pessoal.

Observem novamente a visão de Krishna a respeito da filosofia *sankya*. Algumas ideias estranhas vêm à tona sobre esse sistema. Supõe-se que os sutras possuídos por nós representam os aforismos originais de Kapila. Mas isso tem sido negado por instrutores muitos importantrs, incluindo Sankaracharya, que dizem que estes sutras não representam os pontos de vista reais de Kapila, mas os de algum outro Kapila ou autor do livro. A verdadeira filosofia *sankya* é idêntica ao sistema pitagórico de numerais e à filosofia incorporada no sistema caldeu de números. O objetivo do filósofo era representar todos os poderes misteriosos da natureza por meio de algumas fórmulas simples, que ele expressava em algarismos. O livro original não pode ser encontrado, embora seja possível que ele ainda exista. O sistema agora apresentado sob esse nome contém pouco além de uma descrição da evolução dos elementos e algumas combinações dos mesmos que entram na formação dos vários *tatwams*. Krishna reconcilia a filosofia *sankya*, *raj yog* e até *hatta yog*, destacando primeiramente que a filosofia, se bem entendida, leva à mesma fusão da mônada humana no Logos. A doutrina do carma, que abrange um campo mais amplo do que o admitido pelos especialistas ortodoxos, que limitam a sua significação apenas às observâncias religiosas, é a mesma em todas as filosofias, e, segundo Krishna, inclui quase todos os atos e pensamentos, bons ou maus. O estudante deve primeiro passar pelo *Bhagavad Gita* e, depois, tentar diferenciar os ensinamentos das dezoito partes diferentes em diferentes categorias. Deve observar como esses diferentes aspectos se ramificam a partir de nosso centro comum, e como os ensinamentos desses capítulos pretendem eliminar as objeções de diferentes filósofos à teoria ocultista e ao caminho da salvação aqui apontado. Se isso for feito, o livro mostrará a verdadeira atitude dos ocultistas ao considerar a natureza do Logos e da mônada humana. Dessa forma, integra-se quase tudo o que é considerado sagrado em diferentes sistemas. Por tal ensinamento, Krishna consegue dissipar o desânimo de Arjuna e dar-lhe uma ideia mais elevada da natureza da força que age através dele, embora, por enquanto, esteja se manifestando como um indivíduo distinto. Krishna vence a falta de vontade de lutar de Arjuna ao analisar a ideia do eu e mostrar que o homem está errado quando pensa que ele está fazendo isso, aquilo ou aquilo outro. Quando se descobre que aquilo que é chamado de "eu" é uma espécie de ficção criada por sua própria ignorância, grande parte da dificuldade deixa de existir. Krishna prossegue demonstrando a existência de uma individualidade mais elevada da qual Arjuna não tinha conhecimento prévio. Ele indica, então, que esta individualidade está conectada com o Logos. Além disso, expõe a natureza do Logos e mostra que é *Parabrahm*. Essa é a essência dos primeiros onze ou doze capítulos. Naqueles que se seguem, Krishna dá a Arjuna mais ensinamentos, a fim de torná-lo firme de propósito, e explica-lhe como, através das qualidades inerentes de *prakriti* e *purusha*, todas as entidades foram trazidas à existência.

Deve-se observar que o número dezoito está constantemente se repetindo no *Mahabharata*, visto que contém dezoito *parvas*[10]; os exércitos contendores foram divididos em dezoito unidades, a batalha continua por dezoito dias, e o livro é chamado por um nome que significa dezoito. Este número está misteriosamente conectado com Arjuna. Eu o tenho descrito como homem, mas até mesmo *Parabrahm* se manifesta como um Logos em mais de uma maneira. Krishna pode ser o Logos, mas apenas uma forma particular dele. O número dezoito é para representar este modelo específico. Krishna é

[10] *Parvas* (sânscrito). Capítulos de um livro. (NT).

o sétimo princípio no homem, e a entrega a de sua irmã para unir-se a Arjuna em casamento tipifica a união entre o sexto e o quinto princípios. Deve-se notar que Arjuna não queria que Krishna lutasse por ele, mas que apenas agisse como seu cocheiro e fosse seu amigo e conselheiro. A partir disso, percebe-se que a mônada humana deve lutar a sua própria batalha, ainda que auxiliada quando começar a trilhar o verdadeiro caminho até seu próprio Logos.

Seção I

Antes de prosseguir com o assunto, acho necessário fazer algumas observações preliminares. Todos vocês sabem que a nossa Sociedade está estabelecida numa base cosmopolita. Não estamos apegados a nenhum credo ou sistema particular de filosofia religiosa. Nós nos consideramos meros investigadores. Todo grande sistema de filosofia é colocado perante nós com o propósito de investigação. No momento atual, concordamos que nenhuma filosofia particular possa ser pregada como a filosofia de nossa Sociedade. Essa é, sem dúvida, uma posição muito segura a ser adotada de início. Mas de tudo isso, não se segue que devemos ser inquiridores e apenas inquiridores. Devemos, sem dúvida, ser capazes de descobrir os princípios fundamentais de cada filosofia e basear neles um sistema que provavelmente satisfará nossos desejos e aspirações. Vocês, por favor, tenham isso em mente e não tomem minhas opiniões como as visões da Sociedade ou como sendo as opiniões de qualquer outra autoridade superior a mim. Vou expô-las aqui simplesmente pelo que valem. Elas são o resultado de minhas próprias investigações sobre vários sistemas de filosofia e nenhuma autoridade superior é reivindicada por elas. É com essa visão somente que pretendo apresentar as poucas observações que tenho a fazer.

Vocês se lembrarão de que dei uma palestra introdutória da última vez quando nos encontramos aqui e apontamos as noções fundamentais que devem ser levadas em conta ao tentar-se entender o *Bhagavad Gita*. Não preciso recapitular tudo o que disse então; será simplesmente necessário lembrá-los de que Krishna deveria representar o Logos, o que explicarei a seguir em profundidade, e que Arjuna, que era chamado Nara, pretendia representar a mônada humana.

O *Bhagavad Gita*, como está no presente, é essencialmente prático em seu caráter e ensinamentos, tal como os discursos de todos os instrutores religiosos que apareceram no cenário mundial para dar algumas orientações práticas e espiritual à humanidade. Assim como os ditos de Cristo, os discursos de Buda e as pregações de vários outros filósofos que chegaram até nós são essencialmente didáticos em caráter e práticos em seu tom, assim é o *Bhagavad Gita*. Mas esses ensinamentos não serão compreendidos – na verdade, com o passar do tempo, eles provavelmente serão mal compreendidos – a menos que sua base seja mantida constantemente sob vigia. O *Bhagavad Gita* parte de certas premissas, que não serão explicadas em detalhe, e elas são simplesmente aludidas aqui e ali e citadas com o propósito de reforçar a doutrina ou como autoridade, e Krishna não entra nos detalhes da filosofia, a qual é o seu alicerce. Ainda existe uma base filosófica sob seus ensinamentos e, a menos que essa base seja cuidadosamente pesquisada, não poderemos entender as aplicações práticas dos ensinamentos do *Bhagavad Gita* ou até mesmo testá-los da única maneira em que eles podem ser testados.

Antes de prosseguir, acho absolutamente necessário iniciar meu discurso com uma palestra introdutória, dando os contornos desse sistema de filosofia que eu disse ser a base do ensinamento prático de Krishna. Não posso reunir ou deduzir esta filosofia do próprio *Bhagavad Gita*, mas posso mostrar que as premissas com as quais ele começa estão indicadas com clareza suficiente.

Esse é um assunto muito vasto, uma parte considerável do qual eu não posso de todo tocar. Mas vou estabelecer alguns princípios fundamentais que são mais ou menos considerados axiomáticos em seu caráter (vocês podem chamá-los de postulados por enquanto), tantos quantos são absolutamente necessários para o propósito de entender a filosofia do *Bhagavad Gita*. Não tentarei provar cada princípio filosófico que estou prestes a estabelecer da mesma maneira com que um cientista moderno tenta provar todas as leis que reuniu a partir de um exame da natureza.

No caso de muitos desses princípios, o raciocínio indutivo e o experimento estão fora de questão; será quase impossível testá-los no curso normal da vida ou com os meios disponíveis para a humanidade em general. No entanto, esses princípios repousam sobre autoridade muito qualificada. Quando cuidadosamente explicados, eles deverão ser a base de todos os sistemas de filosofia que o intelecto humano já construiu, e além disso, também deverão se, eu me arrisco a afirmar , perfeitamente coerentes com tudo o que foi descoberto pelo homem no campo da ciência. De qualquer modo, eles nos dão uma hipótese de trabalho, uma hipótese que podemos adotar com segurança no início de nossos trabalhos, por enquanto. Esta hipótese pode ser alterada se vocês tiverem certeza de que quaisquer fatos novos exigem a sua alteração. Mas, de qualquer forma, é uma hipótese de trabalho que parece explicar todos os fatos que necessitamos entender antes de prosseguirmos em um estudo da maquinaria gigantesca e complicada da natureza.

Agora, para prosseguir com aquela hipótese. Em primeiro lugar, devo salientar que qualquer sistema de instrução prática para a orientação espiritual terá que ser julgado: primeiro com referência à natureza e condição do homem e às capacidades que estão encerradas nele; em segundo lugar, com referência ao cosmo e às forças às quais o homem está sujeito e às circunstâncias sob as quais ele deve progredir.

A menos que esses dois pontos sejam suficientemente investigados, dificilmente poderemos determinar o objetivo mais alto que o homem é capaz de atingir. E, a menos que exista um objetivo definido ou uma meta a alcançar ou um ideal para o qual o homem tenha que progredir, será quase impossível dizer se qualquer instrução em particular é passível de conduzir ao bem-estar da humanidade ou não. Ora, digo que essas instruções só podem ser compreendidas examinando-se a natureza do cosmo e do homem e o objetivo para o qual todo progresso evolutivo está tendendo.

Antes de prosseguir, deixe-me dizer-lhes que não pretendo adotar a classificação sétupla do homem que até agora tem sido adotada nos escritos teosóficos em geral. Assim como classificarei os princípios do homem, classificarei os princípios do sistema solar e do cosmo. Há uma certa semelhança, e a lei da correspondência (como é chamada por alguns escritores, por qualquer que seja a razão) é a que existe em muitos fenômenos da natureza, pois, muitas vezes, por saber o que acontece no caso do microcosmo, somos capazes de inferir o que ocorre no macrocosmo. Agora, no que diz respeito ao número de princípios e sua relação entre si, essa classificação sétupla, que não pretendo adotar, parece-me muito pouco científica e enganosa. Sem dúvida, o número sete parece desempenhar um papel importante no cosmo, embora não seja nem um poder nem uma força espiritual; mas de modo algum segue necessariamente que devemos adotar esse número em todos os casos. Que confusão tem essa classificação sete vezes dada! Esses sete princípios, como geralmente enumerados, não correspondem a nenhuma linha natural de segmentação, por assim dizer, da constituição do homem. Tomando os sete princípios na ordem em que são geralmente dados, o corpo físico é separado do chamado princípio da vida; este último do que é chamado *linga sarira* (muitas vezes confundido com *sukshma sarira*). Assim, o corpo físico é dividido em três princípios. Agora, podemos fazer, aqui, qualquer número de divisões; por favor, vocês podem também enumerar a força dos nervos, sangue e ossos como tantas partes distintas, e fazer o número de divisões tão grande quanto dezesseis ou trinta e cinco. Mas, ainda assim, o corpo físico não constitui uma entidade apartada do princípio da vida, nem o princípio da vida está à parte do corpo físico, e assim com o *linga sarira*. Novamente, no chamado "corpo astral", o quarto princípio, quando separado do quinto, logo se desintegra, e o chamado quarto princípio é quase sem vida a menos que combinado com o quinto. Esse sistema de divisão não nos dá nenhum princípio distinto que tenha algo como existência independente. E mais, essa classificação sétupla é notável por sua ausência em muitos de nossos livros hindus. De qualquer forma, uma parte considerável é quase ininteligível para as mentes hindus; e assim é melhor adotar a classificação de quatro princípios consagrada pelo tempo, pela simples razão de que ele divide o homem em tantas entidades que são capazes de ter existências separadas, e que estes quatro princípios estão associados a quatro *upadhis,* que estão ainda associados, por sua vez, a quatro estados distintos de consciência. E assim, para todos os propósitos práticos, com a intenção de explicar as doutrinas da filosofia religiosa, eu achei muito mais conveniente aderir à classificação quádrupla do que adotar a septenária e multiplicar princípios numa maneira mais provável de introduzir confusão do que lançar luz sobre o assunto. Adotarei, portanto, a classificação quádrupla e, como eu a adoto, no caso do homem, também a adotarei no caso do sistema solar, e também no caso dos princípios que serão encontrados no cosmo. Por cosmo não quero dizer apenas o sistema solar, mas todo o universo.

Ao enumerar estes princípios, prosseguirei na ordem da evolução, a que parece ser a mais conveniente. Vou apontar a posição que cada um destes princípios ocupa na evolução da natureza e, passando da Causa Primeira para o ser humano organizado dos dias atuais, darei a vocês a base da classificação quádrupla que prometi adotar.

O primeiro princípio, ou melhor, o primeiro postulado, que quero estabelecer é a existência do chamado *Parabrahmam*. É claro que dificilmente existe um sistema de filosofia que tenha negado a existência da Causa Primeira. Até mesmo os chamados ateus nunca negaram isso. Vários credos adotaram teorias diversas quanto à natureza desta Causa Primeira. Todas as disputas e diferenças sectárias surgiram, não de uma diferença de opinião quanto à existência da Causa Primeira, mas das diferenças dos atributos que o intelecto do homem tem constantemente tentado impor a ela. É possível conhecer alguma coisa da Causa Primeira? Sem dúvida, é possível saber algo sobre ela. É possível saber tudo sobre suas manifestações, embora seja quase impossível para o conhecimento humano penetrar em sua essência mais íntima e dizer o que realmente é em si mesma. Todos os filósofos religiosos concordam que esta Causa Primeira é onipresente e eterna.

Além disso, está sujeita a períodos de atividade e passividade. Quando o *pralaya* cósmico vem, ela está inativa, e quando a evolução começa, ela se torna ativa.

Mas mesmo a verdadeira razão para essa atividade e passividade é ininteligível para nossas mentes. Não é matéria ou coisa parecida. Nem mesmo é consciência, porque tudo o que conhecemos da consciência refere-se a um organismo definido. O que a consciência é ou será quando separada inteiramente do *upadhi* é algo totalmente inconcebível para nós, não apenas para nós, mas para qualquer outra inteligência que tenha em si a noção de eu (*self*), ou ego, ou que tenha uma existência individualizada distinta. Outra vez: nem mesmo é *atma*. A palavra *atma* é usada em vários sentidos em nossos livros. Está constantemente associada à ideia de si mesmo (*self*). Mas *Parabrahmam* não é tão associado; então não é ego, não é não-ego nem é consciência ou, para usar uma fraseologia adotada por nossos antigos filósofos, não é *gnatha*, nem *gnanam* nem *gnayam*.[11] É claro que toda entidade neste cosmo deve estar sob um ou outro desses três títulos. Mas o *Parabrahmam* não se enquadra em nenhum deles. No entanto, parece ser a única fonte da qual *gnatha, gnanam* e *gnayam* são as manifestações, ou modos de existência. Há alguns outros aspectos que é necessário que eu traga ao seu conhecimento, porque estes aspectos são notados no *Bhagavad Gita*.

No caso de cada consciência objetiva, sabemos que o que chamamos de matéria, ou não-ego, é afinal um mero conjunto de atributos. Mas, se chegamos à nossa conclusão por inferência lógica ou se a derivamos da consciência inata, sempre supomos que existe uma entidade: a verdadeira essência da coisa sobre a qual todos esses atributos são colocados, que contém estes atributos, por assim dizer, a essência em si é desconhecida para nós

Todos os escritores vedistas formularam o princípio de que o *Parabrahmam* é a essência única de quase tudo no cosmo. Quando nossos antigos escritores disseram "*Sarvam khalvidambrahma*", eles não queriam dizer que todos

[11] *Gnatha*, *gnanam* e *gnayam* são termos sânscritos equivalentes a *jnata*, *jnana* e *jneya*, respectivamente. Ver os verbetes correspondentes neste glossário.

aqueles atributos que nós associamos com a ideia de não-ego deveriam ser considerados como *Brahmam* nem tampouco que *Brahmam* deveria ser visto como o *upadana karanam* do mesmo modo como terra e água são *upadana karanam* desse pilar da humanidade. Eles simplesmente queriam dizer que a coisa real no conjunto de atributos que nossa consciência percebe, a essência que parece ser o fundo e o fundamento de todos os fenômenos é *Parabrahmam*, que, embora não seja um objeto de conhecimento, ainda é capaz de dar suporte e origem a toda espécie de objeto e existência que se torna um objeto de conhecimento.

Agora, este *Parabrahmam*, que existe antes de todas as coisas no cosmo, é a única essência a partir da qual começa a existir um centro de energia, que eu chamarei, por ora, de o Logos.

Este Logos pode ser chamado, na linguagem de escritores antigos, *Eswara* ou *Pratyagatma* e *Sabda Brahmam*. É chamado o *Verbum,* ou a *Palavra,* pelos cristãos, e é o divino *Christos* que está eternamente no seio de seu pai. É chamado *Avalokiteswara* pelos budistas; de qualquer forma, *Avalokiteswara*, em certo sentido, é o Logos em geral, embora, sem dúvida, na doutrina chinesa também existam outras ideias com as quais ele está associado. Em quase todas as doutrinas, tem sido formulada a existência de um centro de energia espiritual que é não-nascido e é eterno, existindo em uma condição latente no seio de *Parabrahmam* na época de *pralaya*, e que começa como um centro de energia consciente na época de atividade cósmica. É o primeiro *gnatha*, ou o ego, no cosmo, e todos os outros egos e cada outro eu (*self*), como será indicado a seguir, são apenas seu reflexo, ou manifestação. Em sua natureza mais íntima não é incognoscível como *Parabrahmam*, mas é o objeto do conhecimento mais elevado que o homem é capaz de adquirir. É o único grande mistério no cosmo, com referência ao qual todas as iniciações e todos os sistemas da filosofia foram concebidos. O que realmente é em sua natureza mais íntima não será assunto a ser considerado em minha palestra, mas existem alguns pontos de vista dos quais temos que olhar para entender os ensinamentos do *Bhagavad Gita*.

As poucas proposições que vou estabelecer com referência a este princípio são estas: não é material, ou físico, em sua constituição, e não é objetivo; não é diferente em substância, por assim dizer, ou em essência, de *Parabrahmam* e é, ao mesmo tempo, diferente dela, tendo uma existência individualizada. Ele existe em uma condição latente no seio de *Parabrahmam* na época de *pralaya*, semelhantemente, por exemplo, como o senso de ego está latente no momento da *sushupti*, ou do sono. É frequentemente descrito em nossos livros como *satchidanandam*, e por esse epíteto vocês devem entender que é *sat* e que é *chit* e *anandam*.[12]

Ele tem consciência e uma individualidade própria. Pode-se dizer também que é o único Deus pessoal, talvez, aquele que exista no cosmo. Mas, para não causar qualquer mal-entendido, devo também afirmar que tais centros de energia são quase inumeráveis no seio de *Parabrahmam*. Não se deve supor que este Logos seja apenas um único centro de energia que é manifestado por *Parabrahmam*. Existem inumeráveis outros. Seu número é quase infinito. Talvez até nesse centro de energia chamado Logos possa haver diferenças, isto é, *Parabrahmam* pode se manifestar como um Logos não apenas em uma forma específica, definida, mas em várias formas. De qualquer maneira, quaisquer que sejam as variações de forma que possam existir, é desnecessário deter-se minuciosamente nesse assunto com o propósito de entender o *Bhagavad Gita*. O Logos é aqui considerado do ponto de vista do Logos *in abstracto* e não de qualquer Logos particular que dá todas aquelas instruções para Arjuna, as quais são de aplicação geral. Os outros aspectos do Logos serão mais bem entendidos se eu lhes indicar a natureza dos outros princípios que começam a existir subsequentemente à existência deste Logos, ou *Verbum*.

Aquele Logos é, naturalmente, a primeira manifestação de *Parabrahmam*, o primeiro ego que aparece no cosmo, o começo de toda a criação e o fim de toda a evolução. É a única fonte de toda a energia no cosmo e a base de todos os ramos do conhecimento e é, além do mais, por assim dizer, a árvore

[12] *Sat – chit – ananda* (sânscrito), ou seja, "existência, inteligência e felicidade" (*Glossário Teosófico*). (NT).

da vida, porque a *chaitanyam* que anima todo o cosmo brota dele. Uma vez tenhja este ego começado a existir como um ser com consciência objetiva própria, teremos que ver qual será o resultado desta consciência objetiva com referência à existência absoluta e incondicionada da qual ele começa como existência manifestada. Do seu ponto de vista objetivo, *Parabrahmam* aparece para ele como *mulaprakriti*. Por favor tenha isso em mente e tente entender minhas palavras, pois aqui está a raiz de toda a dificuldade sobre *purusha* e *prakriti*, sentida pelos vários escritores da filosofia védica. Claro que esta *mulaprakriti* é material para ele, como qualquer objeto material é material para nós. Esta *mulaprakriti* não é mais *Parabrahmam* do que o feixe de atributos deste pilar é o próprio pilar; *Parabrahmam* é uma realidade incondicionada e absoluta, e *mulaprakriti* é uma espécie de véu lançado sobre ele. *Parabrahmam* por si só não pode ser visto como é. É visto pelo Logos com um véu jogado sobre ele, e este véu é a imensa extensão da matéria cósmica. É a base de todas as manifestações materiais no cosmo.

Novamente, depois de ter surgido como ego, por um lado, e como *mulaprakriti*, por outro, *Parabrahmam* age como a única energia através do Logos. Por um símile, vou lhes explicar o que quero dizer com "agir através do Logos". Claro que vocês não devem levar essa explicação muito longe. Pretende-se simplesmente ajudá-los a formar algum tipo de concepção do Logos. Por exemplo, o Sol pode ser comparado com o Logos: luz e calor irradiam-se dele, mas seu calor e sua energia existem em alguma condição desconhecida no espaço e são difundidos nele como calor e luz visível por intermédio de sua instrumentalidade. Tal é a visão do Sol adotada pelos antigos filósofos. Da mesma maneira, *Parabrahmam* irradia do Logos e se manifesta como a luz e energia do Logos. Agora vemos a primeira manifestação de *Parabrahmam* é uma trindade, a mais alta trindade que somos capazes de compreender, a qual consiste em *mulaprakriti, Eswara,* ou Logos, e a energia consciente do Logos, que é seu poder e luz. E aqui temos os três princípios sobre os quais todo o cosmo parece estar baseado. Primeiro, nós temos matéria; em segundo lugar, temos força (sob qualquer forma, a base de todas as forças no cosmo) e, em terceiro lugar, temos o ego, ou a raiz única do eu (*self*), da qual qualquer outro tipo de eu é apenas uma manifestação, ou reflexo. Vocês devem ter em mente que há uma linha clara de distinção traçada entre *mulaprakriti* (que é, por assim dizer, o véu lançado sobre *Parabrahmam* do ponto de vista objetivo do Logos) e a energia que é irradiada a partir dele. Krishna, no *Bhagavad Gita*, como vou frisar a seguir, traça uma linha clara de distinção entre os dois. E a importância da distinção será notória quando vocês perceberem as várias concepções errôneas originadas da confusão entre os dois que surgiram em vários sistemas de filosofia. Agora, tenham em mente que esta *mulaprakriti*, que é o véu do *Parabrahmam*, é chamado *avyaktam* na filosofia *sankhya*. É também chamado *kutastha* no *Bhagavad Gita*, simplesmente porque é indiferenciado. Até o significado literal dessa palavra transmite mais ou menos a ideia de indiferenciação quando contrastada com a matéria diferenciada. Aquela luz do Logos é chamada *daiviprakriti* no *Bhagavad Gita*; é a Sophia gnóstica e o Espírito Santo dos cristãos. É um erro supor que Krishna, quando considerado como um Logos, seja uma manifestação deste *avyaktam*, como é geralmente acreditado por uma certa escola de filósofos. Ele é, por outro lado, o *Parabrahmam* manifestado e o Espírito Santo, [que[13]] em sua primeira origem emana do *Cristos*. É essa a razão pela qual é chamada a mãe do *Christos*. Quando *Christos* se manifesta no homem como seu salvador, é do útero, por assim dizer, dessa luz divina que ele nasce. Portanto, é somente quando o Logos se manifesta no homem que ele se torna o filho dessa luz do Logos – esse *maya*. Mas, no decorrer da manifestação cósmica, esta *daiviprakriti* deveria, estritamente falando, ser chamada a filha do Logos, em vez de ser a mãe do Logos. Para tornar isso mais claro, posso salientar que esta luz é simbolizada como *Gayatri*. Vocês sabem que *Gayatri* não é *prakriti*[14]. Ela é considerada como a luz do Logos e, para transmitir às nossas mentes uma imagem definida, é representada como a luz do Sol. Mas o sol de onde brota não é o Sol físico que vemos, mas o sol central da luz da

[13] Este "que" foi inserido pelo tradutor para dar sentido à frase original em inglês.
[14] *Prakriti*. Para melhor compreensão, ver os verbetes *Brahman* e *daiviprakriti* no glossário anexo.

sabedoria, por isso não usamos em nosso *sandhyavandanam* nenhum símbolo representando o Sol físico. Essa luz é ainda chamada de *mahachaitanyam* de todo o cosmo. É a vida de toda a natureza. Será observado que o que se manifesta como luz, como consciência e como força, é apenas uma e a mesma energia. Todos os vários tipos de forças que conhecemos, todos os vários modos de consciência com os quais estamos familiarizados e a vida manifestada em todo tipo de organismo são apenas as manifestações de um e mesmo poder, sendo este poder aquele que nasce originalmente do Logos. Isso terá que ser pesquisado em todos esses aspectos, porque a parte que realmente desempenha no cosmo é de considerável importância.

À medida que fomos progredindo, chegamos em primeiro lugar a *Parabrahmam*; em segundo lugar, a *Eswara*; em terceiro lugar, à luz que se manifesta através de *Eswara* e que é chamado *daiviprakriti* no *Bhagavad Gita* e, finalmente, a *mulaprakriti*, que parece ser, como eu disse, um véu lançado sobre *Parabrahmam*. Agora, a criação ou evolução é iniciada pela energia intelectual do Logos. O universo em seus infinitos detalhes e com suas maravilhosas leis não surge por mero acaso nem por causa das potencialidades encerradas em *mulaprakriti*. Ele vem à existência principalmente através da instrumentalidade da única fonte de energia e poder existente no cosmo, que denominamos Logos e que é o único representante existente do poder e sabedoria de *Parabrahmam*. A matéria adquire todos os seus atributos e seus poderes, que produzem, no decorrer do tempo, resultados tão maravilhosos no curso da evolução pela ação desta luz que emana do Logos sobre *mulaprakriti*. Do nosso ponto de vista, será muito difícil conceber qualquer tipo de matéria que não tenha nenhuma daquelas tendências que são comumente associadas a todos os tipos de matéria e que só adquirem as várias propriedades manifestadas ao receber, como acontece, esta luz e energia do Logos. Esta luz do Logos é a ligação, por assim dizer, entre a matéria objetiva e o pensamento subjetivo de *Eswara*. Ela é chamada *fohat* em vários livros budistas. É o único instrumento com o qual o Logos trabalha.

O que surge no Logos a princípio é simplesmente uma

imagem, uma concepção do que deverá estar no cosmo. Aquela luz ou energia captura a imagem e a imprime sobre a matéria cósmica que já está manifestada. Assim, surgem todos os sistemas solares manifestados. É claro que os quatro princípios que enumeramos são eternos e comuns a todo o cosmo. Não há lugar em todo o cosmo onde essas quatro energias estejam ausentes; e elas são os elementos da classificação quádrupla que eu adotei ao lidar com os princípios do poderoso cosmo.

Concebam este sistema solar manifestado em todos os seus princípios e em sua totalidade como constituindo-se no *sthula sarira* do cosmo. Olhem para essa luz que emana do Logos como correspondendo à *sukshma sarira* do cosmo. Concebam ainda que este Logos, que é o único germe do qual brota todo o cosmo, que contém a imagem do universo, está na posição do *karana sarira* do cosmo, existindo antes dele vir à existência. E finalmente conceba que *Parabrahmam* tem a mesma relação com o Logos que nosso atma tem com o nosso *karana sarira*.

Deve ser lembrado, que aqueles são os quatro princípios gerais do cosmo infinito, não do sistema solar. Estes princípios não devem ser confundidos com aqueles enumerados ao lidar com o significado de *pranava* na filosofia védica e nos *Upanishads*. Em certo sentido, *pranava* representa o macrocosmo e, em outro, o microcosmo. De um ponto de vista, *pranava* pretende significar também o próprio cosmo infinito, mas não é sob essa luz que é geralmente explicado em nossos livros védicos, e não será necessário que eu explique esse aspecto de *pranava*. Com referência a esse assunto, posso, no entanto, aludir a um outro ponto, o que explica a razão pela qual *Eswara* é chamado *Verbum*, ou Logos; porque na verdade é chamado *Sabda Brahmam*. A explicação que vou lhes dar parecerá completamente mística. Mas, se mística, tem um significado tremendo quando é bem compreendida. Nossos antigos escritores disseram que *vach*[15] é de quatro tipos. Eles são chamados: *para, pasyanti, madhyama e vaikhari*. Essa afirmação vocês encontrarão no próprio *Rig Veda* e em

[15] *Vach*. Na seção final deste artigo, intitulada *Cartas: discussão sobre o conceito de vach*, há um esclarecedor debate sobre o tema. (NT).

vários *Upanishads*. *Vaikhari vach* é o que nós pronunciamos. Cada tipo de *vaikhari vach* existe em seu *madhyama*, ainda mais em seu *pasyanti* e, finalmente, em sua forma *para*. A razão pela qual esse *pranava* é chamado *vach* é que esses quatro princípios do grande cosmo correspondem a estas quatro formas de *vach*. Agora, todo o sistema solar manifestado existe em sua forma *sukshma* nessa luz ou energia do Logos, porque sua imagem é capturada e transferida para a matéria cósmica, e novamente o cosmo deve necessariamente existir na única fonte de energia da qual esta luz emana. O cosmo em sua forma objetiva é *vaikhari vach*, a luz do Logos é a forma *madhyama*, e o próprio Logos é a forma *pasyanti*; e *Parabrahmam*, o aspecto daquele *vach*. É à luz dessa explicação que devemos tentar compreender certas afirmações de vários filósofos no sentido de que o cosmo manifestado é o *Verbum* manifestado como cosmo. Estes quatro princípios ostentam a mesma relação uns com os outros, tal como fazem estas quatro condições ou manifestações de *vach*.

Vou agora proceder a um exame dos princípios que constituem o próprio sistema solar. Aqui acho útil referir-me às explicações geralmente dadas com relação a *pranava* e o significado de seus *matras*. *Pranava* destina-se a representar o homem e o cosmo manifestado, com os quatro princípios no homem correspondendo aos quatro do cosmo. Os quatro princípios do cosmo manifestado podem ser enumerados nesta ordem. Primeiro, *vishwanara*. Agora, este *vishwanara* não deve ser encarado como meramente o mundo objetivo manifestado, mas como a única base física sobre a qual todo o mundo objetivo começa a existir. Além disso e próximo a ele está o que é chamado *hiranyagarbha*. Este novamente não deve ser confundido com o mundo astral, mas encarado como a base do mundo astral, tendo a mesma relação com o mundo astral que *vishwanara* mantém com o mundo objetivo. Próximo a este, existe o que agora é chamado *Eswara*; mas como essa palavra é susceptível de induzir a erro, não o chamarei de *Eswara*, mas por outro nome também sancionado pelo uso: *sutratma*. Além desses três é geralmente afirmado que há *Parabrahmam*. Quanto a esse quarto princípio, tem surgido diferenças de opinião e, a partir destas diferenças, podem aparecer dificuldades. Para este princípio, devemos ter, como temos para o cosmo, algum princípio ou entidade a partir do qual os outros três princípios começam a existir, e existem nele em razão disso. Se tal é o caso, sem dúvida devemos aceitar o *avyaktam* dos *sankhyas* como este quarto princípio. Este *avyaktam* é a *mulaprakriti* que eu já expliquei como o véu de *Parabrahmam,* considerado do ponto de vista objetivo do Logos, e esta é a visão adotada pela maioria dos *sankhyas*. Não é necessário entrar nos detalhes da evolução do próprio sistema solar. Examinando a palestra recente proferida pelo professor Crookes sobre os chamados elementos da química moderna, vocês podem ter uma ideia da maneira pela qual os vários elementos começaram a existir a partir destes três princípios nos quais a *mulaprakriti* está diferenciada. Tal palestra irá dar-lhes uma ideia, pelo menos, da forma como os chamados elementos provêm de *vishwanara*, o mais objetivo destes três princípios, que parece estar no lugar do prótilo[16] mencionado na palestra. Exceto em alguns detalhes, esta palestra parece dar os contornos da teoria da evolução física no plano de *vishwanara* e é a abordagem mais próxima, até onde eu sei, feita pelos pesquisadores modernos da teoria oculta real sobre o assunto.

Esses princípios, em si mesmos, estão tão além da nossa experiência comum que se tornam objeto de concepção e inferência meramente teóricas, em vez de objeto de conhecimento prático. É claro que, se é tão difícil para nós entendermos esses diferentes princípios tal como existem na natureza, será ainda mais difícil formarmos qualquer ideia definida quanto à sua base. Mas, de qualquer forma, a evolução e o trabalho de diferenciação desses princípios é uma questão que se relaciona mais apropriadamente à ciência da física do que à ciência da ética espiritual, e os princípios fundamentais que expus serão suficientes para nosso propósito atual. Sem meu trânsito pelo processo de evolução, vocês devem convir que, a partir desses três princípios, tendo como único fundamento

[16] Prótilo *(protyle* em inglês) é uma substância primitiva hipotética da qual os elementos químicos devem ter sido formados, sendo, portanto a matéria-prima hipotética de todos os corpos. (NT).

mulaprakriti, o sistema solar manifestado, inclusive os objetos nele, começou a existir.

Tenham em mente também que a única energia que elabora o processo de evolução é a luz do Logos, a qual é difundida através desses princípios e pelas suas manifestações. É a única luz que começa com um impulso específico comunicado pela energia intelectual do Logos que elabora todo o programa, desde o começo até o fim, da evolução. Se começarmos nosso exame a partir dos organismos inferiores, veremos que essa vida una é, por assim dizer, indiferenciada. Agora, quando tomamos, por exemplo, o reino mineral, ou todos aqueles objetos no cosmo que não podemos chamar estritamente de organismos vivos, encontramos essa luz indiferenciada. No decorrer do tempo, quando alcançamos a vida vegetal, ela diferencia-se consideravelmente, e organismos são formados que tendem cada vez mais para a diferenciação. E quando alcançamos a vida animal, descobrimos que a diferenciação é mais completa, e esta luz também se manifesta como consciência. Não se deve supor que a consciência seja uma espécie de entidade independente criada por essa luz; ela é um modo ou uma manifestação da própria luz, que é a vida. Quando chegamos ao homem, esta luz torna-se diferenciada e forma aquele centro, ou ego, que dá origem ao progresso mental e físico que vemos no processo de evolução cósmica. Esta diferenciação resulta, em primeira instância, do ambiente de organismos particulares. As várias ações evocadas em um dado organismo e aquelas que ele evoca em outros organismos ou em seu entorno e as ações que ele gera por si mesmo nesse estágio dificilmente podem ser chamadas de carma. Ainda assim, sua vida e suas ações têm talvez um certo efeito na determinação das manifestações futuras daquela energia vital que atuam nelas. Esta luz torna-se diferenciada em certas mônadas quando chegamos ao homem e, portanto, a individualidade é fixada.

Os princípios que compõem o homem tornam-se mais definidos à medida que a individualidade se apresenta mais e mais definida e torna-se mais e mais diferenciada de outras individualidades em razão do próprio ambiente do homem e dos impulsos intelectuais e morais que ele gera, bem como do efeito de seu próprio carma. Existem quatro princípios no homem. Primeiro, há o corpo físico, sobre o qual não precisamos entrar em detalhes, pois ele se relaciona mais com o campo de pesquisa do fisiologista do que com o do investigador religioso. Sem dúvida, certos ramos da fisiologia tornam-se temas de considerável importância para lidar com certos assuntos relacionados com a filosofia da ioga; mas não precisamos discutir essas questões no momento.

Em seguida, há o *sukshma sarira*. Ele tem com o corpo físico a mesma relação que o mundo astral tem com o plano objetivo do sistema solar. Ele é, às vezes, chamado de *kama-rupa* em nossas dissertações teosóficas. Essa expressão infeliz deu origem também a um equívoco de que o princípio chamado *kama* representa este próprio corpo astral e é transformado nele. Mas não é assim. Ele é composto de elementos de natureza bastante diferente. Seus sentidos não são tão diferenciados e localizados como acontece no corpo físico e, sendo compostos de materiais mais sutis, seus poderes de ação e pensamento são consideravelmente maiores do que os encontrados no organismo físico. *Karana sarira* só pode ser concebido como um centro de *pragna* – um centro de força ou energia no qual o terceiro princípio (ou *sutratma*) do cosmo foi diferenciado em razão do mesmo impulso que provocou a diferenciação de todos esses princípios cósmicos. E agora a questão é: o que é que completa esta trindade e a torna quaternária?[17] Claro que esta luz do Logos. Como já disse, é uma espécie de luz que permeia todo tipo de organismo e, assim, nessa trindade está manifestada em cada um dos *upadhis* como o verdadeiro *jiva*, ou o ego do homem. Agora, a fim de permitir que vocês tenham uma concepção clara do assunto, vou expressar minhas ideias em linguagem figurada. Suponha, por exemplo, que o próprio Logos seja o Sol. Suponha que eu pegue um espelho límpido em minhas mãos, capture um reflexo do Sol, direcione os raios refletidos na superfície

[17] Na edição publicada por Tookaram Tatya, a seguinte nota de rodapé foi adicionada: "A imagem refletida do Logos formada pela ação dessa luz ou de *karana sarira* pode ser considerada como o quarto princípio do homem, como tem sido considerada por alguns filósofos. Mas, na realidade, a entidade real é a luz em si e não a imagem refletida."

do espelho, digamos, sobre uma placa metálica polida, e faça com que os raios que são refletidos por sua vez a partir da placa recaiam sobre uma parede. Agora temos três imagens, cada uma mais clara e resplandecente do que a outra. Posso comparar o espelho límpido ao *karana sarira*; a placa metálica, ao corpo astral; e a parede, ao corpo físico. Em cada caso, um *bimbam* definido, ou imagem refletida, é formado, e este *bimbam* será, por enquanto, considerado como o eu. O *bimbam* formado no corpo astral dá origem à ideia do si mesmo quando considerado separado do corpo físico; o *bimbam* formado no *karana sarira* dá origem à forma mais proeminente de individualidade que o homem possui. Vocês verão ainda que esses vários *bimbams* não têm o mesmo brilho. O brilho de um *bimbam* pode ser comparado ao conhecimento do homem, e ele se torna mais e mais fraco à medida que o reflexo é transferido de um *upadhi* límpido para um menos límpido e assim, por diante, até chegarmos ao corpo físico. Nosso conhecimento depende principalmente da condição do *upadhi*, e vocês também observarão que assim como a imagem do Sol em uma superfície clara de água pode ser perturbada e tornar-se invisível pelo movimento da própria água, também pelas suas paixões e emoções um homem pode tornar a imagem de seu verdadeiro eu perturbada e distorcida em sua aparência ou até mesmo tornar a imagem tão indistinta a ponto de ser completamente incapaz de perceber sua luz.

Vocês verão ainda que essa ideia do eu é enganosa. Quase todos os grandes escritores da filosofia vedanta, como também Buda e Sankaracharya, alegaram claramente que esta é uma ideia ilusória. Vocês não devem supor que esses grandes homens disseram que a ideia do eu era ilusória pela mesma razão que levou John Stuart Mill a supor que a ideia do eu é fabricada a partir de uma concatenação ou série de estados mentais. Não é uma ideia fabricada, por assim dizer, nem uma ideia secundária que surgiu de qualquer série de estados mentais. É dito que é ilusória, como venho tentando explicar, porque o eu real é o próprio Logos, e o que é considerado geralmente como o ego é apenas o seu reflexo. Se vocês disserem, no entanto, que uma imagem refletida não pode agir como um ser individual, eu tenho que lembrar simplesmente que o meu símile não pode ser levado muito longe. Nós pensamos que cada imagem distinta pode formar um centro separado. Vocês verão em que dificuldade estaremos se negarmos isso e considerarmos que o ser é uma entidade separada em si mesma. Se assim for, enquanto eu estiver no meu estado objetivo de consciência, meu ego é algo que existe como uma entidade real no próprio corpo físico. Como é possível transferir o mesmo para o corpo astral? Então, novamente, deve ser também transferido para o *karana sarira*. Encontraremos uma dificuldade ainda maior para transferir essa entidade para o próprio Logos, e vocês podem depender de que seja apenas um nome, a menos que a individualidade, ou ego, de um homem possa ser transferida para a imortalidade do Logos. Em certos casos peculiares será muito difícil explicar um grande número de fenômenos com base em que esse eu [*self*] seja algum tipo de centro de energia ou alguma mônada existente transferida de *upadhi* para *upadhi*.

Na opinião dos védicos e na de Krishna também, como observarei daqui em diante, o homem é um quaternário. Ele tem primeiro o corpo físico, ou *sthula sarira*; em segundo lugar o corpo astral, ou *sukshma sarira*; em terceiro lugar a sede de sua individualidade superior, o *karana sarira*; e quarto e último, seu *atma*. Não há dúvida de que existe uma diferença de opinião quanto à natureza exata do quarto princípio, como já disse, o que deu origem a vários equívocos. Agora, por exemplo, de acordo com alguns seguidores da filosofia *sankhya*, aqueles que, de qualquer modo, são chamados *nireswara sankhyas*, o homem tem estes três princípios, com o seu avyaktam para completar o quaternário. Este *avyaktam* é *mulaprakriti*, ou melhor, *Parabrahmam* manifestado em *mulaprakriti* como seu *upadhi*. Nessa visão, *Parabrahmam* é realmente o quarto princípio, o princípio mais elevado do homem; e os outros três princípios simplesmente existem nele e em razão dele. Isto é, este *avyaktam* é o princípio único que é a raiz de todo eu [*self*], que se diferencia no curso da evolução, ou melhor, que parece estar diferenciado nos vários organismos, e subsiste em todo tipo de *upadhi* e é a verdadeira entidade espiritual que um homem tem que alcançar.

Agora vamos ver o que acontecerá de acordo com essa hipótese. O Logos é totalmente excluído; não se percebe de maneira alguma; e essa é a razão pela qual essas pessoas foram chamadas *nireswara sankhyas* (não porque elas tenham negado a existência do *Parabrahmam*, pois elas não o fizeram – mas) porque não tomaram conhecimento do Logos e de sua luz – as duas mais importantes entidades na natureza – na classificação dos princípios do homem.

Seção II

Em minha última palestra, tentei traçar o curso dos primórdios da evolução cósmica e, ao fazê-lo, indiquei com certa precisão os quatro princípios principais que operam no cosmo infinito. Também enumerei os quatro princípios que pareciam formar a base de todo o sistema solar manifestado e defini a natureza dos quatro princípios nos quais dividi a constituição do homem. Espero que vocês tenham em mente as explicações que eu dei, porque é com uma compreensão clara desses princípios que toda a doutrina do vedanta é explicável. Além disso, devido aos equívocos introduzidos quanto à natureza destes princípios, as filosofias religiosas de várias nações tornaram-se terrivelmente confusas e foram tiradas inferências a partir de suposições erradas, o que não decorre necessariamente de um entendimento correto desses princípios.

Para deixar clara a minha posição, ainda tenho que fazer mais algumas observações sobre alguns desses princípios. Vocês se lembrarão de que eu dividi o próprio sistema solar em quatro princípios principais e os chamei pelos nomes atribuídos a eles em tratados sobre o que pode ser chamado de *Tharaka Yoga*. *Tharam*, ou *pranava*, é também o símbolo do homem manifestado. E os três *matras*, sem o *ardhamatra*, simbolizam os três princípios, ou as três manifestações de *mulaprakriti* original no sistema solar. O *sankhya yoga*, assim chamado apropriadamente, lida principalmente com estes três princípios e com a evolução, a partir deles, de todos os organismos materiais. Uso a palavra material para indicar não apenas os organismos físicos e astrais, mas também organismos no plano superior ao astral. Muito do que se encontra neste plano também é, na minha opinião, físico, embora talvez possa diferir em sua constituição das formas conhecidas de matéria do plano objetivo comum. O sistema solar manifesto está, estritamente falando, dentro do campo da pesquisa física. Até agora só estivemos pesquisando as superfícies exteriores do cosmo. É isso, e somente isso, que a ciência física alcançou até agora. Não tenho a menor dúvida de que, com o passar do tempo, a ciência física será capaz de penetrar profundamente na base subjacente, o que corresponde ao *sutratma* dos nossos escritores védicos.

Está na esfera da filosofia *sankhya* traçar as três partes componentes de *mulaprakriti*, todas as várias manifestações físicas. Não se deve, no entanto, supor que eu autorize, de alguma forma, a maneira pela qual a filosofia *sankhya*, como atualmente entendida, traça a origem destas manifestações. Pelo contrário, há muitas razões para acreditar que os pesquisadores da ciência física no Ocidente, como o Professor Crookes e outros, chegarão a resultados mais verdadeiros do que os contidos nos sistemas existentes na filosofia *sankhya* conhecida do público. A ciência oculta tem, é claro, uma teoria própria definida para propor a origem desses organismos, mas essa é uma questão que sempre foi mantida em segundo plano, e os detalhes dessa teoria não são necessários para o propósito de explicar as doutrinas do *Bhagavad Gita*. Será suficiente para o presente observar qual é o campo da filosofia *sankhya* e qual é aquele que está no horizonte da ciência física.

Nós não podemos formar nenhuma ideia do tipo de seres que existem no plano astral e menos ainda somos capazes de fazê-lo no caso daqueles seres que vivem no plano anterior ao astral. Para a mente moderna, tudo o mais, além e junto deste plano ordinário de existência, há um vazio perfeito. Mas a ciência oculta formula definitivamente a existência destes planos mais sutis do ser, e os fenômenos que agora se manifestam nas chamadas sessões espíritas nos darão alguma ideia dos seres que vivem no plano astral. É bem sabido que na maioria dos nossos *Puranas Devas* eles são mencionados como existindo em *swarga*.

Todos os *devaganams* mencionados nos *Puranas* não estão em *swarga*. *Vasus, rudras, adityas* e algumas outras classes estritamente assim denominadas são devas, sem dúvida. Mas os *yakshas, gandharvas, kinnaras* e vários outros *ganams* devem ser incluídos entre os seres que existem no plano da luz astral.

Esses seres que habitam o plano astral são chamados pelo nome geral de elementais em nossos escritos teosóficos. Mas além dos elementais, propriamente ditos, ainda existem seres superiores, e é a estes últimos que o nome deva é estritamente aplicável. Não cometa o erro de pensar que a palavra deva significa deus, e que, porque temos trinta e três *crores*[18] de devas, adoramos portanto trinta e três *crores* de deuses. Esse é um erro infeliz geralmente cometido pelos europeus. Deva é uma espécie de ser espiritual, e como a mesma palavra é usada em linguagem comum para significar deus, de modo algum segue-se que temos e adoramos trinta e três *crores* de deuses. Esses seres, como pode ser inferido naturalmente, têm uma certa afinidade com um dos três *upadhis* componentes nos quais dividimos o homem.

Um organismo tem sempre uma certa afinidade com outro organismo composto pelos mesmos materiais e existente no mesmo plano. Como pode ser naturalmente esperado, o corpo astral do homem tem afinidade com os elementais, e o chamado *karana sarira* do homem, com os devas. Os antigos escritores da filosofia hindu dividiram o cosmo em três *lokas*. O primeiro é *bhuloka*, o segundo *bhuvarloka* e o terceiro suvarloka. Bhuloka é o plano físico com o qual geralmente estamos familiarizados. *Bhuvarloka* é, estritamente falando, o plano astral. Às vezes é chamado *antariksham* nos *Upanishads*. Mas esse termo não deve significar simplesmente toda a extensão da atmosfera com a qual estamos familiarizados. A palavra *antariksham* é usada não em seu sentido geral, mas num sentido técnico pertencente à terminologia filosófica adotada pelos autores das obras em que ela ocorre. *Suvarloka* é o que geralmente é conhecido como *swargam*. De qualquer forma, é o *devachan* dos escritos teosóficos. Nes-

[18] *Crore* é uma unidade de numeração indiana igual a 10 milhões. (NT).

se lugar, chamado *devachan* pelos budistas e *swargam* pelos hindus, localizamos as ordens superiores dos chamados *devaganams*.

Devo fazer mais uma declaração com referência aos três *upadhis* do ser humano. Destes, o que é chamado o *karana sarira* é o mais importante. É assim, porque é nele que existe a individualidade mais elevada do homem. Nascimento após nascimento, um novo corpo físico passa a existir e perece quando a vida terrena termina. O corpo astral, quando separado do *karana sarira*, pode talvez viver por algum tempo, devido ao impulso da ação e existência já comunicado a ele durante a vida. Mas, quando essas influências são cortadas da fonte de onde saltaram originariamente, a força comunicada, por assim dizer, permanece em si mesma e, mais cedo ou mais tarde, o organismo astral dissolve-se completamente em suas partes componentes. Mas *karana sarira* é um corpo ou organismo que é capaz de existir independentemente do corpo astral. Seu plano de existência é chamado *sutratma*, porque, como contas perpassadas por um fio, as personalidades sucessivas são amarradas neste *karana sarira* à medida que o indivíduo passa de uma encarnação a outra. Por personalidade quero dizer aquela ideia persistente do eu, com suas associações definidas, até onde estas associações pertencem às experiências de uma encarnação terrena.

É claro que todas as associações ou ideias dos estados mentais que um ser humano possa experimentar não são necessariamente comunicadas ao homem astral, muito menos ao *karana sarira*. De todas as experiências do homem físico, o homem astral, ou o *karana sarira* além dele, só pode assimilar aquelas cuja constituição e natureza são semelhantes às suas. Além disso, é coerente com a justiça que todos os nossos estados mentais não sejam preservados; como a maioria deles diz respeito apenas às ocupações diárias ou mesmo às necessidades físicas do ser humano, não há nenhum objetivo a ser alcançado com sua preservação contínua. Mas tudo o que penetra profundamente na natureza intelectual do homem, todas as emoções superiores da alma humana e os gostos intelectuais gerados no homem, com todas as suas aspirações mais elevadas, fixam-se quase indelevelmente no *karana sarira*. O corpo astral é simplesmente a sede da natureza inferior do homem. Suas paixões e emoções animais e os pensamentos corriqueiros, que estão ligados geralmente às necessidades físicas do homem, podem sem dúvida se comunicar com homem astral, mas acima disso eles não vão.

Este *karana sarira* é o que passa como o ego real, o qual subsiste através de encarnação após a encarnação, adicionando em cada encarnação algo ao seu fundo de experiências e desenvolvendo uma individualidade mais elevada como resultante de todo o processo de assimilação. É por essa razão que o *karana sarira* é chamado de ego do homem e, em certos sistemas de filosofia, é chamado de *jiva*.

Deve-se ter em mente com clareza que este *karana sarira* é preliminarmente o resultado da ação da luz do Logos, que é a sua vida e energia, e que é, além do mais, sua fonte de consciência naquele plano de *mulaprakriti* que nós chamamos de sutratma, a qual é a sua base física ou material.

Um tipo de individualidade é desenvolvido a partir da combinação desses dois elementos e da ação da energia da luz que emana do Logos sobre aquele tipo particular de matéria que constitui sua estrutura física.

Eu já disse que a existência individual, ou existência consciente diferenciada, é desenvolvida a partir da corrente única da vida, a qual coloca a máquina evolucionária em movimento. Indiquei que é esta corrente de vida que gradualmente dá origem a organismos individuais à medida que prossegue em sua missão. Além disso, começa a manifestar o que chamamos de vida consciente e, quando chegamos ao homem, descobrimos que sua individualidade consciente é clara e completamente definida pela operação dessa força. Ao produzir esse resultado, várias forças subsidiárias, que são geradas pelas condições peculiares de tempo, espaço e ambiente, cooperam com esta vida única. O que geralmente se chama *karana sarira* é apenas o produto natural da ação destas mesmas forças que operaram para produzir tal resultado. Quando esse plano de consciência for alcançado no caminho do progresso que inclui as ações voluntárias do homem, será visto que estas ações voluntárias não apenas preservam a individualidade do *karana sarira*, mas o tornam mais e mais definido, porque, nascimento após o nascimento, progride ainda mais: assim, elas mantêm a continuidade da existência de *jiva* como uma mônada individual. Então, em certo sentido, o *karana sarira* é o resultado de impulsos cármicos. É o filho do carma, por assim dizer. Vive com ele e desaparecerá se a influência do carma puder ser aniquilada. Por outro lado, o corpo astral é, em grande parte, o resultado da existência física do homem, na medida em que essa existência está relacionada com as suas necessidades físicas, associações e desejos. Podemos, portanto, supor que a persistência do corpo astral após a morte será, em circunstâncias normais, mais ou menos proporcional à força dessas emoções e paixões animais.

Agora, constituído como está o homem, permitam-me perguntar quais são as regras a que ele está geralmente sujeito e em que direção a evolução está progredindo. Só depois disso ter sido determinado, estaremos em condições de ver se podem ser prescritas regras especiais para sua orientação, as quais tornarão provavelmente o seu progresso evolutivo mais rápido do que seria.

É isso o que acontece no caso de homens comuns depois da morte. Primeiro, o *karana sarira* e o corpo astral separam-se do corpo físico: quando isso acontece, o corpo físico perde a sua vida e energia. Ontem tentei explicar a conexão entre os três corpos e a energia de vida atuando dentro deles, ao comparar a ação desta vida à ação de um raio de Sol que incide sucessivamente em três objetos materiais. Será visto dessa comparação que a luz refletida no corpo astral, ou melhor, no interior do corpo astral, é a luz que se irradia do *karana sarira*. Do corpo astral, ela é novamente refletida para o *sthula sarira*, constitui sua vida e energia e desenvolve aquela sensação de ego que experimentamos no corpo físico. Agora está claro que, se o *karana sarira* for removido, o corpo astral deixará de receber qualquer reflexo. O *karana sarira* pode existir independentemente do corpo astral, mas o corpo astral não pode sobreviver à separação do *karana sarira*. Da mesma forma, o corpo físico pode continuar vivendo, desde que esteja conectado ao corpo astral e ao *karana sarira*; mas, se estes dois são removidos, o corpo físico perece. O único modo de a corrente vital passar para o corpo físico é através do corpo astral. O corpo físico é dissolvido quando separado do corpo astral porque o impulso que o anima é removido. Como o *karana sarira* está no plano do *devachan*, o único lugar para o qual ele pode ir ao se separar do corpo físico é o *devachan*, ou *swargam*; mas, ao se separar do corpo astral, leva consigo todos aqueles impulsos que foram acumulados pelo carma do homem durante as suas sucessivas encarnações.

Esses impulsos subsistem nele e talvez desfrutem de uma nova vida no *devachan*: uma vida diferente de qualquer outra com a qual estamos familiarizados, mas uma vida tão natural para a entidade que a desfruta quanto a nossa existência consciente parece ser para nós agora. Esses impulsos dão origem a uma encarnação adicional, porque há uma certa quantidade de energia encerrada neles que deve encontrar sua manifestação no plano físico. É, então, o carma que nos leva de encarnação a encarnação.

A região natural do corpo astral é o *bhuvarloka*, ou plano astral. Ele vai para o plano astral e lá é detido. Muito raramente desce ao plano físico, pela simples razão de que o plano físico não tem atração natural por ele. Além disso, segue-se necessariamente que, assim como o *karana sarira* não pode permanecer no plano físico, o corpo astral não pode permanecer lá também. O corpo astral perde o impulso de vida quando o *karana sarira* se separa dele. Uma vez sua fonte de vida e energia seja assim removida, ele é naturalmente privado da única fonte de vida que pode permitir que subsista. Mas, sendo a matéria astral de constituição muito mais refinada do que a matéria física, a energia uma vez comunicada a ele, subsiste por mais tempo do que quando se comunica com a matéria física. Uma vez separado do corpo astral, o corpo físico morre muito rapidamente. Mas, no caso do corpo astral, é necessário algum tempo antes que a completa dissolução possa ocorrer, porque os impulsos já comunicados a ele ainda mantêm as partículas juntas, e seu período de existência pós-morte é proporcional à força destes impulsos. Até que essa força se esgote, o corpo astral se mantém unido. O tempo de sua existência independente no plano astral dependerá, portanto, da força de sua ânsia pela vida e da intensidade de seus desejos insatisfeitos. Essa é a razão pela qual, no caso dos suicidas e daqueles que morreram prematuramente, tendo no momento da morte uma forte paixão ou um forte desejo que não puderam ser satisfeitos durante a vida, mas em cujo cumprimento toda a sua energia foi concentrada, o corpo astral subsiste por um certo período de tempo e pode até fazer esforços desesperados para descer ao plano físico a fim de realizar o cumprimento de seu objetivo. A maior parte dos fenômenos espíritas deve-se a esse princípio e também ao princípio de que muitos dos fenômenos exibidos nas sessões são realmente produzidos por elementais (que subsistem naturalmente no plano astral) disfarçados de elementares, ou *pisachas*.

Eu não preciso, entretanto, entrar mais nesse ramo do assunto, pois está muito distante dos ensinamentos do *Bhagavad Gita* com os quais estou preocupado. É suficiente dizer que o que foi declarado é tudo o que acontece normalmente com a morte de um homem, mas existem certos tipos de carma que podem apresentar exceções à lei geral. Suponha, por exemplo, que um homem tenha dedicado toda a sua vida à evocação dos elementais. Nesse caso, os elementais tomam posse do homem e fazem dele um médium, ou, se não o fizerem completamente, tomam posse de seu corpo astral e absorvem-no na hora da morte. Nesse último caso, o corpo astral, associado a um ser elemental independente, subsistirá por um considerável período de tempo. Mas, embora a adoração ao elemental possa levar à mediunidade – à mediunidade irresponsável na maioria dos casos – e possa confundir o intelecto de um homom o torná-lo moralmente pior do que era antes, estes elementais não serão capazes de destruir o *karana sarira*. Ainda assim, não é de modo algum desejável que nos coloquemos sob o controle dos elementais.

Há outro tipo de adoração, no entanto, que um homem pode adotar e que o expõe a resultados muito mais sérios. O que pode acontecer com o corpo astral, também tem possibilidade de ocorrer com o *karana sarira*. O *karana sarira* tem a mesma relação com os *devas* no *swargam* que o corpo astral mantém com os elementais no plano astral. Nesse *devaloka* existem seres, ou entidades, alguns viciosos e outros bons, e se um homem que deseja evocar esses poderes fosse fixar sua atenção neles poderia atrair, no decorrer do tempo, esses poderes para si mesmo, e é bem possível que, quando a força gerada pela concentração de sua atenção sobre esses seres atinja certa intensidade, o *karana sarira* possa ser absorvido por um desses devas, tal como o corpo astral pode ser absorvido por um elemental. Esse é um resultado muito mais sério do que qualquer um que possa acontecer ao homem no caso do culto elementar, pela simples razão de que ele não tem mais perspectiva de alcançar o Logos.

A sua individualidade é absorvida por um desses seres e subsistirá enquanto esse ser existir e não mais. Quando o *pralaya* cósmico vier, ela será dissolvida, pois todos esses seres serão dissolvidos. Para ela não há imortalidade. Ela pode de fato ter vida por milhões de anos, mas o que são milhões de anos para a imortalidade? Vocês se lembrarão de que no livro do sr. Sinnett é dito que existe algo como a imortalidade no mal. Essa declaração, tal como está, é sem dúvida um exagero. O que o sr. Sinnett quis dizer foi que, quando aqueles que seguem o caminho da esquerda evocam certos poderes que são perversos em sua natureza, podem transferir suas próprias individualidades para estes poderes e subsistir neles até o tempo do *pralaya* cósmico. Eles, então, tornar-se-iam poderes formidáveis no cosmo e interfeririam de forma considerável nos assuntos da humanidade e até se revelariam muito mais problemáticos, no que diz respeito à humanidade, do que os poderes genuínos deles próprios, tendo em vista a associação de uma individualidade humana com um destes poderes. Por essa razão todas as grandes religiões têm inculcado a grande verdade de que o homem não deve, por causa de ganho ou lucro ou a obtenção de qualquer objeto, por mais tentador que seja no momento, adorar quaisquer de tais poderes, mas deve dedicar inteiramente sua atenção e adoração ao único Logos verdadeiro aceito por toda religião grande e verdadeira no mundo, pois só isso pode levar um homem em segurança ao longo do verdadeiro caminho moral e capacitá-lo a subir mais e mais, até que viva nele como um ser imortal, como o *Eswara* manifestado do cosmo e como a fonte, se necessário, da iluminação espiritual para as gerações vindouras.

É para esse fim, que pode ser acelerado em certos casos, que a evolução está tendendo. É a luz do Logos a única grande potência que parece estar guiando todo o curso da evolução, conduzindo a natureza em direção ao seu objetivo, por assim dizer. O Logos é como se fosse o padrão e, emanando dele, está essa luz da vida. Ela vai para o mundo com esse padrão impresso nela e, depois de passar por todo o ciclo da evolução, tenta retornar ao Logos de onde surgiu. O progresso evolucionário é efetuado pelo contínuo aperfeiçoamento do *upadhi*, ou organismo através do qual esta luz funciona. Em si mesma não precisa de melhorias. O que vem a ser aperfeiçoado não é o Logos nem a luz do Logos, mas o *upadhi*, ou a estrutura física através da qual esta luz está agindo. Eu já disse que é sobre a pureza e a natureza deste *upadhi* que a clareza e a refulgência manifestadas do Logos dependem principalmente. Com o passar do tempo, a inteligência do homem nos planos espiritual, astral e físico tornar-se-á cada vez mais perfeita, à medida que os *upadhis* forem aperfeiçoados, até que um certo ponto seja atingido, quando ele for capaz de fazer a tentativa final de perceber e reconhecer seu Logos, a menos que ele opte por fechar intencionalmente os olhos e prefira a perdição à imortalidade. É para esse fim que a natureza está trabalhando.

Salientei o fato de que há certos casos que podem causar distúrbios no progresso geral e mencionei as causas que podem facilitar este progresso. Todas as iniciações que o homem idealizou foram inventadas com o objetivo de dar aos homens uma ideia clara do Logos, apontar o objetivo e estabelecer regras pelas quais é possível facilitar a aproximação do fim para o qual a natureza está constantemente trabalhando.

Essas são as premissas de onde Krishna começa. Seja por afirmações expressas ou por implicações necessárias, todas essas proposições estão presentes neste livro e, assumindo sua posição sobre estas proposições fundamentais, Krishna prosseque construindo sua teoria prática de vida.

Ao anunciar essa teoria, não fiz nenhuma referência a passagens específicas no *Bhagavad Gita*. Se eu me voltasse constantemente para as passagens destacadas em que essas proposições estão expressas ou implícitas, eu teria apenas criado confusão. Portanto, pareceu-me melhor começar afirmando a teoria em minha própria linguagem, a fim de lhes dar uma ideia unificada dela como um todo. Não creio que seja admissível para cada seguidor de cada religião da Índia que essas sejam as proposições a partir das quais Krishna começou. A teoria foi mal compreendida por um número considerável de filósofos e, com o passar do tempo, as especulações dos *sankhyas* introduziram uma fonte de erro que exerceu uma influência muito importante no desenvolvimento da filosofia hindu. Não há, contudo, a menor dúvida em minha mente de que o que eu disse inclui a base da filosofia real da vedanta. Tendo pouco tempo disponível, achei desnecessário citar autoridades. Se tivesse feito isso, não teria levado três dias, mas três anos, para explicar a filosofia do *Bhagavad Gita*. Vou deixar que vocês examinem essas proposições e verifiquem com cuidado até que ponto elas parecem estar subjacentes não apenas ao hinduísmo, mas ao budismo, às filosofias antigas dos egípcios e caldeus, às especulações dos rosa-cruzes e a quase todos os outros sistemas que tenham a mais remota conexão com o ocultismo desde os tempos antigos até os chamados períodos históricos.

Agora vou voltar ao livro em si. Krishna geralmente é considerado um avatar. Essa teoria dos avatares desempenha um papel muito importante na filosofia hindu; e, a menos que seja adequadamente entendida, é provável que surjam grandes equívocos na aceitação das visões atuais sobre este avatar. Supõe-se geralmente que Krishna é o avatar do único grande Deus pessoal que existe no cosmo. É claro que aqueles que sustentam esse ponto de vista não tentam explicar como esse grande Deus pessoal conseguiu estabelecer uma conexão íntima com o corpo físico de Krishna, constituído tal como é o corpo físico de cada homem, ou mesmo com a personalidade ou a individualidade humana, que parece ser precisamente semelhante a de qualquer outro ser humano. E como podemos explicar a teoria dos avatares, como tem sido geralmente expressada, com referência à visão desse avatar particular ao qual me referi? Esta visão não tem qualquer base. O Logos em si não é o único Deus pessoal do cosmo. O grande *Parabrahmam* por trás dele é de fato uno e *niramsa* indiferenciado e eternamente existente, mas nunca pode se manifestar como qualquer um desses avatares. Manifesta-se evidentemente de maneira peculiar como o cosmo, ou melhor, como a suposta base, ou a única essência, sobre a qual o cosmo parece estar sobreposto, o único fundamento para toda existência. Mas pode se manifestar de uma maneira que se aproxima da concepção de um Deus pessoal, somente quando se manifesta como o Logos. Se os avatares são possíveis de todo, eles só podem ser tais com referência ao Logos, ou *Eswara*, e jamais com referência ao que eu tenho chamado de *Parabrahmam*. Mas, ainda resta a questão: o que é um avatar? De acordo com a teoria geral que estabeleci, no caso de todo homem que se torna um *mukta* existe uma união com o Logos. Pode ser concebido tanto como a alma que se eleva ao Logos ou como o Logos que desce de seu alto plano para se associar à alma. No geral, essa associação da alma com o Logos só se completa após a morte – a última morte pela qual o indivíduo tem que passar.

Mas, em alguns casos especiais, o Logos desce ao plano da alma e se associa à alma durante a vida do indivíduo. Mas esses casos são muito raros. No caso de tais seres, enquanto eles ainda existem como homens comuns no plano físico, em vez de terem como alma apenas o reflexo do Logos, eles possuem o próprio Logos. Tais seres têm aparecido. Os budistas dizem que, no caso de Buda, havia essa união permanente quando ele alcançou o que chamam de *paranirvana* quase aos vinte anos antes da morte de seu corpo físico. Os cristãos dizem que o Logos se fez carne, por assim dizer, e nasceu como Cristo – como Jesus – embora os cristãos não entrem em uma análise clara das proposições que eles estabeleceram. Há, no entanto, certas seções de cristãos, que têm uma visão mais filosófica da questão e dizem que o Logos divino se associou com o homem chamado Jesus em algum momento de sua carreira, e que foi somente após essa união que ele começou a realizar seus milagres e mostrar seu poder como grande reformador e salvador da humanidade.

Se esta união ocorreu como um caso especial, em se tratando de Jesus, ou se foi uma união como a que acontece no caso de todo *mahatma*, ou *maharishi*, quando ele se torna um *jivanmukta*, não podemos dizer, a menos que saibamos muito mais sobre ele do que o que a Bíblia pode nos ensinar. No caso de Krishna, surge a mesma questão. Mahavishnu é um deus e um representante do Logos, e ele é considerado como o Logos pela maioria dos hindus. A partir disso, não se deve inferir que há apenas um Logos no cosmo ou mesmo que apenas uma forma de Logos é possível no cosmo. Por enquanto, estou preocupado apenas com esta forma do Logos, e ele parece ser o fundamento dos ensinamentos que estamos considerando.

Há duas visões que vocês podem tomar com referência a tais avatares humanos tais como Rama, Krishna e Parasurama. Alguns *vaishnavitas*[19] negam que Buda tenha sido um avatar de Vishnu. Mas esse foi um caso excepcional e é muito pouco compreendido pelos *vaishnavitas* ou pelos budistas. O avatar de Parasurama certamente será contestado por alguns escritores. Eu acredito, olhando para as coisas terríveis que ele fez, que os *madwas*[20] pensavam que, no caso de Parasurama, não havia nenhum avatar real, mas apenas um sobrepairar de *Mahavishnu* sobre o homem. Todavia, deixando de lado os casos disputados, temos dois avatares humanos indiscutíveis: Rama e Krishna.

Tomemos, por exemplo o caso de Krishna. Então, duas visões são possíveis. Podemos supor que Krishna, como indivíduo, era um homem que estava evoluindo há milhões de anos e atingira grande perfeição espiritual e que, no curso de seu progresso espiritual, o Logos desceu até ele e se associou à sua alma. Nesse caso, não é o Logos que se manifesta como

[19] *Vaishnavitas*, ou *vaishnavas*, aqueles que adoram Vishnu, reconhecendo-o como o único Deus supremo. (NT).

[20] *Madwas* é uma vila panchayat localizada no distrito de Sidhi, estado de Madhya Pradesh, na Índia. Parece-me que o ator está se referindo aos habitantes desse local. (NT).

Krishna, mas Krishna que se eleva à posição do Logos. No caso de um *mahatma* que se torna um *jivanmukta*, é a sua alma, por assim dizer, que é transformada no Logos. No eventualidade de um Logos incorporar-se em um homem, ele o faz não propriamente por causa da perfeição espiritual daquele homem, mas para algum determinado propósito ulterior para o benefício da humanidade. Nesse caso, é o Logos que desce ao plano da alma e manifesta sua energia na e através da alma, e não a alma que ascende ao plano do Logos.

É possível teoricamente admitir qualquer uma dessas duas visões. Mas há uma dificuldade. Se tivermos a liberdade de chamar aquele homem de um avatar que se torna um *jivanmukta*, seremos obrigados a chamar de avatares Suka, Vasishta, Thurvasa e talvez todos os *maharishis* que se tornaram avatares de *jivanmuktas*. Mas, geralmente, eles não são chamados de avatares. Sem dúvida, alguns grandes *rishis* estão arrolados na lista de avatares apresentada, por exemplo, no *Bhagavad*, mas de alguma forma não é dada uma explicação clara para o fato de que os dez avatares normalmente enumerados são vistos como os avatares de Mahavishnu, e os outros, como manifestações dele, ou seres em quem sua luz e conhecimento foram colocados temporariamente; ou estes outros não são supostamente, por uma razão ou outra, considerados avatares no sentido estrito da palavra. Mas, se estes outros não são avatares, teremos que supor então que Krishna e Rama são chamados de avatares, não porque temos neles um exemplo de uma alma que se tornou um *jivanmukta* e, assim, tornaram-se associados com o Logos, mas porque o Logos desceu ao plano da alma e, associando-se à alma, trabalhou no plano da humanidade por alguma grande coisa que tinha que ser feita no mundo. Eu acredito que essa última visão será considerada correta na análise. Nosso respeito por Krishna não precisa ser diminuído de maneira alguma por causa disso. O verdadeiro Krishna não é o homem dentro e através de quem o Logos apareceu, mas o próprio Logos. Talvez o nosso respeito só seja reforçado, quando virmos que esse é o caso do Logos descendo num ser humano para o bem da humanidade. Não está sobrecarregado com nenhuma individualidade em tal caso e tem, talvez, um poder maior de dedicar-se ao propósito de fazer o bem à humanidade – não apenas para fazer o bem a um homem, mas com o propósito de salvar milhões.

Há duas passagens obscuras no *Mahabharata* muito difíceis de serem justificadas pelos defensores da teoria ortodoxa da separação parcial[21]. Vamos começar com Rama. Suponhamos que Rama não fosse a mônada individual acompanhada do Logos, mas que, de alguma maneira inexplicável, o Logos se fez carne. Então, quando o corpo físico desaparece, não deve restar nada além do Logos – não deve haver personalidade para prosseguir seu próprio curso. Esse parece ser o resultado inevitável se aceitarmos a teoria ortodoxa. Mas há uma declaração feita por Narada no *Lokapala Sabha Varnana*, do *Mahabharata*, na qual ele diz, falando da corte de Yama (um dos devas), que Dasaratha Rama era um dos indivíduos ali presentes. Agora, se o indivíduo Rama era apenas *maya* – não no sentido em que todo ser humano é *maya*, mas num sentido especial, – não há a menor razão pela qual ele devesse subsistir após ter sido realizado o propósito pelo qual essa vestimenta *maya* era requerida. É afirmado no *Ramayana* que o Logos foi para o seu local de residência quando Rama morreu. Mas, no *Mahabharata Dasaratha,* encontramos Rama, mencionado juntamente com vários outros reis, como um indivíduo presente no *yamaloka*, que, na parte mais elevada, chega ao *devachan*. Essa afirmação torna-se perfeitamente coerente com a teoria que estabeleci, se isso for entendido de maneira apropriada. Rama era um indivíduo de constituição igual a de qualquer outro homem. Provavelmente teve várias encarnações anteriores e estava destinado, mesmo depois de sua grande encarnação, a ter vários nascimentos subsequentes. Quando ele apareceu como o avatar Rama, não era o indivíduo latente que se manifestava, não era a alma de Rama transformada no Logos, ou melhor, o próprio Rama como *jivanmukta*, que praticou todas as grandes ações narradas no *Ramayana* (alegórico como é), mas foi o Logos, ou *Mahavishnu*, que desceu ao plano da alma e se associou naquele momento a uma

[21] "Separação parcial", melhor tradução que encontramos para a palavra inglesa "*crak*" no original. (NT).

alma particular com o propósito de agir através dela. Novamente, no caso de Krishna, defronta-se com uma dificuldade semelhante. Por exemplo, vão ao fim da *Mousala Parva* no *Mahabharata* e vocês encontrarão uma passagem curiosa. Falando da morte de Krishna, o autor diz que a alma foi para o céu (que corresponde ao *devachan)*, onde foi recebida com as devidas honras por todos os devas. Então, é dito que Narayana partiu daquele lugar para seu próprio lugar, sendo Narayana o símbolo do Logos. Depois, segue-se imediatamente uma estrofe descrevendo a existência de Krishna em *swargam* e, mais adiante, descobrimos que quando a alma de Dharmaraja entrou no *swargam*, ele encontrou Krishna lá. Como essas duas afirmações podem ser reconciliadas? Não há solução para a dificuldade, a menos que suponhamos que Narayana, cuja energia e sabedoria manifestaram-se através do homem Krishna, fosse um poder espiritual separado que se manifestava naquele momento através desse indivíduo. Agora, a partir dessas duas afirmações, não estaremos muito errados ao inferir que os avatares dos quais estamos falando eram as manifestações do único e mesmo poder, o Logos, que os grandes escritores hindus antigos denominavam *Mahavishnu*. Quem então é esse *Mahavishnu*? Por que este Logos em particular se há vários outros logoi[22] no universo que tomam sobre si o cuidado da humanidade e manifestam-se na forma de avatares diversos; e, além disso, é possível para todos os outros adeptos, depois que se associam ao Logos, descerem como um avatar, igualmente para o bem da humanidade?

Uma discussão clara dessas questões nos levará a considerações que vão muito além nos mistérios da ciência oculta e a explicar claramente que eu deveria levar em conta várias teorias que só podem ser comunicadas no momento da iniciação. Possivelmente, alguma luz será lançada sobre o assunto na futura *Doutrina Secreta*[23]; mas seria prematuro discutir a questão nesta fase. Será suficiente para mim dizer que este *Mahavishnu* parece ser o *dhyan chohan* que apareceu pela primeira vez neste planeta quando a evolução humana começou durante este *kalpa*, que estabeleceu o progresso evolutivo em movimento e

[22] *Logoi* (grego) é o plural de Logos.
[23] Referência ao livro *A Doutrina Secreta*, de Helena P. Blavatsky, lançado em 1888.

cujo dever é vigiar os interesses da humanidade até que acabem os sete *manwantaras* pelos quais estamos passando.

Pode ser que esse próprio Logos estivesse associado a um *jivanmukta* ou a um grande *mahatma* de um antigo *kalpa*. Seja como for, é um Logos e, como tal, só é importante para nós no presente. Talvez em *kalpas* anteriores, dos quais houve milhões, o Logos pudesse ter-se associado a uma série de *mahatmas*, e todas as suas individualidades poderiam estar subsistindo nele; no entanto, ele tem uma individualidade distinta própria. É *Eswara*, e é apenas como um Logos abstrato que o temos de considerar a partir do presente propósito. Julguei necessário dar, no entanto, esta explicação com o propósito de capacitá-los a entender certas afirmações de Krishna, que não se tornarão inteligíveis a menos que sejam lidas em conexão com o que eu disse.

Seção III

Nesta palestra, considerarei as premissas que estabeleci com especial referência às várias passagens nas quais elas parecem estar indicadas neste livro.

Deve ser lembrado que comecei com a causa primeira, que chamei de *Parabrahmam*. Naturalmente, qualquer definição positiva desse princípio é impossível, e uma definição negativa é tudo o que pode ser tentado a partir da própria natureza do caso. Acredita-se geralmente, pelo menos por uma certa classe de filósofos, que o próprio Krishna é *Parabrahmam* – que ele é o Deus pessoal, que é *Parabrahmam*, – mas as palavras usadas por Krishna ao falar de *Parabrahmam* e o modo como ele lida com o assunto mostram claramente que Krishna faz uma distinção entre ele mesmo e *Parabrahmam*.

Sem dúvida ele é uma manifestação do *Parabrahmam*, como cada Logos o é. Ele se denomina *Pratyagatma*, e *Pratyagatma* é *Parabrahmam* no sentido em que essa proposição está estabelecida pelos *advaitas*. Essa afirmação é básica na filosofia *advaita*, mas é muitas vezes mal entendida. Quando os *advaitas* dizem "*Aham eva Parabrahmam*", eles não querem dizer que este *ahankaram* (egoísmo) é *Parabrahmam*, mas que o único eu verdadeiro no cosmo, que é o Logos, ou

Pratyagatma, é uma manifestação do *Parabrahmam*.

Será notado que, quando Krishna está falando de si próprio, ele nunca usa a palavra *Parabrahmam*, mas sempre *Pratyagatma*, e é desse ponto de vista que constantemente o encontramos falando. Sempre que fala de *Pratyagatma* ele fala de si mesmo, e sempre que fala de *Parabrahmam*, ele fala disso como algo diferente de si mesmo.

Agora vou examinar por todas as passagens em que é feita referência a *Parabrahmam* neste livro. A primeira passagem a que chamarei atenção é o capítulo VIII, versículo 3:

O eterno (espírito) é o Supremo *Brahma*. Sua condição como *Pratyagatma* é chamada *Adhyatma*. A ação que leva à existência encarnada é expressa por carma.

Aqui as únicas palavras usadas para denotar *Parabrahmam* são *Aksharam* e *Brahma*. Estas são as palavras que ele geralmente usa. Vocês notarão que ele não o chama em nenhum lugar de *Eswara* ou *Maheswara*; ele nem mesmo faz alusão a ele como *atma*. Nem mesmo o termo *paramatma* ele aplica a si mesmo nem a *Parabrahmam*. Eu acredito que a razão para isso é que a palavra *atma*, estritamente falando, significa a mesma coisa que eu [*self*, no original – (NT)], essa ideia de eu não está, de forma alguma, conectada com *Parabrahmam*. Essa ideia do 'eu primeiro' surge com o Logos, e não antes; portanto, o *Parabrahmam* não deveria ser chamado de *paramatma* ou qualquer tipo de *atma*. Em um só lugar Krishna, falando de *Parabrahmam*, diz que ele é seu *atma*. Em lugar nenhum, exceto nesse caso, ele usa a palavra *atma* ou *paramatma* ao falar de *Parabrahmam*. Estritamente falando, o *Parabrahmam* é o próprio fundamento do eu superior. *Paramatma* é, no entanto, um termo aplicado também a *Parabrahmam* como distinto do *pratyagatma*. Quando assim aplicado, é usado em um sentido estritamente técnico. Sempre que o termo *pratyagatma* for usado, vocês encontrarão o *paramatma* usado para expressar algo diferente dele.

Não se deve supor que o ego, ou qualquer ideia de eu (*self*), possa estar associado ou considerado inerente ao *Parabrahmam*. Talvez possa ser dito que a ideia de *self* está latente em *Parabrahmam*, já que tudo está latente nele; e, se por causa disso vocês vierem a conectar a ideia de *self* com *Parabrahmam*, terão justificativa para aplicar o termo *paramatma* a *Parabrahmam*. Mas, para evitar confusão, é muito melhor usar nossas palavras em um sentido claro e dar a cada uma delas uma conotação distinta sobre a qual não pode haver disputa. Voltemos agora para o capítulo VIII, versículo 11:

> Eu explicarei brevemente a você aquele lugar (*padam*) que aqueles que conhecem os *Vedas* descrevem como indestrutível (*Aksharam*), no qual os ascetas que estão livres do desejo entram e é o destino desejado por aqueles que observam *Brahmacharyam*.

Aqui encontramos outra palavra usada por Krishna ao falar de *Parabrahmam*. Trata-se de *padam* – a morada da felicidade, ou nirvana. Quando ele chama *Parabrahmam* de seu *padam*, ou morada, ele não quer dizer *vaikuntha loka* ou qualquer outro tipo de *loka*; ele fala dele como sua morada, porque é no seio de *Parabrahmam* que o Logos reside. Ele se refere a *Parabrahmam* como a morada da bem-aventurança, onde reside eternamente o Logos, manifestado ou não manifestado. Novamente, voltemos ao capítulo VIII, versículo 21:

> Aquilo que é dito ser não manifesto e imutável é mencionado como a mais alta condição a ser alcançada. Aquele lugar do qual não há retorno para aqueles que o alcançam, é minha suprema morada.

Aqui o mesmo tipo de linguagem é usado, e a referência é a *Parabrahmam*. Quando qualquer alma é absorvida pelo Logos, ou alcança o Logos, pode-se dizer que atingiu o *Parabrahmam*, que é o centro do Logos; e como o Logos reside no seio de *Parabrahmam*, quando a alma alcança o Logos, atinge também *Parabrahmam*.

Aqui vocês notarão que ele fala novamente de *Parabrahmam* como sua morada.

Voltemos agora para o capítulo IX, versículos 4, 5 e 6:

> Todo este universo está permeado por mim na minha forma não manifestada (*Avyaktamoorti*). Sou, portanto, o suporte de todas as existências mani-

> festadas, mas não tenho elas como apoio.
>
> Olhe para a minha condição quando se manifesta como *Eswara* (Logos): estas manifestações fenomenais não estão dentro de mim. Meu *atma* (no entanto) é o fundamento e a origem dos seres manifestados, embora não exista em combinação com eles.
>
> Conceba que todos os seres manifestados estão dentro de mim, assim como a atmosfera que se espalha por toda parte está sempre no espaço.

Na minha última palestra, tentei explicar a conexão misteriosa entre *Parabrahmam* e *mulaprakriti*. *Parabrahmam* nunca é diferenciado. O que é diferenciado é *mulaprakriti*, que às vezes é chamado *avyaktam* e, em outros lugares, *kutastham*, que significa simplesmente o elemento indiferenciado. No entanto, *Parabrahmam* parece ser o único fundamento para todos os fenômenos físicos ou de todos os fenômenos que são geralmente referidos a *mulaprakriti*. Afinal, qualquer objeto material nada mais é do que um conjunto de atributos para nós. Seja por causa de uma propensão inata dentro de nós, ou por uma questão de inferência, sempre supomos que existe um não ego, que tem esse feixe de atributos sobreposto a ele e que é a base de todos esses atributos. Se não fosse por essa essência, não poderia haver corpo físico. Mas esses atributos não provêm do próprio *Parabrahmam*, mas de *mulaprakriti*, que é o seu véu, assim como, de acordo com os cabalistas, *Shekinah* é o véu de *Ensoph* e a vestimenta de Jeová. *Mulaprakriti* é o véu de *Parabrahmam*. Não é *Parabrahmam* em si, mas apenas sua aparência. É puramente fenomenal. É sem dúvida muito mais persistente do que qualquer outro tipo de existência objetiva. Sendo o primeiro modo ou manifestação da única realidade absoluta e incondicionada, parece ser a base de todas as manifestações subsequentes. Falando desse aspecto de *Parabrahmam*, Krishna diz que o cosmo está permeado por ele, que é sua forma *avyakta*.

Assim, ele fala de *Parabrahmam* como seu *avyaktamoorti*, porque *Parabrahmam* é incognoscível e só se torna conhecível quando se manifesta como o Logos, ou *Eswara*. Aqui ele está tentando indicar que *Parabrahmam* é o *avya-*

ktamoorti do Logos, tal como é o *atma* do Logos, o qual está presente em todos os lugares, já que é o *atma* do universo, e que aparece diferenciado – quando está manifestado na forma dos vários *logoi* que trabalham no cosmo, embora em si mesmo seja indiferenciado – e que, embora seja a base de todas as manifestações fenomenais, não participa dos *vikarams*[24] dessas manifestações fenomenais.

Consultemos agora o capítulo XIII, versículos 13, 14, 15, 16 e 17.[25]

Aqui novamente, ao falar de *Parabrahmam* nos versículos 15, 16 e 17, Krishna está estabelecendo uma proposição que eu já expliquei longamente. Eu não preciso agora deter-me minuciosamente no significado destes versículos, pois vocês podem facilmente averiguá-los a partir dos comentários.

Voltemos para o capítulo XIV, versículo 27:

> Eu sou a imagem ou a sede do *Brahmam* imortal e indestrutível, da lei eterna e da felicidade imperturbável.

Aqui, Krishna está se referindo a si mesmo como uma manifestação ou imagem de *Parabrahmam*. Ele diz que ele é o

---

[24] Embora não tenhamos encontrado o termo *vikaram* nos glossários consultados, deduzimos, por analogia com palavras correlatas, que ele tem estreita relação com o significado de carma, o resultado das ações boas ou más praticadas. (NT).

[25] O editor do *The Theosophist* anexou aqui a seguinte nota de rodapé: "Estas e algumas das outras citações foram omitidas devido à sua extensão. – Ed."
Capítulo XIII do *Bhagavad-Gita*, começando com o versículo 12, com base na tradução original de G. de Purucker:
"Eu agora declararei a ti aquilo que é o objeto do conhecimento, sabendo qual deles alcança a imortalidade: Aquilo que não tem começo, além de Brahman [*param brahma*]. Diz-se que não é ser nem não ser [*na sat tannasaduchyate*]." (12)
"Em todo lugar estão suas mãos e pés, em todos os lugares os seus olhos, cabeças, bocas e orelhas em todos as partes. Ele permanece, penetrando tudo no mundo." (13)
"Ele possui todas as qualidades fantasmas dos sentidos, embora desprovido (em si mesmo) de todos os sentidos, desapegado e ainda que seja o mantenedor de tudo, sem qualidades, e, ainda assim, o desfrutador das qualidades." (14)
"Está ausente e dentro de todos os seres; Ele é móvel e imóvel; por causa de sua minúcia [ou sutilidade: *sukshmatvat*] não é cognoscível; embora estando longe, também está próximo." (15)
"Ele não está dividido em seres, mas permanece como se estivesse dividido; deve ser conhecido como o defensor dos seres, o Devorador e também o *Emanador*." (16)
"É novamente a Luz das luzes; diz-se que está além da escuridão [*tamasah*]. É o Conhecimento, o Objeto do Conhecimento e o Fim do Conhecimento. Está estabelecido no coração de Todos." (17).

pratishta de *Parabrahmam*; ele não se autodenomina *Parabrahmam*, mas apenas a sua imagem, ou manifestação.

A única outra passagem em que Krishna se refere ao mesmo assunto está no capítulo XV, versículo 6:

> Esta é a minha suprema morada (*dhama*), que nem o Sol nem a Lua nem o fogo iluminam. Aqueles que entram nela não retornam.

Lá novamente ele fala de *padam* e se refere a *Parabrahmam* como sua morada. Acredito que essas são todas as declarações que se referem a *Parabrahmam* neste livro, e elas são suficientes para indicar claramente sua posição e mostrar a natureza de sua conexão com o Logos. Vou agora apontar as passagens em que é feita referência ao próprio Logos.

Estritamente falando, este livro como um todo pode ser chamado de livro da filosofia do Logos. Dificilmente existe uma página que não se refira direta ou indiretamente a ele. Há, no entanto, algumas poucas passagens importantes e significativas às quais é desejável que eu os oriente para que possam ver se o que eu disse sobre a natureza e as funções do Logos e a sua conexão com a humanidade e a alma humana conta com o apoio dos ensinamentos deste livro. Voltemos ao capítulo IV e examinemos o significado dos versículos 5 a 11:

> Ó Arjuna, eu e tu temos passado por muitos nascimentos. Eu posso lembrar-me de todos eles, mas tu não os conheces, ó subjugador dos inimigos.
> Até eu, que sou não nascido, imperecível, o Senhor de todos os seres, que controlo minha própria natureza, procuro nascer através da instrumentalidade de meu *maya*.
> Ó *Bharata*, sempre que há um declínio do *dharma*, ou retidão, e propagação do *adharma*, ou injustiça, eu descendo.
> Eu nasço a cada yuga para proteger o bem, destruir os malfeitores e restabelecer o *dharma*.
> Ó Arjuna, aquele que entende verdadeiramente meu nascimento divino e minhas atividades, ao abandonar o seu corpo, chega até mim e não volta a nascer.
> Muitos que estão livres de paixão, medo e raiva,

> dedicados inteiramente e absortos em mim, purificados pela sabedoria espiritual, alcançaram minha condição.[26]

Essa passagem refere-se, é claro, não apenas ao Logos no abstrato, mas também às próprias encarnações de Krishna. Será notado que ele fala aqui como se o seu Logos já tivesse se associado a várias personalidades ou individualidades humanas, em *yugas* anteriores; e ele diz que se lembra de tudo o que aconteceu em conexão com estas encarnações. É claro que, uma vez que não poderia haver *carmabandham*[27] no que lhe dizia respeito, seu Logos, quando associado a uma alma humana, não perderia sua própria independência de ação, como acontece com uma alma confinada pelos laços da matéria. E porque seu intelecto e sabedoria não foram de modo algum obscurecidos por essa associação com uma alma humana, ele diz que pode se lembrar de todas as suas encarnações anteriores, enquanto Arjuna, ainda não tendo recebido completamente a luz do Logos, não está em posição de entender tudo o que aconteceu relativamente aos seus nascimentos anteriores. Ele diz que é seu objetivo cuidar do bem-estar da humanidade e que, sempre que uma encarnação especial seja necessária, ele se une à alma de um indivíduo em particular, acrescentando que aparece sob várias formas com o propósito de restabelecer o *dharma* e de retificar as coisas no plano da vida humana, quando *adharma* adquire a ascendência. Pelas palavras que ele usa, há razão para supor que o número de suas próprias encarnações foi muito grande, mais do que nossos livros estão dispostos a admitir. Ele refere-se aparentemente a encarnações humanas; se as *janmas*, ou encarnações referidas, são simplesmente as encarnações humanas reconhecidas de Vishnu, talvez tivesse havido apenas duas encarnações antes de Krishna, Rama e Parasurama, visto que os avatares de Matsya, Koorma, Varaha e Narasinha

[26] O versículo 11 foi omitido no texto original e é o seguinte: "Àqueles que assim se aproximam de mim, eu recompenso proporcionalmente. Os homens seguem o meu caminho em todo lugar, ó filho de *Pritha*."

[27] *Carmabandhana*, provavelmente uma expressão idiomática indiana que, segundo o dicionário de sânscrito, significa pimenta. Fonte: *http://spokensanskrit.org/index.php?tran_input=carmabandhana&script=hk&direct=se&link=didse&mode=3*.

não eram, estritamente falando, encarnações humanas. Mesmo Vamana não nasceu de pai ou mãe humanos.

Os mistérios daquelas encarnações encontram-se nas profundezas dos santuários internos da antiga ciência arcana e só podem ser entendidos pelo desvelamento de certas verdades ocultas. As encarnações humanas podem, no entanto, ser entendidas pelas observações que já fiz. Pode ser que aquele Logos, que assumiu o cuidado da humanidade, tenha encarnado não apenas em conexão com os dois indivíduos cuja história vemos narrada no *Ramayana* e no *Mahabharata*, mas também em conexão, talvez, com vários indivíduos que apareceram em diferentes partes do mundo e em diferentes momentos como grandes reformadores e salvadores da humanidade.

Novamente, esses *janmams* podem não apenas incluir todas as encarnações especiais a que este Logos se submeteu, mas também talvez incluam todas as encarnações daquele indivíduo que, no curso de seu progresso espiritual, finalmente se uniu, ou uniu a sua alma, ao Logos, que tem sido representado como o anjo da guarda, por assim dizer, dos melhores e mais altos interesses da humanidade neste planeta.

Neste contexto, há uma grande verdade que eu devo trazer ao conhecimento de vocês. Sempre que qualquer indivíduo alcança o mais elevado estado de cultura espiritual, desenvolve em si mesmo todas as virtudes que o habilitam a uma união com o Logos e que finalmente une sua alma ao Logos. Há, por assim dizer, uma espécie de reação que emana deste Logos para o bem da humanidade. Se tenho permissão para usar um símile, comparo isso ao que pode acontecer no caso do Sol quando um cometa cai sobre ele. Quando um cometa cai sobre o Sol, há necessariamente um aumento de calor e luz. Assim se dá no caso de um ser humano que desenvolveu em si mesmo um amor altruísta pela humanidade. Ele junta suas mais elevadas qualidades às do Logos e, quando chega o tempo da união final, nasce nele um impulso de encarnar-se pelo bem da humanidade. Mesmo quando não encarna de fato, envia sua influência para o bem da humanidade. Essa influência pode ser concebida como graça espiritual invisível que desce do céu e é derramada, por assim dizer, sobre a humanidade sempre que qualquer grande *mahatma* une sua alma ao Logos. Cada *mahatma* que junta a sua alma ao Logos é, portanto, uma fonte de imenso poder para o bem da humanidade mesmo depois de gerações. Diz-se que os *mahatmas*, vivendo como fazem apartados do mundo, são totalmente inúteis no que diz respeito à humanidade enquanto ainda estão vivos, e pior ainda quando atingem o nirvana. Essa é uma proposição absurda que tem sido apresentada por certos escritores que não compreenderam a verdadeira natureza do nirvana. A verdade é tal como eu disse: toda alma purificada e unida ao Logos é capaz de estimular a energia do Logos em uma determinada direção. Não quero dizer que, no caso de todo *mahatma*, há necessariamente alguma tendência para que a encarnação se dê com o propósito de ensinar o *dharma* à humanidade, em casos especiais, isso pode acontecer, mas em todos os casos há uma influência da mais alta eficácia espiritual que desce do Logos para o bem da humanidade, seja como uma essência invisível ou na forma de outra encarnação humana, como foi o caso de Krishna, ou melhor, o Logos com referência ao qual temos falado de Krishna. Pode ser que este Logos, que já parece ter encarnado neste planeta em várias nações para o bem da humanidade, tenha sido aquele em que a alma de um grande *mahatma* de um *kalpa* anterior foi finalmente absorvida: que o impulso que foi assim comunicado a ela continua agindo, por assim dizer, para fazê-la encarnar e reencarnar durante o presente *kalpa* para o bem da humanidade.

Em relação a isso devo dizer-lhes francamente que, além do mistério que indiquei, há ainda outro mistério em conexão com Krishna e todas as encarnações mencionadas neste livro, e este mistério atinge a própria raiz da ciência oculta. Em vez de tentar dar uma explicação imperfeita, penso que é melhor perder de vista essa parte do assunto e explicar os ensinamentos deste livro como se Krishna não estivesse falando do ponto de vista de qualquer Logos em particular, mas da parte do Logos no abstrato. No que diz respeito ao tema geral deste livro, ele se adequaria a qualquer outro Logos, bem como a Krishna. Mas há algumas passagens dispersas, que, quando explicadas, terão um significado especial com referência a este mistério que elas não possuem agora. Na *Doutrina Secreta*, será feita uma tentativa de indicação da natureza deste mistério tanto quanto possível, mas não deve ser imaginado que o véu será completamente levantado, e que todo o mistério será revelado. Apenas sugestões serão dadas como ajuda para que vocês possam examinar e entender o assunto. Este assunto é, contudo, estranho ao meu objetivo. No entanto, julguei melhor trazer o fato ao conhecimento de vocês para que não sejam enganados. Toda a filosofia deste livro é a filosofia do Logos. Em geral, Cristo ou Buda podem ter usado as mesmas palavras de Krishna, e o que eu disse sobre este mistério refere-se apenas a algumas passagens particulares que parecem tocar a natureza da individualidade divina de Krishna. Ele mesmo parece pensar que há um mistério, como vocês podem ver no versículo 9. [28]

No décimo versículo, *mathbhavam* significa a condição do Logos. Krishna diz que houve vários *mahatmas* que se tornaram *eswaras*, ou uniram suas almas completamente com o Logos.

Vamos agora para o capítulo V, versículos 14 e 15:

> O Senhor do mundo não produz ou cria carma, ou a condição pela qual as pessoas atribuem carma a si mesmas, nem faz as pessoas sentirem os efeitos de seu carma. É a lei da causação natural que funciona. Ele não toma sobre si o pecado ou o mérito de qualquer um. O conhecimento real é sufocado pela ilusão e, portanto, os seres criados são enganados.

Aqui ele diz que *Eswara* não cria carma nem cria nos indivíduos qualquer desejo de fazer carma. Todo carma ou impulso para fazer carma emana de *mulaprakriti* e seus *vikarams*[29] e não do Logos ou da luz que emana do Logos. Vocês devem ver esta luz, ou *fohat*, como uma espécie de energia eternamente benéfica em sua natureza, conforme declarado

[28] "Ó Arjuna, aquele que entende verdadeiramente meu nascimento divino e minhas atividades, ao deixar o seu corpo, chega até mim e não volta a nascer". [Capítulo IV, versículo 9].

[29] *Vikarams*. Ver nota de rodapé nº 16.

no *Idyll of the White Lotus (Idílio do Lótus Branco*[30]). Em si, não é capaz de gerar tendências que levem a *bandham*; mas *ahankaram* e o desejo de produzir carma, bem como o carma com suas várias consequências vêm à existência em razão dos *upadhis* que são apenas as manifestações daquela única *mulaprakriti*.

Estrita e logicamente falando, vocês terão que atribuir aqueles resultados a ambas as forças. *Mulaprakriti* não agirá e é incapaz de produzir qualquer resultado, a menos que seja energizada pela luz do Logos. No entanto, a maioria dos resultados que dizem respeito ao carma e à existência continuada do homem como produtor responsável de carma são rastreáveis até *mulaprakriti* e não até luz que o vitaliza. Podemos, portanto, supor que esta *mulaprakriti* é a verdadeira ou principal *bandha-karanam*, e esta luz é o único instrumento pelo qual podemos alcançar a união com o Logos, que é a fonte da salvação. Esta luz é a base do melhor lado da natureza humana e de todas essas tendências à ação que levam geralmente à libertação dos laços da *avidya*.

Vamos para o capítulo VII, versículos 4 e 5:

> Meu *prakrit* (*mulaprakriti*) está dividido em oito partes – terra, água, fogo, vento, éter, mente, intuição e egotismo. Este *prakriti* é chamado de *aparaprakriti*.
> Entenda meu *paraprakrit* (*daiviprakriti*), como algo distinto disso. Esta *daiviprakriti* é a única vida pela qual o universo é suportado.

Krishna no versículo cinco distingue entre este *daiviprakriti* e *prakriti*. Este *daiviprakriti* é, estritamente falando, o *mahachaitanyam* de todo o cosmo, a energia única, ou a única força da qual brotam todas as manifestações de força. Ele diz que vocês devem encarar isso como algo diferente do *prakriti* dos *sankhyas*.

Vamos agora para o capítulo VII, versículo 7:

[30] Livro de Mabel Collins, de 1884, republicado em português (com comentários de T. Subba Row) pela Ed. Teosófica, em 2000. Trata-se de uma história inspiradora do processo de iniciação, onde a autora descreve poética e belamente a tragédia da alma, que, atraída pelo desejo, inclina-se para o pecado e tem como paga o sofrimento. Depois de procurar a ajuda do espírito redentor interior, ela atinge sua apoteose e passa, então, a derramar bênçãos sobre a humanidade. (NT).

> Ó *dhanamjaya*, não há nada superior a mim, e tudo repousa em mim como as pérolas de um cordão.

Notem por favor que, nos versículos quatro e cinco, Krishna está se referindo a dois tipos de *prakriti*. É claro que o *prakriti* que é diferenciado nos oito elementos enumerados na filosofia *sankhya* é o *avyaktam* dos *sankhyas*, – é a *mulaprakriti*, que não deve ser confundida com o *daiviprakriti*, que é a luz do Logos. Conceba *mulaprakriti* como *avidya* e *daiviprakriti*, a luz do Logos, como *vidya*. Essas palavras têm outros significados também. No *Swetaswatara Upanishad*, Eswara é descrito como a divindade que controla *vidya* e *avidya*.

Aqui, Krishna parece se referir a às qualidades ou a todas as qualidades excelentes manifestadas em todas as regiões da existência fenomenal, como se brotassem de si mesmas.

Sem dúvida, as outras qualidades também, ou antes, as suas formas ideais brotam originalmente dele, mas devem ser atribuídas principalmente a *mulaprakriti* e não a ele mesmo.

Agora vou me referir ao versículo 24 e seguintes do mesmo capítulo:

> Os ignorantes, que não conhecem a minha melhor natureza suprema e indestrutível, consideram-me uma manifestação de *avyaktam*.
> Velado pelo minha *yoga maya*, eu não sou visível para todos. O mundo iludido não compreende que sou não-nascido e imperecível.
> Eu conheço, ó Arjuna, todos os seres do passado, presente e futuro, mas nenhum me conhece.

Nesses versículos, Krishna está discutindo uma doutrina que infelizmente tem criado uma boa dose de confusão. Eu já lhes disse que os *sankhyas* tomaram seu *avyaktam*, ou melhor, *Parabrahmam* velado por *mulaprakriti*, como *atma*, ou o verdadeiro eu. A opinião deles era de que este *avyaktam* adquiriu uma espécie de diferenciação fenomenal por causa da associação com *upadhi* e, quando esta diferenciação fenomenal ocorreu, o *avyaktam* se tornou o *atma* do indivíduo. Assim, eles perderam totalmente de vista este Logos. Consequências surpreendentes surgiram da doutrina. Eles pensavam que existisse apenas um *avyaktam*, uma alma, ou um espírito, que habitaria em cada *upadhi*, parecendo diferenciado, embora não diferenciado na realidade; se pudéssemos de alguma forma controlar a ação do *upadhi* e destruir o *maya* que ele criou, o resultado seria a extinção completa do eu do homem e um *layam* final neste *avyaktam,* ou *Parabrahmam*. É essa a doutrina que estragou a filosofia advaita deste país, que trouxe o budismo do Ceilão, da Birmânia e da China à sua presente e deplorável condição e levou tantos escritores védicos a dizer que o nirvana era, na realidade, uma condição de perfeito *layam*, ou aniquilação.

Se estão corretos aqueles que dizem que o nirvana é aniquilação, então, no que diz respeito à individualidade da alma, ela está completamente aniquilada, e o que existe em última análise não é a alma, ou o indivíduo, embora purificado ou exaltado, mas o único *Parabrahmam*, que sempre existiu; e que o próprio *Parabrahmam* é uma espécie de essência incognoscível que não tem ideia de si mesmo e tampouco uma existência individual, mas que é a única potência, a única base misteriosa de todo o cosmo. Ao interpretar o *pranava*, os *sankhyas* fizeram com que o *ardhamatra* significasse realmente esse *avyaktam* e nada mais. Em alguns *Upanishads* este *ardhamatra* é descrito como aquele que, aparecendo diferenciado, é a alma do homem. Quando essa diferenciação, que é principalmente devida ao *upadhi*, é destruída, há um *layam* de *atma* em *Parabrahmam*. Essa é também a opinião de um número considerável de pessoas na Índia, que se denominam advaitas. É também a visão apresentada como a visão correta da vedanta. Foi certamente a visão dos antigos filósofos *sankhyanos* e é a visão de todos os budistas que consideram o nirvana como o *layam* da alma em *Parabrahmam*.

Após alcançar *karana sarira*, existem dois caminhos que levam ao *Parabrahmam*. *Karana sarira*, vocês devem saber, é um *upadhi*. Ele é material, isto é, é derivado de *mulaprakriti*, mas está também atuando nele como sua luz e energia, a luz do Logos, ou *daiviprakriti*, ou *fohat*. Agora, como eu disse, existem dois caminhos. Quando vocês atingem *karana sarira*, vocês pode limitar sua atenção ao *upadhi* e, traçando sua genealogia até *mulaprakriti*, chegar a *Parabrahmam* no próximo passo; ou vocês podem perder de vista completamente o *upadhi* e fixar a sua atenção unicamente na energia, ou luz, ou vida, que está trabalhando dentro dele. Vocês podem então tentar traçar sua origem, viajando ao longo do raio até chegar à sua fonte, que é o Logos, e do ponto de vista do Logos tentar alcançar *Parabrahmam*.

Desses dois caminhos, um número considerável de védicos modernos, e todos os *sankhyas* e budistas – exceto aqueles que estão familiarizados com a doutrina oculta – escolheram aquele que leva a *mulaprakriti*, esperando assim alcançar *Parabrahmam* finalmente. Mas, na visão assumida por esses filósofos, o Logos e a sua luz foram completamente perdidos de vista. *Atma*, na opinião deles, é a imagem diferenciada desse *avyaktam* e nada mais.

Agora, qual é o resultado? A imagem diferenciada cessa quando o *upadhi* deixa de existir, e a coisa que existia antes existe depois, e aquela coisa é *avyaktam*, e além dela há *Parabrahmam*. A individualidade do homem é completamente aniquilada. Além disso, em tal caso, seria simplesmente absurdo falar de avatares, pois eles, então, seriam impossíveis e fora de questão. Como é possível para os *mahatmas*, ou adeptos, ajudarem a humanidade de qualquer maneira quando tiverem alcançado esse estágio? Os budistas cingaleses levaram essa doutrina à sua conclusão lógica. Segundo eles, Buda está morto, e todo homem que segue a sua doutrina acabará perdendo a individualidade de seu *atma*; portanto, eles dizem que os tibetanos estão totalmente enganados ao pensar que Buda tem protegido ou pode proteger qualquer mortal; desde o momento em que alcançou o *paranirvana*, a alma do homem que se chamava Buda perdeu a sua individualidade. Agora, eu digo que Krishna posiciona-se contra a doutrina que leva a tais consequências.

Ele diz (versículo 24) que tal visão está errada e que aqueles que a sustentam não entendem sua real posição como Logos, ou *Verbum*. Além disso, diz-nos a razão pela qual ele é assim perdido de vista. Explica-nos que isso é assim por que ele é sempre velado por sua *yoga maya*. Esta *yoga maya* é a sua luz. É suposto que somente esta luz é visível, permanecendo sempre invisível o centro que a irradia.

Como pode naturalmente ser esperado, essa luz é sempre vista misturada, ou em conjunto, com as emanações de *mulaprakriti*. Daí os *sankhyas* terem considerado que ela é um aspecto, ou uma emanação, de *mulaprakriti*. *Avyaktam* era na opinião deles a fonte não só da matéria, mas também da força.

Contudo, de acordo com Krishna, aquela luz não deve ser atribuída a *avyaktam*, mas a uma origem completamente diferente, cuja fonte é ele mesmo. Mas, como esta fonte é completamente *arupa* e misteriosa e não pode ser detectada facilmente, supunham aqueles filósofos que não havia nada em e por trás daquela luz, exceto *avyaktam*, sua base. Mas esta luz é o véu do Logos, no mesmo sentido em que a *shekinah* dos cabalistas é por suposto o véu de Adonai. Em verdade, ela é o Espírito Santo que parece formar a carne e o sangue do divino Cristo. Se o Logos se manifestasse, mesmo para a mais alta percepção espiritual de um ser humano, ele só seria capaz de fazê-lo revestido desta luz que forma o seu corpo. Veja o que Sankaracharya fala em seu *Soundaryalahari*. Dirigindo-se à luz, ele diz: "Você é o corpo de Sambhu". Esta luz é, por assim dizer, um manto, ou uma máscara, que habilita o Logos a fazer sua aparição.

O verdadeiro centro da luz não é visível nem mesmo para a mais alta percepção espiritual do homem. É essa verdade que está expressa brevemente naquele livrinho de valor inestimável *Light on the Path* (*Luz no Caminho*[31]), quando diz (regra 12):

Está fora do teu alcance, porque, quando chegares a ela, já não te encontrarás a ti mesmo. É inatingível porque retrocede sempre. Estarás no seio da luz, mas nunca tocarás a chama.

Vocês deverão ter em mente a distinção que Krishna estabelece entre a infeliz doutrina dos *sankhyas* e de outros e a verdadeira teoria que ele está tentando inculcar, porque leva a importantes consequências. Mesmo agora posso dizer que noventa por cento dos escritores védicos sustentam o ponto de vista que Krishna está tentando combater.

[31] Publicado em português pelas Editora Pensamento e Ed. Teosófica. (NT).

Voltemos agora ao capítulo VIII e examinemos o significado dos versículos 5 a 16. [32]

Nessas passagens, Krishna estabelece duas proposições de imensa importância para a humanidade. Primeiro, ele diz que a alma pode se realizar e tornar-se finalmente integrada consigo mesma. Em seguida, diz ele que, uma vez essa realização tenha sido alcançada, não há mais *punarjanmam*, ou renascimento, para o homem que tenha conseguido chegar a ela.

Às vezes, foram levantadas algumas objeções contra a última proposição. Dizem que, se a alma alcança o Logos, e a individualidade espiritual do Logos é preservada e, ainda, se o Logos tem também que sobrepairar os mortais de tempos

---

[32] O editor do *The Theosophist* anexou aqui a seguinte nota de rodapé: "Estas e algumas das outras citações foram omitidas devido à sua extensão. – Ed."
Capítulo VIII do *Bhagavad-Gita*, começando com o versículo 5, com base na tradução original de G. de Purucker:
Aquele que, no fim de sua vida, lembrando-se unicamente de mim, no mesmo instante alcança minha natureza [*madbhavam*]. Não há dúvida disso. (V. 5).
Qualquer que seja o estado de existência [*bhavam*, existência, coisa, ser] de que alguém se lembre ao deixar o corpo, ó filho de Kunti, este mesmo estado ele alcançará. (V. 6).
Portanto, em todos os momentos, mantenha sua mente em mim e lute. Com a mente e a inteligência fixadas em mim, você me alcançará, não há dúvida. (V. 7).
Meditando, ó filho de Pritha, e com o pensamento disciplinado pela prática da ioga e não se desviando do caminho, [um homem] vai para o mais alto *Purusha* divino. (V. 8).
Aquele que mantém sua mente no antigo espírito [*kavim*: sábio, vidente, pensador], o soberano, mais atômico do que o átomo, o ordenador de tudo, de forma impensável, brilhando como o Sol [*adityavarnam*], além da escuridão, (v. 9)
Com uma mente indesviável na hora da morte, confiando no poder da ioga, com o *prana* devidamente fixado entre as duas sobrancelhas – ele alcançará aquele *Purusha* divino mais elevado. (V. 10).
Aqueles que instruídos nos Vedas clamam imperecivelmente: que aqueles são autocontrolados e libertos da paixão, que anseiam seguir o *Brahmacharya* [vida], entram nessa condição [*padam*: posição, posição, dignidade, assento], eu dir-te-ei brevemente. (V. 11).
Aquele que abandona o corpo, morre, tendo fechado todas as portas dos sentidos [*sarvadvarani samyamya*], e com a mente [*manas*] confinada na faculdade interior [*hridi*], com seu prana colocado na testa, e concentrado na manutenção da ioga, (v. 12)
Proferindo o monossílabo *aum*, que é Brahman, e tendo a mente em mim [*mamanusmaran*], ele [na verdade] segue o caminho mais elevado. (13)
Aquele que constantemente tem sua mente em mim, com seu pensamento continuamente em nada mais, por aplicação constante daquela ioga, ó filho de Pritha, facilmente me alcança. (V. 14).
As grandes almas [*mahatmanah*], que me alcançaram, não passam por renascimento, que é temporário e o útero da tristeza. Eles atingiram a perfeição. (V. 15).
Todos os mundos [*lokah*] até a morada de Brahman, ó Arjuna, estão sujeitos a sucessivas revoluções [*punaravartino*]. Mas quem alcança a minha morada, ó filho de Kunti, jamais volta a nascer (V. 16).

em tempos, ou tem alguma conexão com um ser humano que vive na Terra, então é falsa a afirmação de que um homem que alcança o Logos não terá *punarjanmam*. Mas essa objeção surge de um mal-entendido quanto à natureza dessa união com o Logos. Tanto quanto sabemos, a julgar pela nossa experiência comum, essa individualidade, esse sentido de ego que temos presentemente é uma espécie de entidade fugaz que muda de tempos em tempos. Dia após dia, as diferentes experiências do homem estão sendo armazenadas e, de maneira misteriosa, unidas em uma única individualidade. É claro que parece a todo homem que ele tem uma individualidade definida durante o curso de uma encarnação particular, mas a individualidade de sua *karana sarira* é composta de várias individualidades como esta. Não se deve imaginar que todas as experiências que estão conectadas com as várias encarnações e vão constituir suas respectivas personalidades devem ser encontradas em uma espécie de justaposição mecânica no *karana sarira*. Não é assim. A natureza tem uma espécie de maquinaria pela qual é capaz de reduzir todos esses feixes de experiências em um único eu. Grande como é essa individualidade superior da mônada humana, há uma individualidade acima dela e muito maior do que ela é. O Logos tem uma individualidade própria. Quando a alma se eleva ao Logos, tudo o que este último retira da alma é aquela porção da individualidade da alma que é suficientemente elevada e espiritual para viver na individualidade do Logos; assim como o *karana sarira* faz uma escolha entre as várias experiências de um homem e apenas assimila tais porções disso como pertencentes à sua própria natureza, o Logos, quando se une à alma de um homem, só tira dele aquilo que não é repulsivo a sua natureza.

Mas agora vejamos que mudanças ocorrem na consciência do próprio ser humano. No momento em que aquela união acontece, o indivíduo sente imediatamente que ele é o Logos, a mônada formada a partir daquela luz que passou por todas as experiências que ele agora acrescenta à sua individualidade. De fato, sua própria individualidade está perdida, e ele se vê dotado da individualidade original do Logos. Do ponto de vista do Logos, o caso fica assim: o Logos, por assim dizer, lança uma espécie de sensor de sua própria luz em vários organismos; esta luz vibra ao longo de uma série de encarnações e, sempre que produz tendências espirituais que resultam em experiência capaz de ser acrescentada à individualidade do Logos, este assimila tal experiência. Assim, a individualidade do homem torna-se a individualidade do Logos, e o ser humano unido ao Logos pensa que esta é uma das inumeráveis individualidades espirituais que ele assimilou e uniu a si mesmo, sendo esse eu composto pelas experiências que o Logos tem, talvez, acumulado desde o início dos tempos. Aquele indivíduo, portanto, nunca retornará para nascer de novo na Terra. É claro que se o Logos sente que nasce sempre que um novo indivíduo faz sua aparição tendo nele a sua luz. Então, o indivíduo que foi assimilado ao Logos pode, sem dúvida, ter *punarjanman*. Mas o Logos não sofre porque a sua luz nunca é contaminada pelos *vikarams* de *prakriti*. Krishna salienta que ele é simplesmente *upadrishtha*, uma testemunha, não interessado pessoalmente no resultado, exceto quando uma certa quantidade de espiritualidade é gerada e o *mahatma* está suficientemente purificado para assimilar sua alma ao Logos. Até aquele momento ele diz: "Eu não tenho nenhuma preocupação pessoal, porque eu simplesmente assisto como uma testemunha desinteressada. Porque minha luz aparece em diferentes organismos, eu não sofro, portanto, as dores e tristezas que um homem pode ter que suportar. Minha natureza espiritual não está de forma alguma contaminada pelo aparecimento da minha luz em vários organismos". Não se pode dizer também que o Sol está contaminado ou tornou-se impuro porque a sua luz brilha em lugares impuros. Da mesma forma, não pode ser verdadeira a afirmação de que o Logos sofre. Portanto, não é o eu real que sente prazer ou dor e, quando um homem assimila sua alma ao Logos, ele não sente mais as dores ou os prazeres da vida humana.

Mais uma vez, quando falo da luz do Logos permeando este cosmo e vibrando em várias encarnações, não se segue necessariamente que um ser que tenha ido para o Logos esteja novamente encarnado. Ele tem então uma individualidade espiritual bem definida. E, embora o Logos seja Eswara, e a sua luz seja o *chaitanyam* do universo, e assimile, de tempos em tempos, em sua própria natureza espiritual, as almas purificadas de vários *mahatmas* e sobrepaire sobre certos indivíduos, ainda assim ele próprio nunca sofre e não tem nada como *punarjanmam*, no sentido adequado da palavra. E um homem que é absorvido nele torna-se um ser espiritual e imortal, um verdadeiro *eswara* no cosmos, para nunca mais renascer e estar sujeito às dores e prazeres da vida humana.

É somente nesse sentido que vocês têm que entender a imortalidade. Se, infelizmente, a imortalidade é entendida no sentido dado pelos modernos escritores védicos e budistas cingaleses, ela não parece ser um objetivo muito desejável para as aspirações humanas. Se é verdade, como eles ensinam, que a individualidade do homem, é destruída e aniquilada, em vez de ser enobrecida e preservada e desenvolvida em um poder espiritual, então a palavra imortalidade torna-se um termo sem sentido.

Acho que tenho completo respaldo de Krishna para dizer que essa teoria está correta e acredito que esta seja uma afirmação correta da doutrina de Sankaracharya e Buda, embora nem todos possam concordar comigo nesse ponto.

Voltemos agora o capítulo IX, versículo 11:

> Os iludidos quando moram em um corpo humano, não conhecendo minha natureza suprema, desprezam-me, o Senhor (*Eswara*) de todos os seres.

Aqui, Krishna chama a si mesmo de o verdadeiro *Eswara*. Novamente no versículo 13:

> Os *mahatmas* dedicados a *daiviprakriti*, e conhecendo-me como a causa imperecível de todos os seres, adoram-me com suas mentes concentradas em mim.

Aqui ele se refere a *daiviprakriti*, entre a qual e *mulaprakriti* ele traça uma distinção clara. Para alguns, no entanto, essa *daiviprakriti* é vista como uma coisa a ser evitada, uma força que deve ser controlada. Por outro lado, é uma energia benéfica a ser aproveitada por um homem que pode atingir seu centro e sua fonte.

Vejamos o versículo 18 do mesmo capítulo IX:

> Eu sou o refúgio, o protetor, o Senhor, a testemunha, a morada, o abrigo, o amigo, a fonte, a destruição, o lugar, o receptáculo, a semente imperecível.

Todos esses epítetos autoaplicados por Krishna mostram que ele está falando dele mesmo da mesma maneira que Cristo falava de si próprio ou como fazia todo grande mestre que, por suposto, representava o Logos enquanto neste planeta, falava de si mesmo.

Outra passagem muito significativa é o versículo 22 do mesmo capítulo:

> Interesso-me pelo bem-estar daqueles homens que me adoram e pensam em mim somente, com a atenção sempre concentrada em mim.

Eu disse-lhes que, na generalidade dos casos, Krishna, ou o Logos, seria simplesmente uma testemunha desinteressada, que observa a trilha da mônada humana e não se preocupa com os seus interesses. Mas, nos casos em que é feito progresso espiritual real, o caminho está preparado para uma conexão final com o Logos. Ele se inicia desta maneira: o Logos começa a se interessar mais pelo bem-estar do indivíduo, torna-se sua luz e seu guia, cuida dele e o protege. Essa é a maneira pela qual começa a abordagem do Logos para a alma humana. Esse interesse aumenta cada vez mais até que, quando o homem alcança o desenvolvimento espiritual mais elevado, o Logos entra nele e, então, em vez de ele encontrar dentro de si mesmo apenas o reflexo do Logos, encontra o próprio Logos. Assim a união final acontece, após o que não há mais encarnação para o homem. É somente nesse caso que o Logos se torna mais do que um espectador desinteressado.

Devo aqui chamar sua atenção para o versículo 29 e seguintes no final do capítulo IX:

> Eu sou o mesmo para todos os seres: não tenho nem amigo nem inimigo, aqueles que me cultuam com devoção estão em mim, e eu estou neles. (V. 29).
> Mesmo se aquele cuja conduta é ímpia adora unicamente a mim, ele deve ser considerado um homem

bom, pois está trabalhando na direção certa. (V. 30) Ó filho de Kunti, ele logo se torna uma pessoa virtuosa e obtém a paz eterna; tenha certeza de que meu adorador não perece. (V. 31).

"Aqueles que nascem em pecado e são devotados a mim, sejam mulheres, *vaishyas*[33] ou *sudras*[34], alcançam minha suprema morada. (V. 32).

Muito mais facilmente isso acontecerá aos sagrados brâmanes e devotos *rajarshis* que, tendo entrado neste mundo transitório e miserável, me adoram. (V. 33).

"Fixe a tua mente em mim, cultue-me, incline-se para mim: aqueles que dependem de mim e a mim devotados, alcançam-me. (V. 34).

Aqui Krishna mostra, pelas duas proposições que estabelece, que está falando de um ponto de vista completamente cosmopolita. Ele diz: "Ninguém é meu amigo: ninguém é meu inimigo". Ele já apontou a melhor maneira de conquistar sua amizade. Ele assume que nenhum homem em particular seja seu inimigo ou seu amigo. Sabemos que, mesmo no caso dos *rakshasas*, Prahlada se tornou o maior dos *bhagavathas*. Krishna é completamente imparcial ao lidar com a humanidade em seu ministério espiritual. Ele diz que não se importa nem um pouco a que tipo de *asramam*[35] um homem possa estar vinculado, que tipo de ritual ou fórmula de fé ele professa. Ele diz ainda que não faz distinção entre *sudras* e brâmanes, entre homens e mulheres, entre classes altas e baixas. Sua ajuda é estendida a todos. Mas só há um modo de alcançá-lo, e esse caminho pode ser utilizado por qualquer pessoa. A esse respeito, ele faz uma distinção entre as doutrinas dos *carmayogis*[36] e o seu próprio ensinamento. Algumas pessoas dizem que apenas certas classes privilegiadas estão autori-

[33] A casta dos *vaishyas* abarca comerciantes, artesãos, proprietários e agricultores. (NT).

[34] Os *sudras* constituíam a quarta e mais baixa casta (*var⊠a*) hindu, formada por aqueles que têm natureza servil. (NT).

[35] "*Ashram*, na antiga Índia, era um eremitério hindu onde os sábios viviam em paz e tranquilidade no meio da Natureza. Hoje, o termo *ashram* é, normalmente, usado para designar uma comunidade formada intencionalmente com o intuito de promover a evolução espiritual dos seus membros, frequentemente orientado por um místico ou líder religioso." (Fonte: Wikipédia). (NT)

[36] Ver *karma-yoga* no glossário anexo.

zadas a atingir o nirvana. Ele diz que esse não é o caso. Por consequência, ele é levado a rejeitar, além disso, a doutrina de certos *madhwas*[37], que dizem que todas as almas podem ser divididas em três classes. Eles dizem que há uma certa classe de pessoas chamadas *nityanarakikas* que estão destinadas à inescapável perdição, o que quer que façam. Outra classe, as pessoas chamadas *nityasamsarikas,* nunca pode deixar o plano da Terra. Uma terceira classe, a dos *nityamuktas*, deve ser admitida em *vaikuntham*[38], sejam quais forem as coisas que seus integrantes façam. Essa doutrina não é sancionada por Krishna. Sua doutrina contém além do mais um protesto contra a maneira pela qual certos escritores têm deturpado a importância do avatar Buda. Sem dúvida, alguns de nossos escritores brâmanes admitem que Buda foi um avatar de Vishnu, mas dizem que foi um avatar comprometido com fins maliciosos. Ele veio aqui para ensinar às pessoas todo tipo de doutrinas absurdas para provocar a sua danação. Essas pessoas tinham que ser punidas, e ele achava que a melhor maneira de provocar o castigo delas era enlouquecê-las, ensinando-lhes de falsas doutrinas. Essa visão, tenho vergonha de dizer, é solenemente apresentada em alguns de nossos livros. Quão diferente isso é do que Krishna ensina. Ele diz:

"Na minha visão, todos os homens são iguais; e, se eu faço qualquer distinção, é somente quando um homem atinge um estado muito elevado de perfeição espiritual e me considera seu guia e protetor. Então, e só então, deixo de ser uma testemunha desinteressada e tento me interessar por seus assuntos. Nos outros casos, sou simplesmente uma testemunha desinteressada".

> Krishna não leva em conta o fato de que este homem é um brâmane e aquele é um budista ou um parse. Aos seus olhos toda a humanidade está no mesmo nível, e o que distingue um do outro é a luz e vida espiritual.

Vamos, agora, ao terceiro versículo do próximo capítulo (capítulo X):

[37] *Madhwas*, ou *madhvas*, seguidores de Madhva (ver glossário anexo). (NT).
[38] *Vaikuntham* é o mundo espiritual. (NT).

> Está livre de todos os pecados aquele dentre os homens que é sensato o suficiente para me conhecer, o Senhor não nascido do mundo que não tem começo.

Aqui ele chama a si mesmo de não nascido, pois não teve começo: ele é o *Eswara* do cosmo. Não se deve supor que o Logos pereça ou seja destruído mesmo no período do *pralaya* cósmico. É claro que está em aberto a questão da existência de algo como o *pralaya* cósmico. Podemos admitir bem um *pralaya* solar como provável, também podemos conceber que pode haver um tempo em que a atividade cessa em todo o cosmo, mas há alguma dificuldade em argumentar por analogia com um sistema definido e limitado o que se passa com um sistema indefinido e infinito. De qualquer forma, entre os ocultistas existe a crença de que haverá tal *pralaya* cósmico, embora possa não ocorrer durante um número de anos que para nós é até impossível imaginar. Mas ainda que ocorra um *pralaya* cósmico, o Logos não perecerá. Caso contrário, no recomeço da atividade cósmica, o Logos terá que ser nascido de novo, tal como o Logos atual tornou-se existente no momento em que a presente evolução cósmica começou. Nesse caso, Krishna não pode chamar a si próprio de *aja* (não nascido); ele só pode dizer isso de si mesmo se o Logos não perecer durante o *pralaya* cósmico, posto que dorme no seio de *Parabrahmam* e começa a despertar quando o próximo dia de atividade cósmica começa.

Ao falar deste Logos, eu já disse que era bem possível que fosse ele quem apareceu na forma do primeiro *dhyan chohan*, ou espírito planetário, quando a evolução do homem recomeçou, após o último período de inatividade neste planeta, tal como declarado no livro *Budismo Esotérico* do Sr. Sinnett, e que, depois de ter colocado a corrente evolutiva em movimento, retirou-se para o plano espiritual apropriado à sua natureza, permanecendo na observação dos interesses da humanidade, e aparecendo, de vez em quando, no contexto de uma individualidade humana para o bem da humanidade. Ou vocês podem olhar para o Logos representado por Krishna como pertencente à mesma classe do Logos que então apareceu. Ao falar de si mesmo, Krishna diz (capítulo X, versículo 6):

> Os sete grandes *rishis*, os quatro *manus* precedentes, partilhando da minha natureza, nasceram da minha mente: a partir deles brotaram (nasceram) a raça humana e o mundo.

Ele fala dos *sapta rishis* e *manus* como seus *manasaputras*, ou filhos nascidos da mente, que eles seriam se ele fosse o chamado *Prajapati*, que apareceu neste planeta e iniciou o trabalho da evolução.

Em todos os *Puranas*, os *maharishis* são os filhos nascidos da mente de Prajapati, ou Brahma, que foi o primeiro ser manifestado neste planeta, tendo sido chamado de Swayambhuva, porque não tinha nem pai nem mãe. Ele começou a criação do homem formando estes *maharishis* e *manus*, ou trazendo-o à existência, por seu próprio poder intelectual. Depois disso, Prajapati sumiu de cena. Como dito no *Manu-Smriti*, Swayambhuva então desapareceu depois de começar o trabalho da evolução. No entanto, ele ainda não se desconectou completamente do grupo da humanidade que começou a evoluir neste planeta, mas é ainda o Logos sobrepairante, ou o *Eswara* manifestado, que se interessa pelos assuntos deste planeta e que está pronto para encarnar como um avatar pelo bem de sua população.

Há uma peculiaridade naquela passagem para a qual devo chamar a atenção de vocês. Ele fala aqui de quatro *manus*. Por que ele fala de quatro? Estamos agora no sétimo *manwantara* – o de Vaivaswata. Se ele está falando dos *manus* passados, ele deveria falar de seis, mas ele só menciona quatro. Em alguns comentários foi feita uma tentativa de interpretar isso de uma maneira peculiar.

A palavra '*chatwaraha*' está separada da palavra '*manavaha*' com a intensão de fazer referência a Sanaka, Sanandana, Sanatkumara e Sanatsujata, que também foram incluídos entre os filhos de Prajapati, nascidos da mente.

Mas essa interpretação levará a uma conclusão muito absurda e faz a sentença se contradizer. As pessoas mencionadas no texto têm uma cláusula de qualificação na sentença. É sabido que Sanaka e os outros três se recusaram a criar, embora os outros filhos tivessem consentido em fazê-lo. Portanto, ao falar daquelas pessoas de quem a humanidade se originou, seria absurdo incluir aqueles quatro na lista. A passagem deve ser interpretada sem dividir o substantivo composto em dois. O número de *manus* será então quatro, e a declaração contradiz o relato dos *Puranas*, embora esteja em harmonia com a teoria do ocultismo. Vocês vão se lembrar que o Sr. Sinnett afirmou que estamos agora na quinta raça-raiz. Cada raça-raiz é considerada como o *santhathi*[39] de um determinado *manu*. Ora, a quarta raça-raiz passou, ou em outras palavras, passaram-se quatro *manus*. Há outro ponto a ser considerado relativamente a esse assunto. É afirmado no *Manusmriti* que o primeiro *manu* (Swayabhuva) criou sete *manus*. Este parece ser o número total de manus de acordo com este *smriti*. Não é alegado que houve ou haveria outro grupo de *manus* criados ou a ser criados em algum outro momento.

Mas na conta *purânica* é 14 o número de *manus*. Esse é um assunto que, creio eu, exige uma substancial atenção da parte de vocês. Sem dúvida, é muito interessante, e peço a vocês que dediquem o tempo necessário à sua disposição para tentar descobrir como essa confusão surgiu. Os comentaristas tentam omitir o número de 14 *manus*. É claro que um *pandit* engenhoso pode obter qualquer coisa de qualquer coisa, mas, se vocês mergulharem profundamente no assunto, é bem possível que possamos descobrir como todo o erro surgiu ou se há algum erro ou não. Qualquer discussão adicional sobre o assunto no momento é desnecessária.

Outra função interessante do Logos está indicada no versículo 11 do mesmo capítulo X:

> Eu, habitando neles, por minha compaixão por eles, destruo a escuridão nascida da ignorância pela luz brilhante da sabedoria espiritual.

É dito ali que ele não é apenas um instrumento de salvação, mas também a fonte da sabedoria. Como já disse, a luz que emana dele tem três fases, ou três aspectos. Primeira, é a vida, ou o *mahachaitanyam* do cosmo; esse é um aspecto dela; em segundo lugar, é força e, nesse aspecto, ela é o *fohat* da filosofia budista; por fim, é sabedoria, no sentido de que

[39] *Santhathi* é uma conexão contínua, progênie, linhagem.

é o *chichakti* dos filósofos hindus. Estes três aspectos estão, como vocês podem ver facilmente, combinados em nossa concepção do *Gayatri*. Está indicada como sendo *chichakti* por Vasishta, e o seu significado justifica a afirmação. Está ainda representada como luz, e no *sankalpam* que precede o *japam*, é evocada como a vida do cosmo. Se vocês lerem atentamente o *Idílio do Lótus Branco*, talvez ganhem algumas ideias adicionais sobre as funções desta luz e a ajuda que ela é capaz de dar à humanidade.

Ele diz "*aham atma*" (eu sou eu), porque todo eu [*self*] é apenas uma manifestação de si mesmo ou um reflexo do Logos, como já indiquei. É nesse sentido que ele é o *aham* (eu) manifestado em todos os lugares em cada *upadhi*. Quando diz isso, ele está falando do ponto de vista do Logos no abstrato e não no de qualquer Logos em particular. A descrição deste *vibhuti* transmite à nossa mente uma importante lição. Tudo o que é bom e grande, sublime e nobre neste universo fenomenal ou mesmo nos outros *lokas* procede do Logos e é, de algum modo, a manifestação de sua sabedoria, poder e *vibhuti*; e tudo o que tende à degradação espiritual e à vida física objetiva emana de *prakriti*. Na verdade, existem duas forças em disputa no cosmo. Uma é este *prakriti* cuja genealogia já traçamos. A outra é a *daiviprakriti*, a luz que desce, reflexão após reflexão, para o plano dos organismos inferiores. Em todas as religiões em que se fala da luta entre os impulsos bons e os maus do cosmo, a referência real é sempre a esta luz, que está tentando constantemente elevar os homens a partir do nível mais baixo para o plano mais elevado da vida espiritual, e àquela outra força, que tem seu lugar em *prakriti*, e está constantemente levando o espírito à existência material. Essa concepção parece ser a base de todas as guerras no céu e de todas as lutas entre os princípios bons e os maus no cosmo, as quais encontramos em tantos sistemas religiosos de filosofia. Krishna salienta que tudo o que é considerado grande, bom ou nobre deve ser considerado como tendo nele sua energia, sabedoria e luz. Isso é certamente verdade, porque o Logos é a única fonte de energia, sabedoria e iluminação espiritual. Quando vocês perceberem o papel importante que esta energia que emana do Logos desempenha na evolução de todo o cosmo e examinarem os poderes que dizem respeito à iluminação espiritual que é capaz de gerar, vocês verão que essa descrição de seu *vibhuti* não é de modo algum um relato exagerado da importância de Krishna no cosmo.

Vamos ao capítulo XI.

As inferências que pretendo extrair deste capítulo são estas: primeiro, que o Logos reflete todo o cosmo em si mesmo ou, em outras palavras, que todo o cosmo existe no Logos como seu germe. Como já disse, o mundo é a palavra manifestada, e o Logos é, na fraseologia mística de nossos antigos escritores, a forma *pasyanti*[40] desta palavra. Este é o germe no qual existe eternamente o plano do sistema solar. A imagem existente no Logos se expande e amplifica quando comunicada à sua luz, e se manifesta na matéria quando a luz atua sobre *mulaprakriti*. Nenhum impulso, nenhuma energia, nenhuma forma no cosmo pode vir a existir sem ter sua concepção original no campo de *chit*, que constitui a mente demiúrgica do Logos.

O Logos, sua luz e *mulaprakriti* constituem o verdadeiro *tatwatrayam* dos *visishtadwaitis*, sendo *mulaprakriti* o *achit* deles, a luz do Logos seu *chit*[41], e o Logos seu *Eswara*.

Eu chamaria aqui a atenção de vocês para o primeiro *Anhika* do *Mahabhashya*, onde Patanjali fala das três formas manifestadas: *pasyanti vach, madhyama vach* e *vaikhari vach*. A maneira como ele as classifica é diferente. Em sua opinião *Pasyanti Vach*, que corresponde ao Logos, é *chit*; *Vaikhari Vach*, que é um símbolo do cosmo manifestado, é *achit*; e *Madhyama* Vach, que representa a luz do Logos, é *chidachit*. Vocês sabem que a palavra *chit* pode significar *chaitanyam*, ou vida, também pode significar consciência. O Logos é simplesmente *chidrupam*, não tem nenhuma forma material; todo o cosmo manifestado é chamado *achidrupam*, isto é, existe de fato. Existe em ideia enquanto existe apenas subjetivamente no Logos, sendo o *fohat* o elo entre os

[40] Na filosofia indiana, a noção de individualidade, que é o terceiro nível de personalidade e a semente de todos os pensamentos, discursos e ações, é chamada de *pashyanti*, que significa "aquilo que testemunha". Fonte: Wikipédia. (NT).
[41] Ver o verbete *achit* no glossário. (NT).

dois, não é nem um nem o outro, não é nem *chit* nem *achit*. É, portanto, chamado *chidachit*. Assim, quando Patanjali fala de *madhyama vach* como *chidachit*, refere-se a ele como um elo entre a forma mental (no Logos) e a forma manifesta (na matéria). O universo existe em ideia no Logos, existe como uma misteriosa impressão na região da força, e é finalmente transformado no cosmo manifestado objetivamente, quando essa força transfere sua própria imagem, ou impulso, para a matéria cósmica. Portanto, este Logos é chamado de *visvarupi* – um termo constantemente aplicado a Vishnu, – mas apenas nesse sentido.

Há ainda outra maneira de ver essas entidades com as quais vocês deveriam se familiarizar. Todo o cosmo, pelo qual quero dizer todos os inúmeros sistemas solares, pode ser chamado de corpo físico do único *Parabrahmam*; a totalidade daquela luz, ou força, pode ser chamada de *sukshma sarira*; o Logos abstrato será então o *karana sarira*, enquanto o *atma* será o próprio *Parabrahmam*.

Mas essa classificação não deve ser confundida com aquela outra que se relaciona com as subdivisões de uma única dessas entidades, o sistema solar manifestado, o mais objetivo destas entidades, que chamei de o *sthula sarira* de *Parabrahmam*. Esta entidade em si mesma é divisível em quatro planos de existência, que correspondem aos quatro *matras* em *pranava*, como geralmente descritos. Novamente, a luz que é a *sukshma sarira* de *Parabrahmam* não deve ser confundida com a luz astral. A luz astral é simplesmente a forma sukshma de *Vaiswanara*; mas no que diz respeito a esta luz, todos os planos manifestos no sistema solar são objetivos para ela, e assim não pode ser a luz astral. Eu acho necessário traçar essa distinção, porque as duas foram confundidas em certos escritos. O que eu tenho dito vai explicar, até certo ponto, porque o Logos é considerado como tendo *viswarupam*.

Novamente, se o Logos nada mais é do que um *chidupam*, como é que Arjuna, com sua inteligência espiritual, vê uma imagem, ou forma objetiva, diante dele, que, por mais esplêndida e magnífica que seja, é uma imagem externa do mundo, estritamente falando? O que é visto por ele não é o próprio Logos, mas a forma *viswarupa* do Logos, quando manifestado em sua luz – *daiviprakriti*. É somente quando manifestado que o Logos pode se tornar visível até mesmo para a mais alta inteligência espiritual do homem.

Há ainda outra inferência a ser tirada deste capítulo. Verdadeiramente, a forma mostrada a Arjuna era apavorante, e todas as coisas terríveis que estavam por acontecer na guerra apareceram-lhe retratadas nela. Sendo o Logos o universo em ideia, os eventos vindouros (ou aqueles prestes a se manifestarem no plano objetivo) manifestam-se geralmente após muito tempo, pode-se dizer, antes que eles realmente aconteçam no plano do Logos, do qual nascem originalmente todos os impulsos. *Bhishma, Drona* e *Karna* ainda estavam vivos na época em que Krishna mostrava essa forma. Mas ainda assim as suas mortes e a destruição de quase todo o exército deles parecia estar prenunciado nessa aparição do Logos. Sua forma terrível era apenas uma indicação das coisas terríveis que estavam por acontecer. De fato, o Logos não tem forma; vestido com a sua luz, ele assume uma forma que é, por assim dizer, um símbolo dos impulsos que operam ou estão prestes a operar no cosmo no momento da manifestação.

Seção IV

O tema destas palestras é muito vasto e complicado. Esforcei-me por comprimir a essência de minhas palestras dentro dos limites exigidos, esperando passar por todo o discurso em três dias, mas meus cálculos falharam e mal terminei a introdução. Estas palestras devem necessariamente permanecer incompletas, e tudo o que pude fazer nelas foi apresentar algumas sugestões sobre as quais vocês deveriam meditar.

Uma boa solução dependerá de seus próprios esforços. O assunto é muito difícil, ramifica-se em vários departamentos da ciência, e as verdades que venho apresentando não serão facilmente compreendidas, e talvez eu nem tenha conseguido transmitir a suas mentes o que eu pensava exatamente. Além disso, como não dei as razões para cada uma das minhas proposições e não citei autoridades em apoio às minhas declarações, algumas delas podem parecer estranhas.

Receio que antes que vocês possam compreender minhas ideias reais, terão que estudar todos os comentários existentes sobre o *Bhagavad Gita*, bem como o próprio original, de acordo com as suas próprias luzes, e ver além disso a que conclusões as especulações dos cientistas e filósofos ocidentais estão gradualmente conduzindo. Terão que julgar por si mesmos se a hipótese que tentei colocar diante de vocês é razoável ou não.

Na minha última palestra, parei no décimo primeiro capítulo do livro.

Naquela palestra, eu apontei as várias passagens relativas ao Logos que pensei poderia apoiar e justificar as afirmações que fiz em minha palestra preliminar sobre sua natureza e relação com a humanidade. Vou agora apontar as passagens para as quais é desejável chamar atenção nos capítulos seguintes.

No capítulo XII, ao qual terei que me referir novamente em outra conexão, tenho que lhes chamar atenção para as passagens com as quais se inicia. Lá Krishna aponta a distinção entre meditar e concentrar a atenção sobre o *avyaktam* dos *sankhyas* e fixar a mente e confiar no Logos.

Já demonstrei em que aspectos importantes a filosofia *sankhya* diferiu do sistema vedantino de Krishna. Krishna declarou em vários lugares que o seu *avyaktam* era diferente do seu *Parabrahmam* – que ele não deveria ser de modo algum considerado uma manifestação daquele *avyaktam* – e agora ele diz a Arjuna, neste capítulo, que aqueles que tentam seguir a filosofia *sankhya* e se esforçam para alcançar este *avyaktam* por seus próprios métodos são colocados numa posição muito mais difícil do que aqueles cujo objetivo é procurar e descobrir o Logos.

Isso deve ser naturalmente assim e pelo seguinte motivo: este *avyaktam* nada mais é do que *mulaprakriti*. Os *sankhyas* pensavam que o seu *avyaktam* era a base do *prakriti* diferenciado com todas as suas *gunas*, sendo este *prakriti* diferenciado representado pelos três princípios nos quais eu dividi o sistema solar. No caso de vocês seguirem a doutrina *sankhyan*, terão que nascer de *upadhi* a *upadhi* em sucessão gradual, e quando vocês tentam nascer no último *upadhi* para o seu *avyaktam* não haverá infelizmente nenhuma conexão que seja susceptível de permitir à sua consciência colmatar o intervalo. Se o sistema de filosofia *sankhyan* for o verdadeiro, seu objetivo será rastrear o *upadhi* até a sua fonte, mas não a consciência para sua fonte. A consciência manifestada em cada *upadhi* é rastreável ao Logos e não ao *avyaktam* dos *sankhyas*. É muito mais fácil para um homem seguir a sua própria consciência mais e mais nas profundezas de sua própria natureza íntima e, finalmente, alcançar sua fonte (o Logos) do que tentar seguir o *upadhi* até sua fonte nessa *mulaprakriti*, este *avyaktam*. Além disso, supondo que vocês consigam alcançar este *avyaktam*, nunca poderão corrigir os seus pensamentos ou preservar a sua individualidade nele, pois ele é incapaz de reter qualquer um deles permanentemente. Pode ser que o alcançar signifique ter conhecimento objetivo dele, ainda que vocês não o possam fazer do ponto de vista de *karana sarira*. Vocês têm que subir a um nível ainda mais elevado antes de poder olhar para *mulaprakriti* como um objeto. Assim, considerando o *avyaktam* como um objeto de percepção, vocês não o podem alcançar até alcançar o Logos. Vocês não podem transferir sua individualidade para ele pela simples razão de que esta individualidade deriva sua fonte de uma quarta parte completamente diferente da *mulaprakriti* ou do *avyaktam* dos *sankhyas* e que, como este *avyaktam* em si não tem individualidade e não gera por si mesmo qualquer coisa como uma individualidade, é impossível que a sensação de ego de qualquer pessoa possa ser transferida e preservada permanentemente nele.

No que resultam, então, os esforços daqueles que tentam seguir a doutrina *sankhya*? Krishna diz que, depois de chegar ao plano de *karana sarira*, "eles virão até ele" achando impossível alcançar, de outra forma, o *avyaktam*, pelas razões indicadas acima. Assim, quando Arjuna pergunta se o *avyaktam* ou o Logos é o objetivo, Krishna diz que o último deve ser visto como o destino final, porque aqueles que tentam seguir a linha indicada pelos *sankhya*s têm tremendas dificuldades a enfrentar. Se alguma coisa é obtida seguindo esse último curso, é aquele fim que também deve ser obtido seguindo seu caminho, fazendo dele o objeto da meditação e olhando para ele como o objetivo final.

Leiam o capítulo XII, versículos 3, 4 e 5 a esse respeito:

> Aqueles que são bondosos e caridosos em relação a todas as criaturas e que, com uma mente equilibrada e com os sentidos sob controle, meditam no imperecível e indefinível *avyaktam*, que é onipresente, impensável, indiferenciado e imutável, alcançam-me somente. Mas a dificuldade daqueles que fixam suas mentes no *avyaktam* é grande. O caminho para o *avyaktam* é percorrido por almas corporificadas sob grandes dificuldades.
>
> Essa descrição refere-se ao *avyaktam* dos *sankhyas*. No capítulo XIII, encontramos o seguinte nos primeiros quatro versículos:
>
> Ó filho de Kunti, este corpo é chamado *kshetra* (*upadhi,* ou veículo). Aquele, que o conhece (*kshetra*), o sábio chama-o *kshetragna* (o eu real, ou ego). [V. 1].
>
> Saiba também que eu sou o *kshetragna* em todas os *kshetras*; o conhecimento de *kshetra* e *kshetragna* eu considero ser conhecimento real. [V. 2].
>
> Ouça-me. Vou declarar brevemente o que *kshetram* é, quais são seus atributos, que qualidades ele gera, sua origem e a razão de sua existência; e ainda quem é *kshetragna* e que poderes ele possui. *Rishis* descreveram de diferentes maneiras, diferentes relatos deles podem ser encontrados em diferentes *Vedas*, e também são mencionados pelos *Brahmasutras*, que são lógicos e definidos. [V. 3 e 4].

Aqui ele fala de *kshetram* e *kshetragna*. *Kshetram* significa nada mais que *upadhi*, ou veículo, e *kshetragna* é o ego em todas as suas formas e manifestações. *Kshetram* brota deste *avyaktam*, ou *mulaprakriti*. Mas ele diz que ele próprio é *kshetragna,* no sentido de que todo ego manifestado é apenas um reflexo do Logos, porquanto ele próprio é a forma real do ego, o único verdadeiro eu no cosmo. Em vários lugares, ele toma cuidado, entretanto, em apontar que, embora seja *kshetragna*, não está sujeito a *carmabandham*. Ele não cria carma porque, simplesmente, o eu manifestado no *upadhi* não é o seu verdadeiro eu, mas apenas um reflexo que tem uma existência individual fenomenal temporária, mas que será finalmente dissolvida em si mesma.

No versículo 4 (vejam acima), ele se refere ao *Brahmasutras* quanto aos detalhes dos três *upadhis* no homem, sua relação com o outro e os vários poderes manifestados por este ego. Portanto, é neste livro (os *Brahmasutras*) que temos que procurar um exame detalhado desse assunto.

Vamos agora para o versículo 22 [do mesmo capítulo XIII]:

> O supremo *purusha* neste corpo é chamado de testemunha, o diretor, o sustentador, o sancionador, o grande senhor e o espírito supremo (*Paramatma*).

Não deve ser imaginado que a palavra *Paramatma* aqui usada se refere ao *Parabrahmam*. Eu já disse que ela se aplica ao próprio Krishna. Embora ele seja *kshetragna*, não é responsável pelo carma, e isso ele explica nos versículos 30 e 32 do mesmo capítulo:

> Ele percebe a verdade real que percebe o carma como resultado de *prakriti* e que o *atma* não gera carma. [V. 30].
> Como é sem princípio e sem *gunam*,[42] este *atma* imperecível e supremo não produz carma e não sofre os efeitos do carma, mesmo enquanto está habitando um corpo.

Ao longo do capítulo XIV, Krishna repudia claramente qualquer responsabilidade pelo carma ou qualquer um dos efeitos produzidos pelos três *gunams* que são filhos de *mulaprakriti*. Vejam o versículo 19, por exemplo:

> Quando o observador (discriminador) não reconhece nenhum outro agente (do carma) além das qualidades (de *prakriti*) e sabe o que está além destas qualidades, ele alcança o meu ser.

E agora voltemos ao versículo de fechamento daquele capítulo, uma passagem a que já nos referimos em outra conexão:

> Eu sou a imagem de *Parabrahm*, que é indestrutí-

[42] *Gunams*. Ver no Glossário anexo o verbete *guna* (sânscrito). (NT).

> vel, imutável; e (eu sou) a morada do *dharma* eterno (lei) e da felicidade absoluta.

Aqui ele diz que ele é a imagem de *Parabrahmam* que é eterno e não tem *vicarmam*, e é a morada onde reside o eterno *dharma* do cosmo, e também é a morada da bem-aventurança, e é por essa razão que o Logos é frequentemente descrito como *sachchidanandam*. É *sat*, porque é *Parabrahmam;* e *chit*, porque contém em si o eterno *dharma* do cosmo, toda a lei da evolução cósmica; e *anandam*, porque é a morada da bem-aventurança; e a maior felicidade possível para o homem é alcançada quando a alma humana alcança o Logos.

Agora, voltemos ao capítulo XV, versículo 7, uma passagem que, infelizmente, deu origem a muitas disputas sectárias:

> É o *amsa* que emana de mim, que se manifestou desde o início dos tempos e tornou-se o *jiva* no mundo dos seres vivos e atrai a mente e os outros cinco sentidos que têm sua base em *prakriti*.

A proposição aqui feita é uma questão de necessária inferência quase inevitável das premissas que estabeleci: – se o que constitui o *jiva* é a luz do Logos, que é *chaitanyam*, e que, tornando-se diferenciado, forma o ego individual em combinação com o *karanopadhi*.

Não preciso agora mencionar todas as controvérsias a que essa passagem deu origem. O versículo talvez seja suscetível de mais de uma interpretação, e as diferentes interpretações foram necessárias em virtude das diferentes premissas com as quais os intérpretes começaram.

Leiam agora versículo 8 [capítulo XV]:

> Quando o senhor, *jiva* (ego humano), sai de um corpo e entra em outro, ele carrega consigo a mente e os sentidos, como o vento carrega a fragrância das flores de sua fonte.

Krishna refere-se aqui à individualidade humana que reside no *karana sarira*. Ela é a mônada humana, ou *karana sarira*, que é o elo entre as várias encarnações do homem e que, quando deixa o corpo para o *devachan*, leva consigo todos os germes da existência consciente, a essência dos cinco *tanmatras*, o *manas* e o *ahankaram*. Estritamente falando, em cada estágio da existência consciente, existem sete elementos que estão sempre presentes, a saber, os cinco sentidos, a mente (também reconhecida como um sentido por alguns de nossos filósofos) e o ego. Esses são os sete elementos que se manifestam constantemente quando a consciência se manifesta, ou a existência consciente faz sua aparição. Eles existem no *sthula sarira* e no *sukshma sarira*, além de estarem latentes no *karana sarira*. Não só eles estão latentes no *karana sarira*, mas até mesmo os impulsos gerados em conexão com os sete elementos da existência consciente residem nele e formam aquela energia latente que tenta gastar a si própria, por assim dizer, ao produzir as encarnações futuras, nos contextos determinados pelo carma passado do homem e pelos impulsos já gerados por ele.

Chamo atenção para os versículos 12-14:

> Saiba que o esplendor que pertence ao Sol e ilumina todo o mundo, que está na Lua e no fogo, vem de mim.
>
> Entrando na terra, sustento todas as coisas pela minha energia e sou a causa da umidade que nutre as ervas.
>
> Tornando-se fogo (da digestão), entro nos corpos de todos os que respiram e, unindo-me a *pranam*[43] e *apanam*[44], faço com que a comida dos quatro tipos seja digerida.

Devo apenas salientar o que Krishna quis realmente dizer, ou seja, que a energia dele é quem dá à matéria todas as suas propriedades, e que todas as propriedades que nós agora associamos à matéria e aquelas tendências à ação química que vemos nos elementos químicos não lhes pertencia originalmente.

Quando se examina *mulaprakriti*, nenhuma dessas tendências está presente nele. É simplesmente a matéria constituinte ou substância que é dotada dessas propriedades pela

[43] Creio que o autor está se referindo ao *prana*, a respiração de vida, o terceiro princípio da constituição humana. (NT).
[44] Creio que o autor está se referindo a *apana*, um dos ares vitais (ver o verbete correspondente no Glossário anexo). (NT).

ação da corrente de vida que emana do Logos. Consequentemente, Krishna diz que todas as qualidades exibidas pela matéria, como no fogo, no Sol, na luz ou em qualquer outro objeto que você possa levar em consideração, emanam dele originalmente, porque foi sua vida, sua energia, que deu à matéria todas as qualidades que a capacitaram depois a formar os vários organismos que vemos agora no cosmo manifestado. Em conexão com esse ponto, você achará interessante referir-se ao que é declarado, creio eu, em um dos dez *Upanishads* (*Kenopanishad*) com referência ao misterioso aparecimento de *parasakti* (*daiviprakriti*) em *swarga*.

Quando Parasakti apareceu pela primeira vez, Indra quis saber o que ele era. Ele primeiro enviou Agni para perguntar o que apareceu naquela forma peculiar. Então Parasakti perguntou a Agni que funções ele cumpria ou quais eram suas capacidades latentes. Agni respondeu que poderia reduzir quase tudo a cinzas. E para mostrar que esse atributo não pertencia originalmente a Agni, mas era simplesmente emprestado a ele, Parasakti colocou diante dele um pouco de grama e pediu-lhe que a reduzisse a cinzas. Agni tentou o seu melhor, mas falhou. Vayu foi enviado em seguida, mas ele também falhou de maneira semelhante. Tudo isso foi feito para mostrar que Parasakti, ou a luz do Logos, dota até mesmo os *panchatanmatras* com qualidades que originalmente não pertenciam a *mulaprakriti*. Krishna está certo em dizer que ele constitui a energia real do fogo e de todas as coisas que ele enumerou.

Agora, voltemos ao versículo 16 do mesmo capítulo, o que também deu origem a um número considerável de interpretações:

> Esses dois *purushas* – o perecível e o imperecível – existem no mundo. O perecível são todos os seres vivos, e o imperecível é chamado de *kutastha*.

O significado aqui está suficientemente claro se for interpretado à luz das explicações já dadas. Primeiro Krishna divide todas as entidades existentes em duas classes, aquelas não permanentes – *asharam* – às quais se referem para ele ao cosmo manifestado, e *aksharam*, ou imperecível, que ele chama de *kuthastham*, o *prakriti* indiferenciado. Ele também usa a mesma palavra, em outra passagem, em conexão com o *avyaktam* dos *sankhyas*; e é bastante natural concluir que ele aqui usa a mesma palavra no mesmo sentido.

No versículo seguinte, ele diz que essas duas classes são inferiores a ele mesmo. Embora *aksharam* não seja destruído no tempo do *pralaya* cósmico, como são todas as coisas que saem dele, ainda assim sua própria natureza é superior àquela deste aksharam, e é por isso que ele é chamado *uttama purusha*. Visto que, lemos no versículo 17:

> Mas há outro, o supremo *uttama purusha*, chamado *paramatma*, (o supremo *atma*) que é o senhor imperecível, que permeia e sustenta os três mundos.

Eu tenho apenas que lhes remeter, neste contexto, ao versículo 66 do capítulo XVIII:

> Renunciando a todas as observâncias religiosas, venha a mim como o único refúgio. Eu te livrarei de todos os pecados; não sofra.

Para coroar tudo, aqui está uma declaração clara de que ele é o único meio e mais efetivo para se obter a salvação. Essas são as passagens para as quais desejo chamar a atenção de vocês com relação ao Logos. As passagens lidas vão longe, creio eu, no apoio a cada uma das proposições que estabeleci em conexão com ele, no que diz respeito à sua própria natureza inerente e na sua relação com o cosmo e o homem.

Agora, no que diz respeito a *mulaprakriti*, já chamei a atenção para ele em vários lugares quando falei de *Parabrahmam* e do Logos. Há uma passagem, no entanto, que eu não citei. Creio ter claramente indicado a distinção entre esse *avyaktam*, ou *mulaprakriti*, e o Logos, bem como entre *mulaprakriti* e *daiviprakriti*.

Eu também disse que *mulaprakriti* não deve ser confundido com *Parabrahmam*. Se ele é alguma coisa, é apenas um véu de *Parabrahmam*. Para apoiar minhas afirmações, peço agora que vocês recorram ao capítulo VIII, versículo 20:

Mas há outro *avyaktam* superior ao *avyaktam* acima mencionado, que é sem começo e que sobrevive quando todos os *bhutams* perecem.

Os versículos precedentes também poderiam ser lidos:

> Na aproximação do dia, todas as manifestações surgem de *avyaktam*: na aproximação da noite, elas são absorvidas pelo *avyaktam*.
> Todos esses seres coletivos, produzidos repetidamente, são dissolvidos na aproximação da noite, ó *partha* (Arjuna), e são desenvolvidos involuntariamente na aproximação do dia.

Aqui, Krishna diz que no período em que o cosmo acorda para uma condição de atividade, todos os *bhutams* nascem deste *avyaktam*. Quando chega o tempo de *pralaya*, eles voltam para *avyaktam*. Mas, para que este *avyaktam* não seja confundido com *Parabrahmam*, ele tem o cuidado de salientar que existe uma entidade que é mais elevada que este, que também é chamada de *avyaktam*, mas que é diferente do *avyaktam* dos *sankhyas* e até mesmo o precede. É *Parabrahmam* na verdade.

Não é uma entidade evoluída, e não perecerá nem mesmo no *pralaya* cósmico, porque é uma única base não é só do cosmo inteiro, mas até mesmo de *mulaprakriti*, que parece ser a fundação do cosmo.

Quanto à *daiviprakriti*, já chamei a atenção de vocês para aquelas passagens no capítulo VII que se referem a ela.

Assim, os quatro princípios principais que enumerei, os quais descrevi como constituintes dos quatro princípios do cosmo infinito, estão descritos e explicados nos ensinamentos deste livro, exatamente da maneira que eu mesmo adotei.

Krishna não entra nas minúcias dos quatro princípios que subsistem no sistema solar manifesto porque, no que diz respeito ao objetivo último de seu ensino, não é absolutamente necessário que ele entre nos detalhes dessa questão e, no que diz respeito à relação dos *upadhis* microcósmicos com a alma e a conexão deles uns com os outros, ao invés de dar todos os detalhes da filosofia relacionadas a eles, ele faz referência aos *Brahmasutras*, nos quais a questão é plenamente discutida.

O denominado *Prasthanathrayam*, de cuja autoridade os nossos antigos filósofos dependiam, composto do *Bhagavad Gita*, os dez *Upanishads* e os *Brahmasutras*, deve ser cuidadosamente examinado para encontrarmos uma explicação completa de toda a teoria.

O principal objetivo do *Bhagavad Gita* – que é uma das principais fontes da filosofia hindu – é explicar os princípios superiores que operam no cosmo, que são onipresentes, permanentes e comuns a todos os sistemas solares.

O principal objetivo dos *Upanishads* é indicar a natureza deste cosmo manifestado e os princípios e energias presentes nele.

Por fim, nos *Brahmasutras* é feita uma tentativa de fornecer uma teoria clara e consistente sobre a composição da entidade que chamamos de ser humano, a conexão da alma com os três *upadhis*, a natureza e a conexão deles com a alma, por um lado, e entre si do outro. Esses livros não são, no entanto, dedicados apenas a esses assuntos, mas cada livro lida proeminentemente com um deles, e é somente quando vocês levam em consideração todos os três, que vocês terão uma teoria consistente de toda a filosofia védica.

E agora, concedendo a verdade às premissas que estabelecemos, quais são as conclusões que necessariamente se seguirão?

Para esse propósito, o *Bhagavad Gita* pode ser dividido em três partes. Dos primeiros seis capítulos, o primeiro é meramente introdutório, e os capítulos restantes tratam das cinco teorias sugeridas por vários filósofos que supostamente apontam o caminho da salvação para o homem. Os seis capítulos seguintes explicam a teoria que Krishna defende, apontando o caminho que ele recomenda como o melhor a ser seguido e dá as explicações necessárias. Nos últimos seis capítulos, Krishna tenta, com vários argumentos, salientar que é *prakriti* o principal responsável pelo carma, até mesmo pelas várias qualidades intelectuais e morais que são exibidas pelos seres humanos, pelas variedades da natureza emocional e pelas várias práticas que são seguidas. É impossível para mim detalhar agora todos estes argumento. Ao estudar-se este livro, os seis últimos capítulos deveriam ser lidos em primeiro lugar, porque está ali especificado e estabelecido um dos princípios principais que deve ser levado em conta ao lidar-se com todas as várias providências que foram recomendadas;

e nossas conclusões deverão ser alteradas se a doutrina que estes seis capítulos pretendem inculcar for considerada falsa ou insustentável. É claro que, nestes seis capítulos, as ilustrações são tiradas de assuntos que não são familiares para nós na atualidade, mas de assuntos que, na época em que Krishna fez seu discurso, eram perfeitamente inteligíveis para os seus ouvintes e o público daquele tempo, e com o qual eles estavam perfeitamente familiarizados. Assim, é possível que, nas ilustrações que ele nos dá, possamos não encontrar os mesmos argumentos e considerações que, talvez, um escritor moderno, apresentaria à mente do leitor ao tentar sustentar as mesmas conclusões. Não obstante, a natureza do argumento é a mesma e a conclusão é verdadeira para todos os tempos. As ilustrações certamente virão, se necessário, de outros departamentos do conhecimento humano que nos são familiares presentemente. Não requer nenhum argumento muito longo para mostrar, agora que os trabalhos do professor Bain e de Herbert Spencer foram tão amplamente lidos, que o organismo físico humano tem muito a ver com a estrutura mental do homem; e, de fato, toda a psicologia moderna está tentando encontrar uma base para si mesma na fisiologia e talvez esteja mesmo chegando a extremos nessa direção. O grande filósofo francês que originou aquilo que é chamado de positivismo[45], em sua classificação de ciências, não atribuiria um lugar separado à psicologia. Ele queria dar à psicologia um lugar subordinado e incluí-la como um ramo da fisiologia.

Essa classificação mostra os extremos aos quais essa tendência pode levar. Se tudo o que é encontrado no corpo nada mais é do que o material do qual ele é composto, a verdadeira psicologia nada mais é que fisiologia, e a mente é apenas uma afecção da matéria. Mas há algo mais do que o mero organismo físico; existe essa essência invisível que chamamos de suprema *chaitanyam*, que constitui a individualidade do homem, o que é, além disso, a energia que se manifesta como a consciência por trás da individualidade.

[45] Doutrina criada por Auguste Comte (1798-1857) que se propôs a ordenar as ciências experimentais, considerando-as modelo por excelência do conhecimento humano e caracterizada pela orientação antimetafísica e antiteológica a ser expressa pela filosofia. (NT).

Não é material e não é provável que a ciência seja capaz de ter um vislumbre de sua verdadeira natureza até que comece a adotar os métodos de todos os grandes ocultistas que têm tentado investigar esse mistério. Mas, de qualquer forma, isso deve ser reconhecido: seja qual for a natureza real dessa essência ou força vital, a constituição humana ou o corpo físico tem muito a ver com o desenvolvimento mental e o caráter de um ser humano.

É claro que a força que opera em todos esses *upadhis* é, por assim dizer, incolor: não pode, por si só, produzir nenhum resultado. Mas, ao atuar em conjunto com *prakriti*, ela é a força que está no substrato de todos os reinos, e quase todas as coisas no cosmo são, em certo sentido, rastreáveis a esta força. Quando, no entanto, vocês começam a lidar com formas particulares de existência consciente, características e desenvolvimentos particulares, vocês terão que rastreá-las, estritamente falando, até os *upadhis*, ou as formas materiais nas quais a força está agindo, e não na força em si. Assim, Krishna diz que todo o carma é rastreável ao *upadhi* e, portanto, ao *prakriti*. O próprio carma depende da existência consciente. A existência consciente depende inteiramente da constituição da mente humana, e esta depende do sistema nervoso do corpo e dos vários elementos nele existentes, da natureza dos elementos astrais e das energias armazenadas no *karanopadhi*.

No caso do corpo astral, a mesma lei é válida. Para começar, há a aura, que é material no sentido estrito da palavra, e que compõe seu *upadhi*. Por trás disso está a energia, que é a base dessa sensação de si mesmo [*self*] que até um homem astral experimenta.

Indo mais longe quanto ao *karana sarira*, lá novamente você encontra essa força invisível e incolor atuando dentro do *upadhi*, que contém em si as características do ego individual.

Vão para onde quiserem, vocês descobrirão que o carma e as *gunams* emanam da *prakriti*: *upadhi* é a causa da existência individual.

Existência em si, quero dizer existência viva, é no entanto rastreável a essa luz. Toda existência consciente é rastreável a ela e, além disso, quando a inteligência espiritual é desenvolvida, ela provém diretamente dela.

Vamos supor agora que aquela seja a conclusão que estamos preparados para admitir – e não preciso entrar nos detalhes do argumento que você encontrará extensamente nos últimos seis capítulos. Vamos agora examinar ordenadamente as várias teorias sugeridas por diferentes filósofos. Vou conduzi-las como elas são tratadas nos primeiros seis capítulos deste livro.

O primeiro capítulo é meramente introdutório. o segundo trata do *sankhya yoga*, o terceiro do *carma yoga*, o quarto do *jnana yoga*, o quinto do *carmasanyasa yoga*, e o sexto trata do *atmasamyama yoga*.

Essas são as teorias sugeridas por outros filósofos, e nessa lista Krishna não inclui o caminho de salvação apontado por ele mesmo, que é apresentado no segundo grupo de seis capítulos. Acredito que quase todas várias sugestões feitas por diferentes filósofos podem ser incluídas em um ou outro desses tópicos. Para completar a lista, há o método sugerido pelo próprio Krishna como sendo de aplicabilidade universal, e, estando em segundo plano, desconhecido e invisível, é aquele método oculto para facilitar todos os sistemas de iniciação que tenham sido trazidos à existência. Como este método ocultista não é de aplicabilidade universal, Krishna coloca-o em segundo plano e expõe a sua doutrina de maneira a torná-la aplicável a toda a humanidade. Ele aponta os defeitos de cada um dos outros sistemas e toma, por assim dizer, a melhor parte das cinco teorias, acrescentando o único elemento sem o qual cada uma destas teorias se tornará falsa. Ele constrói assim a teoria que ele recomenda para a aceitação da humanidade.

Tomemos, por exemplo, a filosofia *sankhya*. Já expliquei a peculiar doutrina dos filósofos *sanhyanos* de que o próprio *avyaktam* deles era aquele único *self* automanifestado nos *upadhis* em todos os lugares. Isso é mais ou menos o *purusha* deles. Este *purusha* é totalmente passivo. Não é o *Eswara*, não é o ativo Deus criativo, mas simplesmente uma espécie de substrato passivo do cosmo, e tudo o que está feito no cosmo é feito por *prakriti*, que produz todos os organismos, ou *upadhis*, que constituem a soma total do cosmo. Eles aceitam a visão de que o carma e todos os resultados que surgem daí são rastreáveis a esse *maya*, ou *prakriti*, a esse substrato que forma a base de toda manifestação. Agora, é através da ação deste carma que a existência individual faz a sua aparição. Por causa deste carma, a existência individual é mantida, e é por causa do carma que o homem sofre todas as dores e tristezas da existência terrena. Nascimento, vida e morte e todos os inúmeros males a que a natureza humana está sujeita são suportados pela humanidade devido a este carma. Aceitando essas premissas, se a ambição da vida de vocês é pôr fim a todas as tristezas terrenas, então o objetivo de vocês deveria ser pôr fim à operação deste carma.

Mas a questão é: como você pode fazer isso? Enquanto *Parabrahmam* permanece passivo, *prakriti* continua criando o cosmo sem a sua interferência. Não é possível livrar-se de *prakriti* ou de seus *gunams*. Você pode também tentar livrar o fogo ou a água de todas as suas propriedades. Assim, sendo o carma o resultado inevitável de *prakriti*, e *prakriti* continuando a existir enquanto vocês são seres humanos, é inútil tentar se livrar do carma. Mas, eles dizem, vocês devem tentar se livrar dos efeitos do carma, limitando-se ao estado passivo de existência em que *Parabrahmam* está, permanecendo simplesmente uma testemunha desinteressada. Façam carma, não com o desejo de fazê-lo, mas com um sentido de dever: porque isso deve ser feito. Os *sankhyas* dizem: desistam do *sangam*, esse desejo de fazer carma, que apenas parece conectar a alma com ele, e renunciem a essa conexão, que apenas torna a alma responsável pelo carma.

O que vai acontecer então? Eles dizem que quando vocês renunciam a esse desejo, o carma se torna cada vez mais fraco em sua capacidade de afetá-los, até que finalmente vocês chegam a uma condição em que não são afetados pelo carma, e essa condição é a de *mukti*. Vocês então se tornarão o que eram originalmente. Vocês mesmos são só uma manifestação ilusória de *avyaktam*, e quando essa aparência ilusória deixa de existir, vocês se tornam *Parabrahmam*.

Essa é a teoria sugerida pelos *sankhyas*. Além disso, como o *avyaktam*, que existe em toda parte, que é eterno e não pode ser afetado por qualquer outra coisa, que forma a alma real do homem, responsável por qualquer carma, é mostrado no capítulo em apreço como sendo apenas uma invenção da fantasia de Arjuna. O *self* não pode matar a si mesmo. Tudo o que é feito pelo verdadeiro eu é, na realidade, o que é feito pelas várias formas de *prakriti*. O substrato único é imutável e nunca pode ser afetado por qualquer ação de *prakriti*. Por alguma razão inexplicável, o *self* único parece ter descido da condição de existência passiva e assumido uma existência individual ativa ilusória em seu próprio *self*. Tentem se livrar desse surgimento ilusório, então vocês alcançarão o nirvana como resultado.

Krishna examina essa teoria. Ele admite duas das premissas. Diz que todo esse carma é devido a *upadhi* e leva à existência condicionada, sujeita a todas as dores e tristezas da vida. Mas ele nega que o fim supremo da vida do homem seja alcançar *avyaktam*. Afirma ainda que é muito mais difícil alcançar esse *avyaktam* do que alcançar a si mesmo; e ainda que aqueles que direcionam todos os seus esforços para alcançar *avyaktam* obtenham algum sucesso, isso só pode ser feito por se juntar a ele, pois de outro modo é impossível alcançar *avyaktam*. Ao aceitar duas das conclusões dos *sankhyas*, ele assinala que a meta real não é aquela que eles postularam.

Agora vamos nos voltar para o segundo sistema. Este sistema é principalmente o tipo de filosofia que é inculcada pelos seguidores de *purva mimansa*. Toda forma de ritualismo tem sua base na filosofia de *karmakanda*. Os argumentos aqui usados por Krishna em apoio às suas próprias conclusões não serão perfeitamente inteligíveis para as nossas mentes, pela simples razão de que os tempos mudaram durante os últimos cinco mil anos. Na época em que esse discurso foi proferido, o ritual do vedanta era rigorosamente seguido, e as conclusões dos seguidores de *purva mimansa* eram muito conhecidas e um tópico comum de discussão. Esta filosofia pretendia fornecer uma solução para todas as dificuldades comuns aos outros sistemas de filosofia da época. Mas alguns dos argumentos apresentados pelos *karma yogis* podem ser estendidos além da forma muito limitada na qual são encontrados nos livros e podem ser aplicados até mesmo à vida dos tempos modernos.

Os *karma yogis* dizem: É verdade que este carma pode ser devido ao *upadhi*, mas não se deve apenas ao *upadhi*; é devido aos efeitos produzidos pelos dois elementos: *upadhi* e *chaitanyam*. Aqueles filósofos que querem rejeitar o carma fingem renunciá-lo completamente. Mas essa é uma tarefa impossível. Nenhum homem, na medida em que é um ser humano, pode desistir completamente do carma. Ele está, pelo menos, obrigado a fazer aquilo que a simples existência de seu corpo físico requer, a menos que, de fato, queira morrer de fome ou, de outra forma, colocar um fim prematuro em sua vida.

Supondo que vocês desistam do carma – isto é, se abstenham dele em ação, como vocês poderão manter o controle de suas próprias mentes? É inútil se abster de um ato e ainda estar constantemente pensando nele. Se vocês adotarem à resolução de desistir do carma, devem necessariamente concluir que não podem sequer pensar nessas coisas. Sendo assim, vamos ver em que condição vocês então se colocarão. Como quase todos os nossos estados mentais têm alguma conexão com o mundo fenomenal e estão conectados, de alguma forma, com o carma em suas várias fases, é difícil entender como é possível para um homem abandonar o carma, a menos que ele possa aniquilar sua mente, ou entrar em um estado eterno de *sushupti*. Além disso, se vocês têm que desistir de todo o carma, vocês têm que desistir tanto do carma bom quanto do ruim, pois o carma, no seu sentido mais amplo, não se limita apenas às más ações. Se todas as pessoas do mundo desistissem do carma, como é que o mundo existiria? Não é provável que será posto um fim a todos os bons impulsos, atos patrióticos e filantrópicos. Serão impedidas de trabalhar todas as pessoas boas que fizeram e estão se esforçando por fazer atos altruístas para o bem de seus semelhantes? Se vocês pedirem a todas elas para que desistam do carma, criarão simplesmente uma série de zangões preguiçosos e evitarão que pessoas boas beneficiem seus semelhantes.

E, além do mais, pode-se argumentar que essa não é uma regra de aplicabilidade universal. Quão poucas pessoas existem no mundo que podem abandonar por completo o seu carma e se limitar a uma posição de eterna inatividade. E, se pedirem a estas pessoas que sigam esse caminho, elas podem, em vez de desistir do carma, tornarem-se simplesmente preguiçosas, pessoas ociosas, que realmente não desistiram de nada. Qual é o significado da expressão "desistir de carma"? Krishna diz que, ao abster-se de fazer algo, podem aparecer os efeitos do carma ativo; e, no carma ativo, pode não haver resultados cármicos reais. Se vocês matarem um homem, é assassinato, e vocês serão responsabilizado por isso; mas suponha que vocês se recusem a alimentar seus velhos pais e eles morram em consequência dessa negligência, isso significa que vocês não são responsáveis por aquele carma? Vocês podem falar da maneira mais metafísica que quiserem, mas não podem se livrar completamente do carma. Esses são os argumentos apresentados por um defensor do segundo enfoque.

O lamentável erro que os *karma yogis* cometem é este: em seu sistema, pouco ou nada é dito sobre o Logos. Eles aceitam todos os trinta e três *crores* de deuses mencionados nos Vedas e dizem que os Vedas representam o Logos, ou *Verbum*. Eles dizem que "os Vedas prescreveram um certo curso a ser seguido, e não cabe a você dizer se tal curso é ou não capaz de produzir o resultado a ser alcançado. Você deve considerar o que está estabelecido nos Vedas como verdade absoluta e, através da realização dos vários rituais prescritos, você será capaz de alcançar *swargam*. Devas irão ajudar em seus esforços e, no final, você irá atingir a suprema felicidade. Sendo aquele o curso prescrito, não somos chamados a desistir de todo carma e, assim, lançar todas as instituições existentes em um estado de confusão inextricável."

Krishna diz para esses *karma-vadis*:

Uma de suas conclusões eu aceito, a outra eu nego. Admito que um número incalculável de consequências más seguirá como resultado de dizer-se às pessoas que desistam de carma, ademais eu não posso admitir que sua adoração dos devas seja de todo uma coisa desejável.

Quem e o que são aqueles devas? “Eles são seres no plano de *karana sarira*. Eles nunca podem lhe dar imortalidade, porque eles não são imortais. Mesmo que, por adorá-los, você se habilite a alcançar o *swargam*, ainda assim você terá que voltar para a existência objetiva numa nova encarnação. A felicidade que o *swargam* pode lhe dar não é eterna e permanente, mas sujeita a essa interferência. E o que é mais, se você adora os devas, concentrando sua mente neles e tornando-os o único objeto de sua atenção, é o *bhavam* deles que você obterá e não o meu”. Levando todas essas circunstâncias em consideração e admitindo as muitas consequências perniciosas que na sua opinião se seguirão como resultado de se recomendar a cada ser humano que desista do carma, Krishna acrescenta a esse sistema tudo o que deve ser encontrado no ensino que faz do Logos o meio de salvação e recomenda ao homem, se ele quer obter a imortalidade, seguir um método que tenha certeza de alcançá-la e não outro que pode resultar em ter que passar por nova encarnação ou ser absorvido em outro ser espiritual cuja existência não é imortal. Além disso, todos esses trinta e três *crores* de deuses vêm à existência no início de cada *manwantara* e desaparecem no *pralaya*. Assim, quando a real existência dos próprios devas não é permanente, vocês não podem esperar que a sua existência se torne permanente ao se fundir ao plano de ser deles.

Eu agora me volto para a terceira teoria: *karmasanyasa-yogam*. Krishna rejeita esta teoria imediatamente como sendo um caminho mais pernicioso e até mesmo impossível de seguir. Todas as vantagens oferecidas por sua busca podem ser obtidas produzindo-se carma, não como uma questão de afeição, paixão ou desejo humanos, mas como uma questão de dever.

O quarto sistema é o do *gnana yogam*. Quando as pessoas começaram a perceber que o ritualismo não é nada mais que um ato físico e que isso era totalmente sem sentido, a menos que fosse acompanhado do conhecimento apropriado, elas disseram que não era o carma sugerido pelos seguidores de *purva mimansa* ou os seguidores de qualquer outro ritual particular que seria de alguma utilidade para a salvação do homem, mas o conhecimento do ritual, ou dos elementos intelectuais subjacentes, que seria muito mais importante do que qualquer ato físico.

Como Krishna diz, o lema deles é que todo carma é planejado simplesmente como um passo para obtenção de conhecimento, ou *gnanam*. Esses filósofos, embora admitindo que o carma não deveria ser rejeitado, prescreveram outros métodos próprios, por meio dos quais eles pensavam que a salvação poderia ser obtida.

Eles disseram: "Considere o carma como um tipo de disciplina e tente entender o que este carma realmente significa. É de fato meramente simbólico. Existe um significado profundo subjacente a todo o ritual que lida com entidades reais, com os segredos da natureza e com todas as faculdades embutidas no *pragna* do homem, e seu significado não é aplicável apenas aos atos físicos, pois eles não são nada mais do que significam as suas aparências externas." Além do mero *karma-yogam*, eles adotaram vários outros tipos de *yogam*, como o *japam*. Estritamente falando, este *karma-yogam* não é um *yogame* propriamente dito. Eles adicionaram-lhe *antar-yogam*, *pranagnihotram* e outras coisas que podem ser mais ou menos consideradas como substitutos refinados de rituais externos. Agora, no que diz respeito à teoria desses filósofos, tudo o que Krishna tem a propor é que o *gnanam* deles deveria ser direcionado para a sua fonte apropriada. Eles devem ter algum objetivo definido diante deles em sua busca da verdade e não devem simplesmente seguir *japam* ou *thapas* ou qualquer outro método que supostamente abra os sentidos interiores do homem sem ter também uma visão completa de todo o caminho a ser percorrido e o objetivo final a ser alcançado. Porque, se a obtenção do conhecimento é tudo o que vocês requerem, pode ser que vocês ainda parem a uma distância muito grande do Logos e do conhecimento espiritual que ele pode lhes dar. Estritamente falando, todos os cientistas e todos aqueles que estão investigando os segredos da natureza estão também seguindo as recomendações deste *gnana-yogam*. Mas esse tipo de investigação e conhecimento é suficiente para permitir que um homem alcance a imortalidade? Não, por si só ele é insuficiente para produzir esse efeito. Esse caminho pode, de fato, em última instância, informar o homem sobre todas aquelas grandes verdades pertencentes aos princípios que operam no cosmo, as quais sozinhas, quando devidamente apreciadas e seguidas, serão capazes de assegurar ao homem a mais alta felicidade que ele possa desejar, qual seja, a imortalidade, ou *mokshcam*. Ao admitir as vantagens do espírito de indagação recomendado por essa escola, Krishna tenta direcioná-la para a realização desse objetivo.

Vamos agora examinar o quinto sistema. Os adeptos dessa seita, depois de ter examinado o que foi dito pelos *sankhyas* e todos os ensinamentos dos outros sistemas que descrevemos, chegaram à conclusão de que só seria possível desistir do carma, de verdade e não apenas de nome, se pudessem restringir, de uma forma ou outra, a ação da mente. Enquanto não se puder concentrar a mente em si mesmo ou transformar-se em si mesmo, não é possível restringir a própria natureza, enquanto não se puder fazer isso, é quase impossível subjugar a *prakriti* ou elevar-se acima dos efeitos de carma.

Aqueles filósofos queriam que os homens agissem de acordo com certas recomendações que estabeleceram como meio mais efetivo e positivo de se obter domínio sobre a própria mente, sem o qual eles consideravam impossível realizar o programa das escolas *sankhya* ou *gnana-yoga*. Foi com esse propósito que todos os vários sistemas de *hata-yoga* foram trazidos à existência com seus diferentes processos, através dos quais o homem tentou controlar a ação de sua própria mente. Foram essas pessoas que recomendaram o que poderia ser chamado *abhiasa-yoga*. Qualquer que seja o caminho definitivo apontado, seja *hata-yoga* ou aquele departamento de *raja-yoga* que não se refira necessariamente a iniciações secretas, o objetivo é o mesmo, e o propósito final é a obtenção de controle perfeito sobre si mesmo.

Krishna aceita essa recomendação para praticar e obter autodomínio. Mas ele acrescentaria a isso meios mais eficazes de obter-se o fim desejado, os meios suficientes por si próprios para permitir que se alcance este fim. Ele salienta que *abhiasa-yogam* não é útil apenas para ser treinado em um nascimento, mas é provável que deixe impulsos permanentes na alma do homem que o resgatem em encarnações futuras. No que diz respeito às dificuldades reais que são encontradas em seguir esse sistema, eu não preciso falar no momento, porque todos vocês estão cientes das dificuldades geralmente encontradas pelos *hata-yogis*. Muitos de nossos próprios membros fizeram alguns esforços nesse sentido e sabem, por experiência própria, quais são as dificuldades que se encontram no caminho.

Ao recomendar seu próprio método, Krishna combina tudo o que é bom nos cinco sistemas e acrescenta ao mesmo todos os meios necessários para obtenção da salvação que se segue da inferência da existência do Logos e sua relação real com o homem e com todos os princípios que operam no cosmo. O seu método é certamente mais abrangente do que qualquer uma das teorias a partir das quais essas várias escolas de filosofia começaram, e é essa teoria que ele está tentando incutir nos seis capítulos seguintes.

Como eu já me referi a várias passagens naqueles seis capítulos para mostrar sob que luz você deve considerar o Logos, não preciso dizer mais nada agora e, se vocês tiverem em mente as observações que já fiz, o significado não será ser muito difícil de alcançar.

Neste contexto, há um ponto sobre o qual me pediram para dar alguma explicação.

Neste livro é feita referência aos *uttarayanam* e *dakshinayanam*, ou dia e noite, ou luz e escuridão. Eles simbolizam os dois caminhos: *pravrittimarga* e *nivrittimarga*. O que ele chama de *uttarayanam* é *nivrittimarga*, representado como o dia, ou o caminho da luz, o caminho que ele recomenda, e o outro, *dakshinayanam*, é *pravrittimarga*, ou o caminho que leva à existência encarnada neste mundo.

Mas há uma expressão no livro que é significativa. Krishna diz que aqueles que seguem o segundo caminho alcançam *chandramasamjyoti* e retornam dali, enquanto aqueles que seguem o primeiro método alcançam Brahma. Este *chandramasamjyoti* é na realidade um símbolo da existência *devacânica*. A Lua brilha não por sua própria luz, mas pela luz derivada do Sol. Da mesma forma, o *karana sarira* brilha pela luz que emana do Logos, que é a única fonte real de luz, e não por sua própria luz inerente. Aquilo que vai para o *devachan*, ou *swargam*, é este *karana sarira*, e é ele que retorna do *devachan*. Krishna tenta indicar a natureza do Logos comparando-o ao Sol ou a algo que o Sol simboliza.

Posso aqui chamar atenção para outra contingência que pode acontecer ao homem após a morte, além daquelas que eu já enumerei. Aqueles que leram o *Budismo Esotérico* de Sinnett lembrar-se-ão, talvez, que ele fala do terrível destino que pode acontecer à alma no que ele chama de oitava esfera. Isto deu origem a uma quantidade considerável de mal-entendidos. O estado real das coisas é que o *karana sarira* pode, em circunstâncias muito extremas, morrer à medida que o corpo físico ou o corpo astral morre. Suponhamos que, com o passar do tempo, o *karana sarira* esteja reduzido, pela persistência do mau carma, a uma condição de existência física, o que torna impossível para ele refletir a luz do Logos; ou suponha que aquilo de ele se alimenta, por assim dizer – o bom carma do homem – perca toda a sua energia, e que nenhuma tendência de ação lhe seja comunicada, então o resultado pode ser a morte do *karana sarira* ou que ele se torne apenas uma agregação inútil de partículas em vez de ser um organismo vivo, tal como o corpo físico se decompõe e se torna um corpo morto quando o princípio de vida o abandona.

O *karana sarira* pode se tornar tão contaminado e tão impróprio para refletir a luz do Logos a ponto de tornar impossível qualquer futura existência individual; e então o resultado é a aniquilação, que é simplesmente o destino mais terrível que pode acontecer a um ser humano. Sem avançar mais, devo parar aqui.

Eu imploro que vocês gentilmente tenham isso em mente: nós apenas começamos o estudo do *Bhagavad Gita* nestas palestras. Tentem examinar, à luz das afirmações encontradas em nossos próprios livros e nos livros modernos sobre psicologia e ciência se a teoria que eu coloquei perante vocês é de todo sustentável ou não; decidam por si mesmos se esta é a teoria apoiada pelo próprio *Bhagavad Gita*. Não confie numa série de comentários que só irão confundi-lo, mas tentem interpretar o texto por vocês mesmos, tanto quanto a inteligência de vocês o permita; e se vocês acham que esta é realmente uma teoria correta, tentem seguir e pensar toda a filosofia por si mesmos. Descobri que muito mais deve ser obtido pela meditação e concentração de pensamento do que lendo qualquer número de livros ou ouvindo qualquer número de palestras. As palestras são totalmente inúteis, a menos que você pense por si mesmo do que elas tratam. A Sociedade não lhes pode fornecer alimentos filosóficos já digeridos, como se vocês estivessem no estado ideal de passividade visado pelos defensores da filosofia *sankhyana*; mas cada de um de vocês é esperado que leiam e estudem o assunto por si mesmos. Leiam e ganhem conhecimento, e depois usem o que vocês ganharam para o benefício de seus próprios concidadãos.

A filosofia contida em nossos livros antigos é valiosa, mas se transformou em superstição. Nós perdemos quase todo o nosso conhecimento. O que chamamos de religião é apenas a casca de uma religião que outrora existiu como uma fé viva. A filosofia sublime de Sankaracharya assumiu uma forma horrenda nos dias de hoje. A filosofia de muitos advaitas não leva à conduta prática. Eles examinaram todos os seus livros e pensam, com os budistas do Sul do Ceilão, que o nirvana é o nirvana prometido pelos filósofos *sankhya*, e em vez de seguir sua própria filosofia até sua conclusão legítima, introduziram por sua *panchayatanapiya* e outras observâncias o que parece ser um compromisso tolo e desnecessário entre as diferentes visões das várias seitas que existiram na Índia. A filosofia de *visishthadwaita* degenerou, e agora é pouco mais que a adoração no templo, e não produziu nenhuma boa impressão nas mentes dos homens. A filosofia *madhwa* degenerou da mesma maneira e talvez tenha se tornado mais fanática. Por exemplo, Sankaracharya é representado em seu *manimanjari* como um *rakshasa* dos tempos antigos. No Norte da Índia, as pessoas geralmente recitam *saptasati*, e muitas adotam o culto a Sakti. Kali é adorada em Calcutá mais do que qualquer outra divindade. Se vocês examinarem esses costumes à luz dos ensinamentos de Krishna, deve parecer a vocês que, em vez de ter o hinduísmo, nós assimilamos toda uma coleção de crenças e práticas supersticiosas que de modo algum tendem a promover o bem-estar da nação hindu, antes a desmoraliza e enfraquece sua força espiritual, levando ao presente estado de coisas, que não é inteiramente devido, creio eu, à degeneração política.

Nossa Sociedade está estabelecida numa base totalmente não sectária; simpatizamos com todas as religiões, mas não com todos os abusos que existem sob o pretexto da religião. E porquanto simpatizamos com todas as religiões e fazemos os melhores esforços que podemos com o propósito de recuperar os fundamentos comuns que sustentam todas as crenças religiosas, deve ser o dever de cada um de nós tentar esclarecer nossos próprios concidadãos sobre a filosofia da religião e esforçarmo-nos por conduzi-los de volta a uma fé mais pura, – uma fé que, sem dúvida, existiu nos tempos antigos, mas que agora vive apenas nominalmente ou nas páginas de livros esquecidos.

Cartas: discussão sobre o conceito de vach

"[A seguinte carta referindo-se às formas de *vach* explicadas aqui nas páginas 92-3 e a resposta de T. Subba Row foram originalmente publicadas em *The Theosophist* de maio de 1887, pp. 522-3. – Pub.]"

> Senhor,
>
> Com referência às palestras do Sr. Subba Row sobre o *Bhagavadgita*, publicadas no Theosophist de abril de 1887, página 446, onde ele diz: eu chamaria sua atenção para o 1° *Anhika* do *Mahabhasya*, onde Patanjali fala de três formas manifestadas, Pasyanti, Madhyama e Vaikhari Vach: a maneira como ele classifica é diferente. Eu tenho a declarar que o 1° *Anhika* de *Mahabhasya* não contém tais divisões particulares. Patanjali cita um verso do Rig Veda "Chatvarivak parimitapadam, & c." e interpreta "Chatvari vak" *nama, akyata, upasarga* e *nipata*. O mesmo verso do *Rig Veda* é interpretado por Yaska em seu *Nirukta*, capítulo 12, da igual forma que por Patanjali, e ele acrescenta algumas

explicações além daquelas citadas pelo Sr. Subba Row; nem Kaita, o conhecido comentarista de *Mahabhashya*, os menciona em seu *Bhashyapradipa*. Mas Nagesabhatta, um comentarista de *Bhashyapradipa*, dá detalhes às subdivisões do Sr. Subba Row, em seu *Bhashyapradipothyota*, referindo-se a *Harikarika*, ou *Vakyapadiya* de *Bhartrihari*. Esse *Nagesabhatta* fala das mesmas subdivisões no *Spotavada* de sua *Manjusha*; e alguns gramáticos modernos mencionam as mesmas subdivisões citando o *Mahabharata*; Annambhatta, um comentarista de *Bhashyapradipa*, que viveu antes de Nagesabhatta, não interpretou a passagem em questão da maneira que Nagesabhatta fez.

Por isso, peço-lhe que chame a atenção do Sr. Subba Row para os fatos acima e explique a coisa de uma maneira mais aceitável. Eu tenho aqui alguns trechos fechados de Mahabhashya, Kaita e Nirukta sobre este ponto.

Fraternalmente. N. Bhashyachary.

Senhor,

Tenho que agradecer ao Sr. Bhashyachary por ter chamado minha atenção para a referência errada dada em minha terceira palestra. Em vez de me referir a Bhashyapradipodyota e Sphotavada de *Nagesabhatta*, eu me referi ao próprio Mahabhashyam por descuido. Eu tinha especialmente em mente os comentários de Nagesabhatta sobre as quatro formas de *vak* em sua *Sphotavada*, quando fiz as afirmações mencionadas na carta de seu culto correspondente. Patanjali teve que interpretar o *rik* original do *Rig Veda* do ponto de vista de um gramático em seu *Mahabhashya*; mas ele certamente reconhecia a importância da interpretação feita por Hatayogis e Rajayogis, como pode ser facilmente visto pelos símbolos que ele introduziu nos arranjos místicos do templo de Chidambaram. Além da simbologia mística, Nagesabhatta tinha autoridades muito elevadas e antigas para guiá-lo na interpretação deste *rik*. Quase sete interpretações foram sugeridas para este rik por várias classes de escritores e filósofos. As quatro formas de *vak* enumeradas por mim são comuns à interpretação de Hatayogis e Mantrayogis, por um lado, e de Rajayogis, por outro. Peço ao seu correspondente ilustrado que se refira ao comentário de Vidyaranya no 45° *rik*, do 164° *sukta*, da 22ª *anuvaka*, da primeira mandala do *Rig-veda*. A maioria dessas várias interpretações está ali enumerada e explicada. O instruído comentarista refere-se a *para*, *pasyanti*, *madhyama* e *vaikhari* e indica a ordem de seu desenvolvimento como afirmado por Mantrayogis e Hatavogis. Será útil referir-se a *Yoga Sikha* e a outros *Upanishads* neste contexto. Ainda há maior autoridade para as opiniões expressas em minha palestra e nas afirmações feitas por Nagesabhatta no comentário de Sankaracharya sobre Nrisimhottara Tapani (Veja a página 118, edição de Calcutá, da linha 14 até o final do parágrafo). Estas quatro formas de *vak* são explicadas a partir do ponto de vista de Tharaka Rajayoga. Eu particularmente chamaria a atenção do leitor para a explicação do *madhyama*. *Madhyama* é assim chamado, porque ocupa uma posição intermediária entre a forma objetiva e a imagem subjetiva. Examinando-se cuidadosamente essa parte do comentário, ver-se-á que as explicações fornecidas dão forma, por assim dizer, ao fundamento das várias afirmações feitas por mim em minhas palestras referentes a estas quatro formas de *vak*. Se esse comentário é atribuído a Sankaracharya, como muitos fizeram, ou a Goudapatha, como alguns têm afirmado, sua autoridade é irrepreensível. Não acho necessário referir-me a quaisquer trabalhos sobre o *Mantra Sastra* a esse respeito, pois as autoridades citadas acima são amplamente suficientes para justificar minhas afirmações. Talvez eu tenha que me referir mais à filosofia mística de *vak* num outro contexto.

T.S.R.

Glossário de termos sânscritos

Achit (sânscrito). [Inconsciente, insensato, sem inteligência]. Não inteligência absoluta, assim como, em contraposição, chit é inteligência absoluta. (ETG).

Advaita, ou *adwaita* (sânscrito), é uma seita vedantina pertencente a uma das três seitas, ou escolas, védicas. Esta escola filosófica é não dualista e foi fundada por Sankaracharya, o mais ilustre sábio brâmane. (GT).

Ahankâra (sânscrito), ou *ahamkara.* O conceito de "Eu", a consciência de si mesmo ou autoidentidade; o sentimento da própria personalidade, o "Eu", o egoísta e *mâyavico* princípio do homem, devido à nossa ignorância, que separa no "Eu" do Eu Único universal. A individualidade, o orgulho, o egoísmo, o sentimento do eu, consciência do eu ser pessoal. (GT).

Amsa, *Amsu* (sânscrito). *Amsa, Amsu.* Fragmento, partícula, parte; nome de uma das *adityas* no *Mahabharata*; ... No Bhagavad-Gita (15.7), Krishna emana uma *amsa* de si mesmo que, tornando-se uma *jiva* (mônada) no mundo dos seres vivos, atrai para si *manas* (mente) e os cinco sentidos que se originam na *prakriti* (natureza)... Na teosofia, *amsa* pode ser aplicada a partículas de qualquer tipo: a um átomo de vida, assim como a uma mônada, como pontos ou "fragmentos" da substância de vida-consciência cósmica. (ETG).

Anhika. As seções ou capítulos do *Mahabhashya*, a grande obra de Patanjali. (ETG).

Apana (sânscrito). *Apâna* [de *apa* longe, fora, abaixo + *an* soprar, respirar]. Respiração baixa; um dos ares vitais, correntes de vida, ou *pranas,* que vitalizam, constroem e sustentam o corpo humano ou animal. Como *apa* indica, é o *prana* que é ejetado do sistema material e do qual ele não necessita mais, tal como os resíduos, etc. Está em oposição à função da respiração ascendente, *udana*. (ETG).

Ardhamatra (sânscrito) é um termo místico para uma das partes do cisne do tempo – Brahma, ou o Terceiro Logos manifesto do universo, cuja emanação ou atividade criativa é *hamsa-vahana* (o veículo ou portador do cisne). *Ardhamatra*, portanto, faz referência à individualidade egóica do Terceiro Logos cósmico, ou Brahma (também chamado de *Purusha*), considerado como sendo "metade da medida" do eterno passado e do eterno futuro – sendo tal individualidade egóica o produto no espaço e no tempo do espírito continuamente reencarnante do universo, que se desenvolve e muda sua natureza pela evolução à medida que os ciclos de tempo voam do passado para o presente e avançam para o futuro. (ETG).

Arûpa (sânscrito) significa "sem forma", "sem corpo"; em contraposição, *rûpa*: forma, corpo. Essa palavra é usada frequentemente como uma qualificação do plano manásico, cujas três condições superiores, ou íntimas, são descritas sob a denominação de "planos arûpa". (GT).

Atman (sânscrito) [O nominativo singular de Ātman é Ātmâ – *GT*]. Ātman *Self*; a parte mais elevada de um ser humano: consciência pura, aquele eu (*self*) cósmico que é o mesmo em todos os habitantes deste globo e de cada um dos corpos planetários ou estelares no espaço. É o sentimento e o conhecimento do "eu sou", a cognição pura, a ideia abstrata do eu. Não difere de modo algum em todo o cosmos, exceto em grau de autorreconhecimento. Embora universal, pertence, no nosso atual estágio de evolução, ao quarto plano cósmico, embora seja nosso sétimo princípio contando de baixo para cima. Pode também ser considerado como o Primeiro Logos no microcosmo humano. Durante a encarnação, os aspectos mais baixos do *atman* assumem atributos, porque está ligado ao *buddhi*, como o *buddhi* está ligado ao *manas*, como o manas está ligado ao *kama* etc. Atman é para cada consciência individualizada seu centro-*laya* ou caminho de entrada na manifestação cósmica. É o nosso eu precisamente porque é um elo que nos conecta com a hierarquia cósmica. Através desse centro-*laya* átmico fluem as forças divinas de cima que, por seu desdobramento nos planos inferiores, originam e se tornam os sete princípios. "Dizemos que o Espírito (o 'Pai em segredo' de Jesus), ou *Atman*, não é propriedade individual de qualquer homem, mas é a essência Divina que não tem corpo, nem forma, que é imponderável, invisível e indivisível, aquele que não existe e ainda é, como falam os budistas sobre o nirvana. Ele apenas sobrepaira o mortal; aquilo que entra nele e permeia todo o corpo sendo apenas seus raios onipresentes, ou luz, irradiada através de *buddhi*, seu veículo e emanação direta " (Key 101). *Atman* também é usado às vezes como o eu universal, ou espírito, chamado em sânscrito *Brahman* ou *pa-*

ramatman. O indivíduo está enraizado no cosmo circundante por três princípios superiores, que são as partes mais altas e mais gloriosas *atman*. *Atman* é incluído entre os princípios humanos porque é a essência absoluta universal da qual *buddhi*, a alma espiritual, é o portador, transmitindo seus raios para o restante da constituição humana. (ETG).

Avidya (sânscrito) é a ignorância originada e produzida pela ilusão dos sentidos. Essa palavra significa o oposto de *vidya*, que significa conhecimento oculto, saber. (GT).

Avyaktam (sânscrito). A causa não revelada; indistinto, indiferenciado; o oposto de *vyakta* (manifestado ou indiferenciado). *Avyakta* é aplicado à divindade não manifestada, assim como vyakta aplica-se àquela *manifestada*, ou seja Brahma e Brahmâ respectivamente. [*Avyakta*: não manifestado, invisível, a matéria radical ou primitiva, caótica, não manifestada, indefinida, indiferenciada; o elemento primordial do qual provém toda manifestação. Algumas vezes esse termo é aplicado ao Espírito não manifestado. (Bhavagvân Dâs)]. (GT).

Avyaktamoorti (sânscrito), ou *avyaktamûrti* [do *avyakta* não manifestado + *mûrti* forma, forma da raiz verbal *murc* para condensar, solidificar]. Assumir forma; a substância cósmica indiferenciada ou não dividida em partes. Krishna diz, "O universo inteiro é permeado por mim em meu *avyaktamurti*" (BG) – uma maneira de afirmar que a substância espiritual indiferenciada do universo permeia o universo, Krishna como representante do Logos. (ETG).

Bandhakarana (sânscrito) [de *bandha* bondage + *karana* da raiz verbal *kr* fabricar, fazer]. Fazer ou causar escravidão; encadernação, grilhão ou retenção. Subba Row (Notes on BG 71) assume que *mulaprakriti* é a *bandhakarana* real ou principal quanto à causa originária da atividade cármica, mas refere-se apenas ao lado mais abstrato e espiritual das coisas, quando, em última análise, até mesmo o carma pode ser traçado a partir de *mulaprakriti* como o campo de toda a atividade possível. (ETG).

Bandhana (sânscrito). Laço, vínculo, ligação, escravidão. Esta palavra é o equivalente etimológico de "religião, palavra derivada do latim *religare*. (GT).

Bhagavat, Bhagavan (sânscrito) *Bhagavat, Bhagavãn.* Glorioso, venerado, divino; daí o senhor gracioso, patrono. Usado para referir-se a deuses, semideuses e seres altamente reverenciados como Gautama Buddha, Krishna e Vishnu. (ETG).

Bharata (sânscrito), *Bhãrata.* Filho ou descendente de Bharata, aplicado a qualquer um dos descendentes do rei Bharata. (ETG).

Brahman (sânscrito) [de *brh* para expandir]. Às vezes *Brahma* ou *Brahm.* A única realidade, "o impessoal, supremo e incognoscível princípio do universo, de cuja essência tudo emana, e ao qual tudo retorna, que é incorpóreo, imaterial, não-nascido, eterno, sem começo nem fim. É onipresente, animando desde o deus supremo até o menor átomo mineral" (TG 62). Envolve tanto a consciência essencial quanto a substância e é o pano de fundo espiritual do cosmo, a causa de todas as causas, que é comumente chamado de Logos Não Manifestado: "*Brahma*, o númeno, nunca descansa, assim como nunca muda e sempre é, embora não se possa dizer que esteja em qualquer lugar" (SD 1: 374). Como a fonte cósmica fundamental de consciência e substância espiritual, *Brahman* é o eu fundamental ou cósmico que, no caso de um ser individual, se torna o *kshetrajna*, o sol espiritual dentro do indivíduo. Assim, o eu essencial de todo ser ou entidade, desde o cosmos até o átomo físico, é esse próprio *Brahman*, que é a causa do conhecido ditado "*tat tvam asi*" (você é aquilo). Por meio *Brahman* e dele derivam os vários *Brahmas* cósmicos, a expansão do Um em muitos. *Brahman* não apresenta evolução em si nem cria, mas exibe vários aspectos de si mesmo por meio da evolução que emana. Os *Puranas* hindus dizem que Brahma, Vishnu e Shiva são as energias primordiais de *Brahman*, o divino neutro. Existe uma clara distinção entre o princípio cósmico impessoal, supremo, todo-penetrante, imanente, sem princípio ou fim, cuja essência é a substância-vida-consciência, e os vários *Brahmas*; pois estes últimos são as manifestações periódicas das mais altas energias que fluem no início de cada *manvantara* do neutro *Brahman*, e nas quais esses vários *Brahmas* são reunidos novamente quando o ciclo cósmico atinge seu fim e resulta o *pralaya*. Filosoficamente, como o supremo princípio cósmico de qualquer universo, *Brahman* está encerrado em seu véu, ou *sakti*, chamado *pradhana*; da mesma forma que Brahma é igualmente envolvido em sua inseparável *sakti*, chamada *prakriti*, e em um plano ainda mais vasto, *mulaprakriti* envolve *Parabrahman*. Temos assim: *parabrahman-mulaprakriti*, *Brahman-pradhana* e *Brahma(*ou *Purusha)-prakriti*. (ETG).

Chaitanya (sânscrito) significa inteligência, consciência, mente, pensamento, alma pensante, luz do espírito *(*GT*)*. Essa essência invisível constitui a individualidade do homem, a energia que se manifesta nele como consciência subjacente à individualidade. (NT).

Chatvaras, *chatwaraha* ou *chatvarah* (sânscrito). *Catvãras, catvãrah* [plural nominativo de *catur* quatro]. Os quatro; frequentemente usado para representar os quatro *kumaras* geralmente mencionados nas escrituras hindus: Sanatkumara, Sananda, Sanaka e Sanatana. (ETG).

Chela (sânscrito). É o discípulo de um guru. (NT).

Chichakti (sânscrito) é o poder que engendra o pensamento. (GT).

Chidachit (sânscrito) *Cidacit* [de cit pensamento puro, inteligência + ação não-pensamento, não-inteligência] *Chit* representa o lado da inteligência da natureza, e seu oposto, *achit*, é seu veículo, o lado substancial ou material da natureza. *Chidachit* refere-se àquilo que não é nem um nem o outro, mas o elo ou divisão intermediária entre a forma mental do Logos e a forma manifestada em substância; daí ser equivalente a *fohat*.

Daiviprakriti (sânscrito) *Daiviprakrti* [de *daivi* divina da de raiz verbal *div*, brilhar + *prakrti,* substância original ou natureza]. Evolver divino ou original; fonte original; matéria divina ou substância original. "Como a substância original, ela se manifesta nos espaços cósmicos como luz cósmica primordial... muitos místicos têm-se referido a *daiviprakriti* como sendo a Luz do Logos. *Daiviprakriti* é, de fato, o primeiro véu, invólucro ou corpo etérico, ao redor do Logos, tal como *pradhana,* ou *prakriti,* envolve Purusha, ou Brahman, na filosofia *sankhya*, e como, em uma escala incomparavelmente mais vasta, *mulaprakriti* rodeia *Parabrahman*. Já que *daiviprakriti* é, portanto, matéria elementar, ... nas etapas primeira e segunda de sua evolução superior, podemos falar com bastante precisão sobre aquelas nebulosas manchas de luz etérea vistas no céu da meia-noite como uma manifestação física de *daiviprakriti*, porque quando elas não são realmente nebulosas admitidas, são mundos, ou melhor, sistemas de mundos, em construção. "Quando *daiviprakriti* tiver alcançado um certo estado ou condição de manifestação evolucionária, podemos falar dele apropriadamente como sendo o *fohat* da terminologia tibetana... embora *fohat* seja o poder energizante que trabalha na e sobre a *daiviprakriti* manifestada, ou substância primordial. Tal como o cavaleiro monta o corcel, é a inteligência cósmica, ou mônada cósmica, como Pitágoras diria, trabalhando tanto através de *daiviprakriti* quanto de sua energia diferenciada chamada *fohat*, que é o princípio orientador e controlador, não apenas do cosmo, mas de cada um dos elementos e seres subordinados das hostes de multidões deles que preenchem o cosmo. O coração, ou a essência, do Sol é *daiviprakriti* funcionando como ela mesma, e também como sua manifestação chamada *fohat*. Mas através de *daiviprakriti* e do 'aspecto *foático*' ('*fohatic aspect*') dela, opera a inteligência diretiva e que a tudo permeia da divindade solar. No entanto, o estudante nunca deve cometer o erro de divorciar esta inteligência solar orientadora dos seus véus, ou veículos, dos quais um dos mais elevados é *daiviprakriti-fohat*" (OG 32-3). Blavatsky explica vários significados de *daiviprakriti*: "Assim, no esoterismo dos vedantinos, *daiviprakriti*, a luz manifestada através de *Eswara*, o Logos, é ao mesmo tempo a mãe e a filha do Logos, ou o Verbum de Parabrahmam; enquanto que, nos ensinamentos transhimalaicos, é, na hierarquia da teogonia alegórica e metafísica, 'a mãe', ou matéria abstrata, ideal, *mulaprakriti*, a raiz da natureza; – do ponto de vista metafísico, uma correlação de Adi-Bhuta, manifestada no Logos, Avalokiteshwara; – e do puramente oculto e cósmico, *fohat*, o "filho do filho", a energia andrógena resultante desta "luz do Logos", e que se manifesta no plano do universo objetivo como a oculta, tanto quanto o revelada,

Eletricidade – que é Vida" (SD 1: 136). Além disso, ela diz que a teosofia "ensina que é essa matéria prima divina, original, primordial e inteligente, a emanação direta da Mente Universal, – a *daiviprakriti* (a luz divina que emana do Logos), – que forma os núcleos de todo o eu (*self*) que move os orbes no cosmo. É o poder movente, sempre presente, informativo e o princípio de vida, a alma vital dos sóis, luas, planetas e até mesmo de nossa Terra" (DS 1: 602). (ETG).

Devachan (Tibetano). *bDe-ba-can* (*de-wa-chen*) [da felicidade de *bde-ba* + *can* possuir]. A terra feliz; exotericamente, uma tradução do sânscrito *sukhavati*, o feliz reino ocidental ou terra pura do *dhyani-buddha* Amitabha do budismo do leste asiático. Certos livros tibetanos contêm descrições brilhantes do *devachan*, como o *Mani Kambum* (ou *Kumbum*) e o *Odpagmed kyi shing kod*. O termo foi empregado pela primeira vez na literatura teosófica pelos mahatmas em suas cartas a A. P. Sinnett. Na teosofia, o *devachan* é o interlúdio entre duas vidas terrenas durante o qual a parte humana da constituição estritamente superior, o ego reencarnante, ou *manas* superior, repousa em perfeita felicidade. Períodos recorrentes de manifestação e quietação são fundamentais na natureza, e o *devachan* é a parte subjetiva do ritmo cíclico da evolução humana neste globo. Corresponde, *post-mortem*, ao estado de sono dos que estão no corpo, mas os "sonhos" *devacânicos* são muito mais vívidos e reais que os sonhos comuns; de fato, a vida terrena é mais verdadeiramente um sonho – muitas vezes um pesadelo. (ETG).

Devaganams, ou *devajnanins* (sânscrito). *Devajñānin-s* [de *deva* deus, divino + *jñānin* conhecedor] As classes superiores de seres divinos que possuem conhecimento divino inato. (ETG).

Eswara (sânscrito). Ver *Isvara*.

Gayatri (sânscrito), ou *Savitri*, é um poema sagrado do *Rig-Veda* dirigido ao Sol, o qual os brâmanes durante suas devoções têm que recitar mentalmente todos os dias pela manhã e ao final da tarde. (GT).

Gâyatri (sânscrito). Também chamado de *sâvitri*. Um verso muito sagrado dirigido ao Sol, no Rig-Veda, e que os brâhmanes têm que recitar mentalmente todos os dias, pela manhã e ao final da tarde, durante suas devoções. [O nome *sâvitri*, com o qual é designado tal verso, deve-se ao fato de se dirigir ao Sol na qualidade de *sâvitri*, o 'engendrador' ((Dowson: Dicionário de Hindu Clássico). Personificado como deusa, *Gâyatri* é uma forma métrica, que consta de três divisões de oito sílabas cada. É a principal, segundo Sankarâchârya, porque conduz ao conhecimento de Brahma. (Ver Bhagavad-Gitâ, X, 35). (GT).

Guna (Sânscrito). Um fio, corda, corda de um instrumento musical; também um atributo, qualidade ou peculiaridade. É dito que cada um dos cinco elementos tem sua *guna*, ou qualidade peculiar, bem como um órgão de sentido correspondente no ser humano. Assim o éter tem *sabda*, ou som, como sua guna e o ouvido como o seu órgão; o ar tem tangibilidade como a sua guna e a pele como o seu órgão; o fogo ou a luz tem a visibilidade como a sua guna e o olho como o seu órgão; a água tem gosto como a sua guna e a língua como o seu órgão; a terra tem cheiro como a sua guna e o nariz como o seu órgão. Na verdade, existem sete gunas na natureza, das quais apenas cinco evoluíram em qualquer grau especial, e duas ainda devem aparecer como qualidades e com os seus órgãos dos sentidos num futuro distante. Cada uma destas gunas, com sua qualidade correspondente ou órgão sensorial, evolui em cada uma das sete raças-raízes que formam um manvantara global. A listagem acima dá a ordem na qual essas gunas aparecem correspondentemente à raça-raiz que as coloca em atividade. No tempo presente, estando na quinta raça-raiz, desenvolvemos cinco gunas perceptíveis com suas qualidades e órgãos sensoriais correspondentes. De acordo com a filosofia *sankhya*, considera-se que o *prakriti* possui três qualidades básicas ou bases qualitativas (*triguna*), ou seja, *sattva* (realidade substancial), *rajas* (atividade inerente) e *tamas* (inércia), popularmente transformados em bondade, paixão e trevas ou virtude, impureza e ignorância. De acordo com a filosofia *nyaya*, todas as coisas existentes possuem 24 gunas ou qualidades características: *rupa* (configuração ou forma); *rasa* (sabor); *gandha* (odor); *sparsa* (tangibilidade); *sankhya* (número); *parimana* (dimensão); *prithaktva* (individualidade); *samyoga* (conexão); *vibhaga* (disjunção); *paratva* (isolacionismo); *aparatva* (proximidade); *gurutva* (peso); *dravatva* (fluidez); *sneha* (viscosidade); *sabda* (som); *buddhi,* ou *jnana,* (compreensão ou conhecimento); *sukha* (felicidade); *duhkha* (sofrimento); *ichchha* (desejo); *dvesha* (aversão); *prayatna* (esforço); *dharma* (mérito ou virtude); *adharma* (demérito); e *samskara* (a qualidade autorreprodutiva). (ETG).

Isvara (sânscrito), ou *Iswara e Iswur.* Īśvara [da raiz verbal īś governar, ser mestre]. Senhor; o eu supremo ou hierarca de qualquer universo, grande ou pequeno; igualmente o espírito divino no homem. Também um título para muitos deuses no panteão hindu, como Vishnu e Siva. No *Bhagavad-Gita*, *Isvara* é aquele que "habita no coração de toda criatura" e que "faz com que todas as coisas e criaturas girem montadas sobre a roda universal do tempo" (caps. 43 e 61). É a essência da mônada espiritual em qualquer ser individualizado em evolução, a raiz espiritual, o deus interior e a fonte das correntes espirituais e vitais em qualquer ser que promova o seu desdobramento na evolução e as suas peregrinações através dos campos da experiência. Equivalente ao Pai no Céu de Jesus e, portanto, a fonte do *Christos* interior ou de *Buddha*. Assim, em certo sentido, é o *dhyani-buddha* individualizado de todo ser. Veja também Logos. (ETG).

Janman (sânscrito) [da raiz verbal *jan* ser nascido]. Nascimento. (ETG).

Japa (sânscrito) [da raiz verbal *jap* murmurar, sussurro]. A prática de certos iogues de repetir em um tom murmurante passagens das escrituras e mantras ou os nomes de uma divindade. (ETG).

Jivanmukta (sânscrito). Um jiva liberto, um ser humano, como uma mônada individualizada, que se libertou das esferas materiais, "que vive nas mais altas porções de sua constituição em plena consciência e poder mesmo durante a vida terrena" (OG 73). Muitas vezes significa a mais alta classe de iniciados, adeptos ou *mahatmas*, estejam incorporados ou sem corpo; também aquele que alcançou o nirvana durante a vida. (ETG).

Jñana (sânscrito). *Jñãna* [da raiz verbal *jñã:* saber, ter conhecimento, entender]. Inteligência, compreensão, conhecimento. Os antigos filósofos disseram que o *Parabrahman* não é *jnata* (conhecido), não é *jnana* (conhecimento) nem *jneya* (o que pode ser conhecido), no entanto *Parabrahman* é a única fonte da qual esses três modos de entendimento são manifestações. Na teosofia, *jñana* é traduzida frequentemente como conhecimento inato, ou intuitivo, e vidya como conhecimento reflexivo, ou estocado de valores intelectuais e outros, ou sabedoria, embora essas distinções sejam um tanto arbitrárias. (ETG).

Jnata (sânscrito). *Jñãta* [da raiz verbal *jñã* saber]. Conhecido, determinado, compreendido. *Jnatri* [*Jñãtr*], um substantivo, significa aquele que conhece ou entende. (ETG).

Jneya (sânscrito). *Jñeya* [da raiz verbal *jñã* saber]. Aquilo que deve ser ou pode ser conhecido ou entendido. (ETG).

Kalpa (sânscrito) [da raiz verbal *klrp* estar em ordem]. Um termo generalizante para um período ou ciclo de tempo. (ETG).

Kalpa. "um ciclo de tempo; porém comumente, representa um "Dia" e uma "Noite" de Brahmâ, um período de 4.320 milhões de anos." (GT).

Karana-sarira (sânscrito). Kãrana-śarira [de kãrana causa + śarīra *corpo, estrutura corporal*]. Causa-corpo ou corpo causal; o princípio ou elemento causal que traz não apenas o reencarnação de uma entidade, mas também sua evolução durante um manvantara através de uma série interminável de reencarnações. "O ego humano não é nem *atman* nem *buddhi*, mas o *manas* superior: a fruição intelectual e a eflorescência do egotismo autoconsciente intelectual – no sentido espiritual mais elevado. As obras antigas referem-se a ele como *karana sarira* no plano de *sutratma*, que é o fio de ouro no qual, como contas, as várias personalidades deste ego superior são amarradas." (SD 2:79). É o agente reprodutor, princípio ou instrumento da constituição de um ser como o homem, que produz os reencarnações repetitivas a que tal ser é impelido e, em certo sentido, compelido pelo carma a que está submetido. Tal reencarnação pode ser de dois tipos:

se o instrumento causal estiver em um plano elevado, como *buddhi-manas* – a valiosa coleção de todas as sementes reunidas do ser que se reproduzirão em futuras existências como as partes superiores de um indivíduo – então em nesse caso, é o *buddhi-manas* que é o *karana-sarira*. Por outro lado, se o principal instrumento ou princípio causal que provoca tais reenarnações é de um tipo inferior e reproduz as existências para a entidade reencarnante em veículos inferiores, então podemos dizer que é *kama-manas* ou *manas* inferior que é o *karana-sarira*. Assim, existem na múltipla constituição humana pelo menos dois desses elementos *karânicos* ou causais, um de caráter superior e outro de caráter inferior. No entanto, nem o *karana-sarira* nem o *karanopadhi* são, estritamente falando, o deus interno do homem, que é o *atman*, ou o eu fundamental de nossa mônada reencarnante, chamada *karanatma* [ver verbete correspondente – NT]. (ETG).

Karanatman (sânscrito). *Kãranãtman* [de *kãrana* causa + ātman eu (*self*)] O eu (*self*) causal; a fonte divina do ser uno, da qual fluem os vários elementos que formam a constituição composta humana, numa escala descendente, graus e qualidades continuamente menos etéreos. É o eu causal porque dele, como a fonte primordial de consciência e de existência, fluem todos os elementos, princípios, qualidades, características – o *svabhava* – de qualquer entidade que passa pela sua longa peregrinação evolucionária nos reinos do universo manifesto. É equivalente a *Atman*, chamado na literatura hindu *Isvara* (Senhor). As várias mônadas da constituição humana (divina, espiritual, humana, animal e astral-vital) são derivadas deste *atman* fundamental ou supremo na sua constituição, seus filhos ou descendentes. Estas várias mônadas, por sua ação reprodutiva, na verdade são os princípios ou instrumentos causais das várias e intermináveis séries de reencarnações que qualquer entidade, durante o *manvantara* cósmico, tem de passar por necessidade cármica; e são, portanto, estas várias mônadas, em seu aspecto exterior ou veicular os respectivos *karanopadhi*, ou karana-*sarira*. (ETG).

Karanopadhi (sânscrito), *Karanopãdhi* [de *kãrana* (causa) + *upãdhi* (base, veículo, disfarce)] Instrumento causal, ou causa instrumental na longa série de reincorporação a qual as entidades reencarnantes estão sujeitas. Um *upadhi* constitui-se de certas propriedades naturais ou características supostas serem os disfarces, roupas ou máscaras nas quais (ou através das quais) a mônada espiritual funciona, produzindo as manifestações repetitivas na cadeia da Terra de certas de suas funções e seus poderes, e conectadas intimamente com as peregrinações da mônada pelas várias esferas do cosmo solar. Em um sentido, portanto, *karanopadhi* é quase intercambiável com *maya,* ou os disfarces ilusórios através dos quais as entidades monádicas espirituais trabalham e se manifestam. "O *karanopadhi* inferior, ou causa de reincorporação, é *avidya* (ignorância). Quando uma entidade reincorporante, através de repetidas reencarnações em esferas materiais eleva-se em reconhecimento autoconsciente de seus próprios poderes divinos, ela retira os disfarces de *maya* e torna-se um *jivanmukta*. Quando uma entidade cresce mais e mais como sua contraparte divino-espiritual, ela está menos sujeita à *avidya*. 'Ela é, de certo modo, as sementes de *kama-manas* deixadas no tecido ou no ser da entidade reencarnante, que agem como o *karana*, ou causa reprodutora, ou instrumental, das reencarnações de tal entidade na Terra.' O *karanopadhi* superior, pertencente à parte espiritual-intelectual da constituição humana, é o impulso reprodutivo na mônada espiritual que a faz ressurgir em uma nova série de encarnações no alvorecer do manvantara solar. Este *karanopadhi* está diretamente relacionado com *buddhi* ou *buddhi-manas*, a alma espiritual, como um véu ou veículo da essência monádica, ou mônada espiritual. Seu papel é semelhante ao de *prakriti* com *purusha*, ou *pradhana* em torno de Brahman, ou *mulaprakriti* com *Parabrahman*. O *karanopadhi* é também o veículo produzido pelo *bija* espiritual (semente). Embora haja sete princípios humanos, existem apenas três *upadhis* distintos, em cada um dos quais o *atman* pode trabalhar independentemente do resto. Esses três *upadhis* podem ser separados por um adepto sem se matar, mas ele não pode separar os sete princípios um do outro sem destruir sua constituição. De acordo com o *Taraka-Raja-Yoga*, esses três *upadhis* são *ka-*

ranopadhi, sukshmopadhi e *sthulopadhi*. *Karanopadhi* corresponde à *anandamaya-kosa* da classificação da *Vedanta* e ao *sushupti*, ou estado de sono sem sonhos profundos. A doutrina *avatara* está intimamente relacionada com esses vários *upadhis* humanos. (ETG).

Karmasannyasa Yoga (sânscrito). *Karmasannyãsa-yoga*. Obtenção do mais alto nível de renúncia da ação para benefício pessoal, tratado no quinto capítulo do *Bhagavad-Gita*. Um asceta que não busca nada para si mesmo e não rejeita nada para si mesmo, que está livre da influência dos pares de opostos, é assim liberado dos vínculos forjados pela ação ou carma; mas a renúncia da ação e da devoção pela ação são ambos meios de emancipação final e, dos dois, a devoção pela ação ou o *karma yoga* é superior à renúncia. Assim, é melhor para o homem pessoal agir e, se necessário, agir fortemente, por coisas e causas espirituais, do que renunciar a qualquer tipo de ação pessoal e, assim, afundar-se no quietismo infrutífero. (ETG).

Karma-vadins (sânscrito). Pregadores; aplicado aos seguidores do *Karma-Mima-nsa-Darsana*, um nome da escola *purva-mimansa* fundada por Jaimini, que ensinou uma interpretação meramente crítica do texto dos Vedas. Fonte: *https://www.theosociety.org/pasadena/etgloss/ka.htm*.

Karma-yoga. É a "yoga da ação, união com o eu divino através da ação; caminho de ação ou devoção através das obras... sem intenções egoístas ou interesseiras... como uma oferenda à divindade." (GT).

Linga-sarira (sânscrito). Linga-śarīra [de *linga* marca característica, modelo, padrão + śarīra forma da raiz verbal *sri* para moldador, desperdício]. Um padrão ou modelo que é impermanente; o corpo-modelo ou corpo astral, apenas ligeiramente mais etéreo que o corpo físico; o segundo princípio na escala ascendente da constituição sétupla do homem. É o modelo astral em torno do qual o corpo físico é construído e do qual o corpo físico flui ou se desenvolve à medida que o crescimento avança. "Esses reinos astrais não são um único plano, mas uma série de planos que se tornam gradualmente mais etéreos ou espirituais à medida que se aproximam das esferas internas da constituição ou estrutura da natureza. O *linga-sarira* é formado antes que o corpo seja formado e, portanto, serve como um modelo, ou padrão, em torno do qual o corpo físico é moldado e cresce até a maturidade; é tão mortal quanto o corpo físico e desaparece com o corpo físico" (OG 88), dissolvendo átomo por átomo com os átomos do corpo físico. O *linga-sarira* tem grande flexibilidade. Ele muda continuamente durante toda a vida, embora essas mudanças nunca se afastem do tipo ou padrão humano fundamental, assim como o corpo físico se altera a cada momento. Ele também possui a capacidade de exteriorizar-se a uma certa distância de seu invólucro físico, mas em nenhum caso mais do que alguns poucos pés. É composto de matéria eletromagnética, que é um pouco mais refinada do que a matéria do nosso corpo físico. O mundo inteiro foi composto de tal matéria em eras passadas antes de se tornar a esfera física densa que é agora. Depois de longas eras, a forma astral evoluiu e se aperfeiçoou, de modo que tem a forma que as raças humanas tinham durante o período inicial da terceira raça-raiz – uma concreção mais ou menos materializada dos astrais ainda mais etéreos da primeira e segunda raças-raízes. Depois de outro longo período, durante o qual o ciclo de descida posterior na matéria progrediu, a forma astral espessando-se gradualmente emanou de si uma camada de pele, correspondente à alegoria hebraica do Jardim do Éden. Assim, aparece a presente forma física de carne da humanidade. A forma astral sustenta e permeia o corpo, contendo os órgãos reais ou causais correspondentes aos órgãos sensoriais físicos externos. Ele tem seu completo sistema de nervos e artérias próprios para transmitir os vários fluidos áuricos astrais, que são, para aquele corpo, como são nosso sangue, energia nervosa e correntes prânicas para o físico. Portanto, a *linga-sarira* é o corpo pessoal real. Entre outras de suas funções, registra e retém automaticamente todos os efeitos, inclusive as memórias físicas da vida terrena e, assim, repete após a morte, automaticamente e por necessidade, em conformidade com os seus poderes limitados, o que a pessoa sabia, disse, pensava e viu durante a vida. O funcionamento do *linga-sarira* durante a vida, se bem entendido, daria a chave para muitos dos que hoje são chamados de mistérios e problemas da ciência psicológica e fisiológica. (ETG).

Logos (grego), plural logoi. Palavra; inteligência cósmica expressiva manifestada em todo ser racional. Com Platão, aquele poder da mente que se manifesta na fala; sua relação com *nous*, ou inteligência, nem sempre é claramente distinguida. Com referência ao logos no homem, uma distinção importante foi feita pelos antigos entre os logos *endiathetos* (palavra ideal, ou não falada) e o logos *prophorikos* (palavra expressa, ou falada), sendo a primeira uma ideia não expressa na mente. A palavra foi adotada por teólogos cristãos misturada com ideias tomadas dos hebreus, usadas no segundo sentido, como encontrado no primeiro capítulo de João, onde o Logos parece quase antropomorfizado. Na teosofia, o logos representa a unidade manifestada na liderança de qualquer hierarquia, que é o Primeiro Logos. Existem inúmeros *logoi* no espaço cósmico. O Segundo Logos emana dele e é dual, combinando ambos os lados ativo e passivo da emanação do Primeiro Logos, assim como uma palavra combina ideia ou pensamento com a energia vibratória do som. O Terceiro Logos é, novamente, a prole, ou emanação, do Segundo Logos ou Logos Dual. Foi justamente destes três *logoi*, considerados como uma unidade cósmica, que surgiu o ensinamento original da Trindade Cristã. Na ideia cristã original, o Filho era identificado com o Terceiro Logos e procedia do Pai e do Espírito Santo, o Segundo Logos, tido originalmente no cristianismo como um poder cósmico feminino; enquanto a Igreja Católica Romana fez a emanação do Filho provir diretamente do Primeiro Logos, ou Pai, sendo o Espírito Santo colocado em lugar errado e considerado o Terceiro Logos. Nos desenvolvimentos posteriores da teologia cristã, o Logos é referido como o Verbo feito carne, a manifestação de Deus na Terra, o Filho de Deus, Cristo, a mal denominada Segunda Pessoa da Trindade. Esta ideia foi ainda mais estreitada e degradada na doutrina de uma única e especial manifestação terrena da divindade. Depois do *Parabrahman*, a única realidade inefável e impensável, vem o Primeiro Logos ou Logos Não Manifestado, correspondente ao *paramatman* no cosmo e ao *atman* no homem, o supremo eu monádico em qualquer hierarquia. Então, como uma emanação do primeiro, vem o quase-manifestado, ou Segundo Logos, correspondente ao *buddhi* cósmico e humano, sempre imaginado como uma potência feminina. E. assim, dos dois primeiros, procede o Terceiro Logos manifestado e criativo, que correspondente, a *mahat* no plano cósmico e a *manas* na constituição humana. Assim, o Logos é um centro de unidade em um ser, que pode existir em uma condição não-manifesta ou manifesta, mas sempre derivado do supremo mistério acima dele – ao qual deve ser adicionado um estado intermediário de manifestação parcial ou incipiente. O homem é chamado, às vezes, de Terceiro Logos, pois corresponde a *manas*. "Este [primeiro] Logos pode ser chamado, na linguagem de antigos escritores, *Eswara*, ou *Pratyagatma* e *Sabda Brahmam*. É chamado o *Verbum* ou a Palavra pelos cristãos, e é o divino *Christos* que está eternamente no seio de seu pai. É chamado Avalokiteswara pelos budistas. De qualquer forma, Avalokiteswara é, em certo sentido, o Logos em geral... Quase todas as doutrinas formularam a existência de um centro de energia espiritual que é não-nascido e eterno, o qual existe numa condição latente no seio de Parabrahmam na época de *pralaya* e que começa como um centro de energia consciente no período da atividade cósmica. É o primeiro *gnatha*, ou o ego, no cosmos, e todos os outros egos e cada outro eu... são apenas o seu reflexo, ou manifestação. Em sua natureza mais íntima não é incognoscível como Parabrahmam, mas é um objeto do mais alto conhecimento que o homem é capaz de alcançar... Parabrahmam por si só não pode ser visto como é. É visto pelo Logos com um véu jogado sobre ele, e este véu é a imensa extensão da matéria cósmica. É a base de todas as manifestações materiais no cosmos... a primeira manifestação de Parabrahmam é uma Trindade, a mais alta Trindade que somos capazes de compreender. Consiste em *mulaprakriti*, *Eswara* (ou Logos) e a energia consciente do Logos, que é seu poder e luz; e aqui temos os três princípios sobre os quais todo o cosmo parece estar baseado... Primeiro, nós temos matéria; em segundo lugar, temos força – de qualquer forma, a base de todas as forças no cosmos; e em terceiro lugar, temos o ego ou a única raiz do eu, do qual todo outro tipo de eu é apenas uma manifestação, ou reflexão." (Notas sobre BG 18-22). Por causa das analogias universais que perpassam a natureza, toda unidade cósmica, seja um sistema solar ou um sol, é uma expressão em si mesma de uma série menor de primeiro, segundo e terceiro logos; e essa tríade primordial, através do terceiro logos, se transforma em sete *logoi* descendentes, que se tornam os sete *logoi* solares. (ETG).

Loka (sânscrito). Uma região ou lugar circunscrito. Em metafísica, é um mundo, esfera ou plano. Os *Puranas* da Índia falam várias vezes de sete e 14 *lokas*, acima e abaixo de nossa Terra; de céus e infernos. (GT).

Madhva (sânscrito). *Mãdhava*. O fundador, que viveu no sul da Índia, de uma seita de *vaishnavas* [seguidores de qualquer seita sectária que reconheça e adore Vishnu como a suprema divindade] chamada *madhvas*. Diz-se que Madhva teria nascido por volta de 1200, sendo considerado por seus seguidores como uma encarnação de Vayu. Sua doutrina é conhecida por sua principal característica chamada *dvaita* (dualidade), que se opõe ao sistema *advaita* (não-dualidade) de Sankaracharya, um seguidor da forma-Siva do pensamento filosófico. Madhva era um seguidor da forma-Vishnu da filosofia religiosa, e seu ensinamento especial de *dvaita* era baseado na suposição de que a alma suprema do universo e a alma humana são entidades distintas, estando assim em nítido contraste com o ensinamento *advaita*, que prega que a essência espiritual dos seres individuais é idêntica à do universo.

Madhyama (sânscrito). Madhyamã [feminino de *madhyama*]. Um dos estados de *vach* (fala mística), que é de quatro tipos de acordo com sua diferenciação: *para*, *pasyanti*, *madhyama* e *vaikhari*. O *madhyama vach* é o elo entre a forma mental (no Logos) e a forma manifesta (na matéria). Corresponde misticamente à luz do Logos. *Vach*, embora muitas vezes equivalente ao Logos, é a contrapartida feminina de Brahma, o lado masculino do Logos. Assim, *vach* é o aspecto espiritual da *prakriti*. (ETG).

Mahachaitanya (sânscrito) [de *mahã* grande + consciência *caitanya*, inteligência]. A consciência viva ou inteligência do universo ou de toda a natureza. Esta *daiviprakriti* é, estritamente falando, o *mahachaitanyam* de todo o cosmo, a energia única, ou a única força da qual brotam todas as manifestações de força" (N on BG 71), esta energia ou força sendo essencialmente e inerentemente consciente e inteligente. (ETG).

Mahâtma (sânscrito), ou *Mahâtman*. Literalmente, "grande Alma ou Espírito". Um Adepto de ordem mais elevada. O *Mahâtmas* são seres eminentes que, tendo obtido o domínio de seus princípios inferiores, vivem deste modo, livres dos impedimentos do "homem carnal" e estão de posse de um conhecimento e poder proporcionados segundo o nível que alcançaram em sua evolução espiritual. (GT).

Manas (sânscrito) [da raiz verbal *man* para pensar]. A sede da atividade mental e da consciência egóica; o terceiro princípio na escala descendente da constituição humana sétupla. *Manas* é a pessoa humana, o ego reencarnante, imortal em essência, duradouro em seus aspectos superiores pelo manvantara inteiro. Quando incorporado, manas é dual, gravitando, em seus aspectos superiores, em direção a *buddhi* e, em seus aspectos inferiores, em direção a *kama*. A primeira subdivisão é a mente intuitiva; a segunda, a consciência animal, raciocinativa, a mentalidade inferior e as paixões da personalidade. "*Manas* é dual: lunar no inferior, solar em sua porção superior"... e aqui está contido o mistério de um adepto e da vida de um homem profano, bem como o da separação no *post-mortem* entre o homem divino e o homem animal" (SD 2: 495-6)... *Mahat*, ou mente universal, é a fonte de *manas*: *manas* está para a constituição humana, assim como *mahat* está para a constituição cósmica. *Manas* é, portanto, um raio direto do *mahat* cósmico. *Manas* às vezes é vagamente chamado de *kshetrajna* ,ou ego espiritual encarnado, real e permanente, a individualidade; mas o *kshetrajna* estritamente falando é o *buddhi-manas* ou *manas* superior. (ETG).

Maninanjari (sânscrito).Um dos escritos da seita filosófica de *madhva*. (ETG).

Manu (sânscrito). O grande legislador hindu. (Este nome deriva da raiz sânscrita man, "pensar", humanidade; porém, realmente, significa Swayambhuva, o primeiro dos manus, que surgiu de Swayambhu, "aquele que existe por si mesmo", e é, portanto, o Logos e o progenitor da humanidade. Manu é o primeiro legislador, quase um ser divino. [O Código ou *Livro de Leis de Manu* (*Mânava-dharma-shâstra*) é atribuído a este grande legislador, ao qual, para o diferenciar dos *manus* restantes, foi dado o nome de Manu Swayambhuva. (GT).

Manwantara, ou *manvantara* (sânscrito), é um período de manifestação do universo, oposto ao *pralaya* (repouso ou dissolução). (GT).

Matra (sânscrito). *Mãtra* [da raiz verbal *mã* para medir] *mãtrã* feminino. Uma medida de qualquer tipo, quantidade, soma, tamanho, duração, número; também um momento de tempo; daqui uma porção minuciosa. Subba Row usa-a em relação aos quatro estágios de *pranava*, desenhando uma correspondência com os quatro planos do sistema solar manifesto. (ETG).

Maya (sânscrito). Na "filosofia hindu, apenas aquilo que é imutável e eterno merece o nome de realidade; tudo aquilo que é mutável, que está sujeito a transformações por decaimento e diferenciação e que, portanto tem princípio e fim, é considerado como *maya*: ilusão." (GT).

Mukta (sânscrito). Livre, liberto, emancipado, isento, beatificado ou salvo. O candidato ao moksha (liberação dos empecilhos da carne, da matéria ou da vida nesta Terra). [O Espírito livre da existência condicionada, ou livre dos laços do corpo.] (GT). Ver também *jivanmukta*. (ETG).

Mukti (sânscrito). Liberação da vida sensitiva (ver *mukta*). [Isenção, emancipação, liberação dos sofrimentos da vida terrestre; liberação final, beatitude; (nirvana. Sinônimo de *moksha*]. (GT).

Mulaprakriti (sânscrito) significa, "literalmente, 'raiz da natureza (*prakriti*) ou da matéria'. A raiz *parabrahmânica*, o princípio abstrato deífico feminino: a substância indiferenciada, âkâza." *(GT)*.

Niramsa (sânscrito). *Niramsa* [de *nir* sem + *amsa* part] Sem partes, inteiro; aplicado a *Brahman* ou *Parabrahman*, significa o estado que precede a diferenciação na existência hierárquica manifesta. (ETG)

Nivritti-marga (sânscrito). *Nivrtti-mãrga* [de *nivritti* invaginação + *mãrga* caminho, via]. O caminho de volta aos mundos espirituais; muitas vezes chamado de caminho de luz ou arco luminoso. (ETG).

Padam (sânscrito) [ou *Pada*, segundo o GT]. *Pada* [da base de raiz verbal *pad* direcionar a mente, observar, ir ou avançar). Um passo, pé, sinal, passada, morada; uma parte; um quarto. (ETG).

Pandit (sânscrito), ou *pandita*. Título honorífico dado, na Índia, aos brâmanes versados na ciência religiosa e aos fundadores das seitas e inclusive aos homens verdadeiramente competentes em todo tipo de conhecimento." (GT).

Para (sânscrito). *Parã* Supremo, a fronteira ou limite final, aplicado a *vach* (fala mística). *Vach* é de quatro tipos: *para*, *pasyanti*, *madhyama* e *vaikhari*. *Para-vach* é o coração e a origem de cada *vaikhari*, ou discurso pronunciado. *Para-vach* corresponde a Brahman no cosmos, pois o significado cosmológico e cosmogônico de *vach* aproxima-se muito do Logos cósmico grego (Palavra cósmica). (ETG).

Parabrahman (sânscrito) [de *para*, que significa 'além' + *brahman* (neutro), o eu (*self*), ou espírito, universal]. Aquilo que está além de Brahman; a causa imutável, eterna e autossuficiente de tudo, a essência única de tudo no cosmos. Precede todas as coisas no cosmos e é a única exclusiva vida-consciência-substância ilimitada, a partir da qual começa a existir um centro de força que pode ser chamado de Logos. No ciclo dos escritos védicos, é referido como *tat* (aquilo), em oposição ao mundo da manifestação chamado *idam* (isto). "*Parabrahman* está intimamente ligado a *mulaprakriti*. Sua interação e mistura causam a primeira vibração profunda, se as palavras forem aceitáveis, da vida universal, quando o desejo espiritual surgiu pela primeira vez no início das coisas. . . . *Parabrahman* não é uma entidade, não é um ser individual ou individualizado. É uma palavra técnica conveniente com significância filosófica convenientemente vaga, implicando o que está além do Absoluto, ou *Brahman*, de qualquer hierarquia. Assim como *Brahman* é o ápice de uma hierarquia cósmica, e seguindo a mesma linha de pensamento, o *Parabrahman* é "tudo o que está além de *Brahman*" (OG 121). *O Parabrahman* dos vedantinos é igualmente concebido como uma lei eterna e periódica que faz com que uma força ativa e criativa emane do princípio sempre oculto e incompreensível no início de cada mahamanvantara, ou novo ciclo da vida cósmica. *Parabrahman* é idêntico ao Eyn-soph da cabala caldaica. (ETG).

Paranirvana (sânscrito). Aquilo que está além do nirvana; o período de repouso cósmico (*mahapralaya* ou grande noite de Brahma), com duração de 311.040.000.000.000 anos terrestres. Da mesma forma, chamado de o grande "dia ser conosco"; o dia egípcio de "vir a nós"; e o dia cristão do juízo final que foi, no entanto, materializado pelo dogmatismo moderno. "O dia em que 'a Centelha retornará à Chama, em que se dará a fusão do homem em seu Dhyan Chohan, 'eu mesmo e os outros, tu mesmo e eu', como diz a Estância, significa que o *Paranirvâna* (quando *Pralaya* tiver reconduzido não só os corpos materiais e psíquicos, mas também os Egos espirituais, ao seu princípio original) as Humanidades passadas, presentes e até mesmo as futuras, assim como todas as coisas, não formarão mais do que uma só unidade. Tudo será reabsorvido pelo Grande Sopro. Ou, em outras palavras: 'Dar-se-á a fusão de tudo em Brahma', ou seja, na Unidade Divina" (SD 1: 265-6). O pralaya cósmico é análogo à morte do ser humano. As mônadas espirituais são atraídas para níveis superiores de existência, para viver e evoluir, enquanto os elementos inferiores ou corpos do universo se dispersam, tal como nossos veículos psicológicos físicos e inferiores após a morte. O *paranirvana* é idêntico em significado ao *paranishpanna* e corresponde ao *yond-grub* tibetano. (ETG).

Pasyanti (sânscrito). Paśyantī. Um dos quatro tipos de fala mística ou *vach*, os outros três chamavam *para*, *madhyama* e *vaikhari*. A forma *pasyanti* é cosmologicamente o Logos cósmico manifestado pela primeira vez. (ETG).

Pisachas são "restos inconsistentes de seres humanos que residem no kama-loka como cascas, ou elementares." (GT).

Pragna (sânscrito), ou *Prajna*. *Prajñã* [de *pra* antes + a raiz verbal *jñã* saber]. Saber através de percepção clara, discernir claramente; sabedoria, percepção intelectual ou conhecimento em contraste com o mero raciocínio cérebro-mente. Seu cultivo é uma das *paramitas* budistas. (ETG). "*Prajana*, o sétimo escalão da sabedoria cuja chave de ouro faz do homem um deus, convertendo-o em *bodhisattva*, filho dos *dhyânis*." (Voz do Silêncio, III.) (GT).

Prahlada, ou *Prahrada* (sânscrito), *Prahlãda*, *Prahrãda*. O filho de Hiranyakasipu, chefe dos daityas e, como tal, do ponto de vista dos escritores dos *Puranas*, teologicamente o adversário na especulação filosófica e perspectiva de Vishnu. Hiranyakasipu, então, foi confundido por escritores ocidentais como se ocupasse mais ou menos o mesmo lugar no pensamento hindu que Satanás tem ocupado na teologia cristã. Prahlada, seu filho, tornou-se um fervoroso devoto de Vishnu, o que, de acordo com a lenda purânica, enfureceu tanto o seu pai que Prahlada foi submetido a uma série de punições e torturas. Para salvar seu devoto, Vishnu assumiu a forma do avatara Nara-simha (a encarnação homem-leão) e matou Hiranyakasipu. (ETG).

Prakriti (sânscrito) [de pra frente, progressão + a raiz verbal *kr* para fazer, fazer]. Produção, produzindo, originando, estado primordial ou condição, substância original. Natureza; substâncias espirituais e etéreas em todas as suas formas, visíveis e invisíveis. Sua raiz. ou pai, é *mulaprakriti* (raiz de *prakriti*), e deve ser considerado com *vikriti*, que significa mudança, alteração, ou uma produção ou evolução do *prakriti* que o precede. "No uso comum, a *prakriti* pode ser chamada 'natureza' em geral, como o grande produtor de entidades ou coisas e, através desta natureza, atua o sempre ativo Brahma, ou *Purusha*. *Purusha*, portanto, é espírito, e *prakriti* é o seu véu, ou revestimento, produtivo. Essencial ou fundamentalmente, os dois são um, e tudo o que *prakriti* produz através de e pela influência de *purusha* é a *vikritis* multitudinária e multiforme que faz a imensa variedade e diversidade do universo ao nosso redor. "Em uma ou mais das filosofias hindus, *prakriti* é o mesmo que *sakti* e, portanto, *prakriti* e *shakti* são praticamente intercambiáveis com *maya* ou *maha-maya*, a assim chamada ilusão; *prakriti* é frequentemente entendido como 'matéria', mas isso é inexato embora seja um uso muito comum; a matéria é antes as "produções" ou fases que *prakriti* traz, a *vikritis*. Na filosofia *sankhya* indiana, *pradhana* é virtualmente idêntica a *prakriti*, e ambas são frequentemente usadas para significar o elemento produtor de e para o qual todas as manifestações ou aparições materiais ilusórias são desenvolvidas" (OG 129-30). Na filosofia *sankhya*, a *prakriti* é sétupla. Essas sete *prakritis* são *mahat, ahankara* e os *cinco tanmatras* (elementos rudimentares ou sutis) – *sabda, sparsa, rupa, rasa* e *gandha*. Os *Visishtadvaita* vedantinos ensinam, tal como os teósofos, que "toda partícula ou átomo de *prakriti* contém *jiva* (vida divina), e é o *sarira* (corpo) daquele *jiva* que nele se encontra, enquanto todo *jiva* é, por sua vez, o *sarira* do espírito supremo, como '*Parabrahm* permeia cada *jiva*, assim como toda partícula de matéria' (SD 1: 522)." (ETG).

Pralaya (sânscrito) "é um período de obscuridade ou repouso (planetário, cósmico ou universal); o oposto de *manvantara*." (GT).

Pranava (sânscrito) [de *pra-nu* para proferir um zumbido ou zumbido, como durante a pronúncia correta da palavra Om ou Aum]. A mística sílaba sagrada Om ou Aum pronunciada por brâmanes, iogues e outros durante a meditação. Na filosofia vedanta e nos Upanishads é usado em outro sentido: "Em certo sentido, *pranava* representa o macrocosmo e, em outro, o microcosmo... A razão pela qual esse *pranava* é chamado *vach* é que esses quatro princípios do grande cosmo correspondem a estas quatro formas de *vach*"(N on G 25, 26) – *vaikhari*, *madhyama*, *pasyanti* e *para*. Estas são chamados as quatro *matras* de *pranava*. (ETG).

Pratishtha (sânscrito). Lugar de residência, residência, receptáculo; preeminência, superioridade. No *Bhagavad-Gita*, Krishna refere-se a si mesmo como *pratishtha* de Brahman ou Parabrahman; uma imagem ou manifestação de Parabrahman ou uma hipóstase, ou representação do divino nos mundos da manifestação. Assim, o hierarca ou divindade manifesta em qualquer sistema mundial é um *pratishtha* da vida invisível circundante, ou Brahman, sendo Brahman novamente um dos canais ou *pratishthas* infinitamente numerosos do Parabrahman. (ETG).

Pravritti-marga (sânscrito). *Pravrtti-mãrga* [de *pra* frente, para frente + a raiz verbal *vt* rolar, virar, desdobrar + *mãrga* caminho]. O caminho da evolução para a matéria, o caminho que leva à existência imersa nos mundos materiais; o arco sombrio. Na literatura hindu, o termo é frequentemente empregado para significar o caminho da atividade nos assuntos mundanos ou religiosos, que permite que uma pessoa mostre o que pode fazer. Tal uso é uma transferência do pensamento místico original para assuntos mundanos. (ETG).

Punarjanmam. Na enciclopédia eletrônica *Theosopedia*, vemos que *punarjanman* vem a ser um termo sânscrito derivado de *punar*, que significa 'novamente', e *janman*, 'nascimento'. Portanto, *panarjanman* é um termo geral para o ciclo de renascimentos a que estão submetidos todos os seres. Ele inclui rematerialização, palingenesia, reencarnação e outros processos e termos similares. Em alguns contextos, o termo é usado como "*punarjanman* espiritual", que implica iniciação ou um movimento para a consciência superior. (NT).

Purusha. (Sânscrito). *Purusa man,* o homem ideal ou cósmico, equivalente ao Adão Kadmon cabalista. Contém com *prakriti,* ou natureza, as sete, dez ou doze escalas do ser manifesto. Misticamente, *purusha* é usado como sendo o eu espiritual ou mônada em cada entidade autoconsciente, seja um universo, sistema solar ou ser humano; também é às vezes intercambiável com Brahma, o desenvolvedor ou criador. *Purusha* é aquele que é chamado de energia, ou força, na ciência, se essas palavras incluem o atributo inseparável da inteligência e da harmonia moral. *Purusha* e *prakriti* estão um para o outro como os dois polos da mesma substância cósmica homogênea, inteligente e viva, o princípio-raiz do universo, às vezes chamada de *svabhavat.* Na filosofia *sankhya* de Kapila, "a menos que, alegoricamente falando, *purusha* monte nos ombros de *prakriti*, este último permanece irracional, enquanto o primeiro permanece inativo sem ela. Portanto, a natureza (no homem) deve se tornar um composto do espírito e da matéria antes de se tornar o que ele é; e o espírito latente na matéria deve ser despertado para a vida e a consciência gradualmente "(SD 2:42). *Purusha* corresponde ao Primeiro

Logos, ou Logos Não-Manifestado, grego; contudo, às vezes as características de Purusha semelhantes às de *svabhavat* são antes reminiscentes do Terceiro Logos , ou Logos Manifestado, que mostra as várias funções atribuídas a *purusha* na cosmogonia que ganharam força em diferentes momentos no pensamento hindu. (ETG). "Na filosofia *sânkya*, designa-se com este nome o espírito, em contraposição à matéria (*prakriti*, ou pradhana)." *(GT)*.

Purva-mimansa (sânscrito) *Purva-mimãmsã* [de *purva* antes) + *mimãmsã* pensamento profundo ou esforçado, ou meditação, da raiz verbal do homem para pensar]. Investigação sobre a primeira porção do *Veda* – a porção *matra*. É a quinta das seis *darzanas*, ou escolas da filosofia hindu. A escola de filosofia, em nossos dias, considerou estar principalmente preocupada com a interpretação correta dos textos védicos, por isso ser chamada às vezes de primeira escola vedanta. Jaimini tem a reputação de ser o seu fundador, assim como o autor do *Mimansa-darsana*, os sutras ou aforismos que constituem sua principal autoridade doutrinária. Esta escola é também denominada às vezes *karma-mimansa* por causa da doutrina advogada de que, por seu ensino, pode alguém se libertar mais ou menos da criação de novo karma. A porção mais avançada do *mimansa* é chamada de vedanta, que é, nos dias atuais, a teosofia do Hindustão. O vedanta, também chamado de *uttara-mimansa*, é atribuído a Vyasa, o organizador dos *Vedas*, como seu fundador. (ETG).

Rakshasas (sânscrito). Rãksasa-s [da raiz verbal *raks* proteger]. Os preservadores. Na superstição popular moderna na Índia, comumente associada a espíritos malignos e demônios. Esotericamente, eles são os gibborins (gigantes) da Bíblia, a quarta raça-raiz ou atlantes: "Quando Brahma criou os demônios, *yakshas* (de yaksh, comer) e os *rakshasas*, estas duas espécies de demônios, logo que nascidos, desejavam devorar seu criador, aqueles entre eles que gritavam 'Não! que seja salvo (preservemo-lo)' foram chamados *rakshasas*" (Vishnu Purana I, cap. v.). O *Bhagavad Purana* (III, 20, 19-21) apresenta a alegoria de maneira diferente. "Brahma transformou-se em noite (ou ignorância) revestido de um corpo", sobre o qual os *yakshas* e *rakashasas* se apoderaram, exclamando: "Não o poupem; devorem-no. Brahma então gritou: "Não me devorem, poupem-me". Isso tem um significado oculto, é claro. O "corpo da noite" é a escuridão da ignorância e também a escuridão do silêncio e do sigilo. Ora, em quase todos os casos, os *rakshasas* são descritos como iogues, piedosos *saddhus* e iniciados, funções bastante impróprias para demônios. O significado, então, é que enquanto temos poder para dissipar as trevas da ignorância, de as "devorar", devemos colocar a verdade sagrada a recato da profanação – devemos "preservá-la". "Brahma é apenas para os brâmanes', diz essa orgulhosa casta. A moral da fábula é evidente." (SD 2: 165n). (ETG).

Rakshasas, ou *rakchasas* (sânscrito). Literalmente: "comedores de carne (crua)" e, segundo a superstição popular, maus espíritos, demônios. Esotericamente, contudo, são os *gibborim* (gigantes) da Bíblia, a quarta raça dos atlantes. (GT).

Rishi (sânscrito). *Rsi*. Um adepto, vidente, pessoa inspirada. Na literatura védica, palavra usada para os videntes através dos quais os vários mantras ou hinos do *Veda* foram revelados. Em épocas posteriores, os *rishis* eram considerados como uma classe particular de seres, distintos de deuses e homens, os patriarcas ou criadores: assim havia os dez *maharshis* – os filhos nascidos da mente de *Prajapati*. No *Mahabharata*, os sete *rishis* do primeiro *manvantara* são enumerados como Marichi, Atri, Angiras, Pulaha, Kratu, Pulastya e Vasishtha. Em *Satapatha-Brahmana*, os rishis védicos são nomeados como: Gotama, Bharadvaja, Visvamitra, Jamadagni, Vasishtha, Kasyapa e Atri. Os sete *rishis* (*saptarshis*) estão especialmente associados à constelação da Grande Ursa. (ETG)

Sachchidananda (sânscrito). *Saccidãnanda* [de *sat* realidade + *cit* consciência pura + ãnanda felicidade]. Ser abstrato, consciência abstrata, bem-aventurança abstrata; o estado do hierarca espiritual cósmico, Brahman, ou Segundo Logos, o absoluto da nossa hierarquia cósmica. Subba Row escreveu que o Logos é descrito como *sachchidananda* porque, como *sat*, é o efluxo de Parabrahman; como *chit* contém em si toda a lei da evolução cósmica; como *ananda* é a morada da felicidade impessoal e a maior felicidade possível para uma pessoa que se tornou um *jivanmukta* – uma mônada liberta, quando é foi alcançada a união com o Logos cósmico.

Samanya sarira (sânscrito), em alguns livros hindus é o mesmo que luz do Logos (ver o verbete upadhi). (NT).

Sandhyavandana ou *Samdhyabandana* (sânscrito). Saãdhyāvandana [do crepúsculo *samdhyã*, amanhecer + saudação *vandana*, adoração, louvor, oração da raiz verbal e saudar, louvar, glorificar]. Os hinos da manhã e da tarde e atos de adoração. (ETG).

Sandhyavandanam (sânscrito). Hinos e atos de adoração matinais e noturnos. (ETG).

Sankalpam (sânscrito), ou sankalpa, significa intenção, desígnio, ideia, propósito, resolução, vontade, desejo, persuasão. A faculdade imaginativa que faz planos para o futuro. (GT).

Sankhya, ou *Samkhya* (sânscrito), *Sãmkhya* [de *sam-khyã* para enumerar]. A terceira das seis *darzanas*, ou escolas de filosofia hindus, fundada por Kapila, assim chamada porque divide o universo e, consequentemente, o homem, em 25 *tattvas* (princípios elementares), dos quais 24 representam os vários veículos mais ou menos conscientes, ou corpos, em que vive e trabalha o 25°, *purusha* ou o verdadeiro eu. O propósito desta escola é ensinar a natureza essencial do universo e do homem como uma parte inseparável do universo; de modo que este *purusha* – o ego espiritual do pensamento supremo, composto em sua essência de pura bem-aventurança, pura consciência e puro ser – pode ser libertado dos apegos dos outros 24 *tattvas*. Blavatsky sugere que houve uma sucessão de Kapilas; mas que o Kapila que extinguiu os 60.000 descendentes do rei Sagara foi o fundador da filosofia *sankhya* como declarado nos *Puranas*. Além disso, a filosofia *sankhya* pode ter sido trazida e ensinada pelo primeiro Kapila, e escrita pelo último, o grande sábio e filósofo do *kali yuga*. Quanto aos 24 tattvas, todos derivados do *purusha* originário espiritual, eles são divididos em oito *prakritis* originais (produtores) e 16 derivados destes oito, chamados *vikaras* (produções). Os oito *prakrits* brotam da *mulprakriti* (natureza original, ou substância-raiz). Em e através destes 24 tattvas, *purusha* se manifesta durante o período manvantárico. Esse sistema de *tattvas*, portanto, é aplicável tanto ao universo quanto a qualquer entidade como parte do universo, uma vez que a lei fundamental das coisas se repete no grande e no pequeno. A escola *sankhya* está intimamente relacionada, tanto em sistema quanto em substância filosófica, à escola de ioga fundada por Patanjali. (ETG)

Smriti (sânscrito). *Smrti* [da raiz verbal *smr* lembrar]. O que é lembrado; ensinamentos não escritos transmitidos oralmente. Distinguem-se dos *srutis*, que são ensinamentos transmitidos em escritos tradicionais. A palavra hebraica cabala tem um significado literalmente idêntico... *Sruti* significa aquilo que é "ouvido" ou recebido como revelação oral direta de um ser superior, considerado pelos hindus ortodoxos como sendo tão sagrado quanto o *smriti*; contudo, nos tempos antigos, os ensinamentos mais sagrados e secretos nunca eram destinados à escrita, mas eram invariavelmente passados de professor para aluno de "boca a ouvido" e "baixa respiração", seja entre os egípcios, persas, caldeus, gregos, romanos, druidas, chineses ou hindus. (ETG).

Sthula sarira (sânscrito) Em metafísica, o corpo grosseiro ou físico. [O corpo denso, grosseiro, em contraposição a outros princípios mais sutis e elevados.] (Râma Prasâd). (GT).

Sukshma-sarira (sânscrito) *Suksma-sarira [de* sūksma *corpo fino, etéreo, sutil +* śarīra*]* Corpo sutil, corpo astral popularmente; muitas vezes confundido com o *linga-sarira*. Blavatsky observa que a *sukshma-sarira* é "semelhante ao corpo dos sonhos, um corpo ilusório com o qual estão revestidos os *dhyanis* inferiores da hierarquia celestial" (SD 1: 132). Na classificação quaternária da constituição humana, é a segunda divisão – sendo as outras 1) *sthula-sarira*, 3) *karana-sarira* e 4) *atman*. O *sukshma-sarira* "tem com o corpo físico a mesma relação que o mundo astral tem com o plano objetivo do sistema solar. Às vezes é chamado de *kama-rupa* em nossas dissertações teosóficas. Esta expressão desafortunada deu origem também a um equívoco de que o princípio chamado *kama* representa o próprio corpo astral e é transformado nele. Mas não é assim. Ele é composto de elementos de natureza bastante diferente. Seus sentidos não são tão diferenciados e localizados quando no corpo físico e, sendo compostos de materiais mais sutis, seus poderes de ação e pensamento são consideravelmente maiores do que os encontrados no organismo físico "('Notes on BG 30-1). Nas *Leis de Manu* (1:17), *sukshma*, usado no plural, refere-se aos seis princípios sutis dos quais os elementos mais grosseiros são desenvolvidos (*ahamkara* e os *tanmatras* tênues); outros sistemas definem 17 princípios sutis dos cinco órgãos dos sentidos, seis órgãos de ação, cinco elementos, *buddhi* e *manas*. O termo é mais ou menos equivalente ao *sukshmopadhi* da escola *taraka-raja-yoga*. (ETG).

Sushupti (sânscrito). Sono profundo, sono sem sonhos. (GT).

Sutratma (sânscrito), *sutratman* ou *sûtrâtmâ*. Literalmente "fio do espírito"; o ego imortal; a individualidade que se reencarna homem, vida após vida, suas inumeráveis personalidades enfileiradas como contas de um rosário num cordão. O ar universal que sustenta a vida, *samashi pran*; a energia universal. (GT).

Swarga (sânscrito), ou *svarga*, ou *Indra-loka*, vem a ser uma mansão celeste, um paraíso, o céu das religiões exotéricas da Índia, onde se encontram as almas dos justos durante duas encarnações consecutivas, mas não deve ser confundido com o nirvana. (GT).

Tanmatras (sânscrito). *Tanmatra-s*. As essências sutis dos cinco elementos, popularmente dados como terra, água, fogo, ar e éter; e em um sentido eles são referidos como *sabda* (audição), *sparsa* (tato), *rupa* (visão), *rasa* (paladar) e *gandha* (ofato). Eles são equivalentes aos cinco *mahabhutas* (substâncias básicas do mundo). Os *tanmatras* são as fontes abstratas ou originárias, desprovidas de propriedades e qualidades do nosso ponto de vista, mas quando os *tanmatras* emanam aquilo que se torna as qualidades e propriedades pertinentes da natureza, então eles se tornam os *mahabhutas*. Na ordem da emanação cósmica, cada um dos sete logoi produz sua expressão veicular, que é o *tanmatra*, do qual novamente é emanado a respectiva propriedade e qualificado *mahabhuta* ou elemento cósmico. (ETG).

Tatwams. De acordo com a escola *samkhya* de filosofia na Índia, os *tattva* (*tattwa* ou *tatwa*) são os princípios abstratos, ou categorias físicas e metafísicas, da existência; o substrato das forças da natureza. "Os elementos sutis – cinco exotericamente e sete na filosofia esotérica – que são correlativos aos cinco e sete sentidos no plano físico; os dois últimos sentidos estão ainda latentes no homem, porém serão desenvolvidos nas duas últimas raças-mães." (GT).

Upadana karanam (sânscrito) é a causa material de um efeito. (GT).

Upadhi (sânscrito) significa "base, veículo, portador de alguma coisa menos material que ele próprio: como o corpo humano é o *upadhi* do seu espírito, o éter é *upadhi* da luz etc.; um molde; uma substância que define ou limita." (GT). Neste ponto, foi acrescentada uma nota de rodapé na edição publicada por Tookaram Tatya, com o seguinte teor: "Quatro *upadhis* incluindo o ego (a imagem refletida do Logos em *karana sarira*) como o veículo da luz do Logos. Essa luz é, às vezes, chamada *samanya sarira* em livros hindus. Mas estritamente falando, há apenas três *upadhis*." (ETG).

Vaikhari (sânscrito). *Vaikhari*. Como adjetivo feminino comumente relacionado com *vach* (fala mística) que é de quatro tipos: *para*, *pasyanti*, *madhyama* e *vaikhari*. *Vaikhari* é aquela forma de discurso que é pronunciada, expressa ou manifestada como veículo do pensamento. Como um dos quatro aspectos principais do Logos no espaço, *vaikhari-vach* é o cosmo em sua forma objetiva ou manifesta. (ETG).

Vaiswanara (sânscrito). É "o fogo magnético que penetra no sistema solar manifestado – o aspecto mais objetivo da Vida Uma". "Literalmente, esta palavra significa: 'saído de Vishvânara' (isto é, do fogo ou do deus do fogo." (GT).

Vasishta (sânscrito) é um dos sete grandes *richis* primitivos e um celebérrimo sábio védico. (GT).

Vibhuti (sânscrito). Poder, perfeição, excelência, grandeza, majestade, glória, magnificência, esplendor, prosperidade, bem-estar, riqueza, fortuna, abundância, virtude, bom êxito. (GT).

Vikarams (sânscrito). De acordo com o dicionário eletrônico de sânscrito Spokensanskrit.org dictionary, essa palavra é equivalente a *vikaramaya*, ou aquilo que consiste de compostos. Agora, considerando que a palavra sânscrita a ela associada *vikara*, significa, segundo o GT, mudança, modificação, alteração; movimento do ânimo; perturbação, desordem (mental ou corporal), paixão, acreditamos que *vikarams* tenha estreita relação com a noção de carma.

Virata Parva (*O livro de Virata*) é um dos livros que compõem o *Mahabharata*. (GT).

Visvarupi (sânscrito), ou *Visvarupa* e *viswarupam*. *Visvarupa* [de *visva* todos + *rupa* forma]. Tendo todas as formas, múltiplas, onipresentes; freqüentemente aplicado a Vishnu e, às vezes, a Krishna no *Bhagavad-Gita*; da mesma forma a Siva. (ETG).

Yuga (sânscrito). Uma das quatro idades do mundo e cuja série continua em sucessão durante o ciclo manvantárico... O grupo de quatro *yugas* é computado principalmente pelos anos divinos, ou "anos dos deuses, sendo cada um destes anos igual a 360 anos dos homens mortais... (GT).

Lista de abreviações

BG – *Bhagavad-Gita*

ETG – Encyclopedic Theosophical Glossary

GT – Glossário Teosófico (Ed. Ground)

IU – *Isis Unveiled*, by H. P. Blavatsky

N on BG – *Notes on the Bhagavad Gita*, by T. Subba Row (é o artigo ora traduzido: Comentários sobre o Bhagavad Gita)

NT – Nota do tradutor.

Assim acima como abaixo[46]

por G. R. S. Mead

Tradução: Edilson Almeida Pedrosa

> Céu acima, céu abaixo; estrelas acima, estrelas abaixo; tudo o que está acima, assim é também abaixo; entenda isso e seja abençoado. (*Kircher, Prodrom. Copt.*, p. 193 e 275).

"Assim acima como abaixo" ... uma "grande fala", uma frase sacramental, um provérbio de sabedoria, um aforismo, uma fórmula mística, uma lei fundamental ou uma espada de dois gumes de palavras cortantes que provavelmente vai causar sérios danos àquele que a empunha, caso não esteja prévia e cuidadosamente treinado no seu manuseio?"

Se essa famosa "expressão" é ou não de origem hermética, não insistiremos formalmente em descobrir. Em essência, é possivelmente tão antiga quanto o próprio pensamento humano. E muito provavelmente a ideia subjacente tem se tornado confusa com mais frequência do que qualquer outra companhia imortal.

"Assim acima como abaixo" consagra, sem dúvida, alguma ideia ampla da lei analógica, alguma base da verdadeira razão que resumiria as múltiplas manifestações das coisas em uma única verdade; mas a compreensão da natureza desse mistério da multiplicidade a partir do um (tudo em um e um

[46] Intitulado *As Above, So Below*, o presente artigo apareceu originalmente na *The Theosophical Review*, Vol. 34, reimpresso como Adyar Pamphlet N° 106, em de outubro de 1919, pela Theosophical Publishing House, Chennai (Madras), Índia.

em tudo) não deve ser alcançada pelo pensamento descuidado, por algum arranjo da sorte ou pelo passatempo artificial correspondente. De fato, se a verdade deve estar ausente em noventa e nove por cento dos casos em que alguém usa essa frase para sustentar um argumento, descobrimos que ignoramos a pergunta inicial, terminamos onde começamos, e afirmado o oposto de nossa máxima. Em vez de iluminar não apenas o assunto que estamos considerando, mas todos os assuntos, por uma compreensão da verdade eterna por trás de nossas palavras, nós o invertemos na proposição efêmera e falsa: "assim acima como abaixo," Deus, em verdade, *inversus est demon* (Deus é o inverso do demônio); e com o preço a pagar será infernal. Mas, felizmente, há alguma compensação mesmo nesta época ilógica; pois, como todo o mundo místico sabe, o demônio nada mais é que *deus inversus*.

Sim, mesmo ao longo de nossas linhas de pensamento mais modernas, mesmo em proposições e princípios que estão, a cada dia, se tornando cada vez mais favoráveis ao domínio do filosofar prático, percebemos que nosso aforismo atemporal manteve-se de cabeça para baixo sem a mínima cerimônia.

Na mais nova teologia e na mais recente filosofia encontramos uma forte tendência para ressucitar a antiga ideia de que o homem é a medida do universo – seja por que chamamos esse conceito de pragmatismo ou por qualquer outro nome que soe "tão doce". "Como abaixo", então, "assim acima". Na verdade, parece que não somos capazes de fugir dessa inversão. Nós gostamos dela assim virada de cabeça para baixo; e eu não estou completamente certo de que, mesmo para os mais brilhantes de nós, não é um excelente exercício, portanto, antropomorfizar [no sentido de *anthropos*, é claro, e não de sua carcaça] o universo e lançar a sombra de seu melhor dentro da tela infinita da aparência das coisas exteriores. Pois o homem não é semelhante de fato de todos esses mundos, sistemas, elementos e espaços, infinitudes, tempos e atemporalidade?

Mas esta maneira de olhar para a coisa não costuma, em geral, incomodar o iniciante na especulação mística. Fascinado com algum fato pouco conhecido do que está abaixo, maravilhado com algum incidente impressionante que tenha chegado ao seu conhecimento – surpreendente, fascinante para ele, é claro – ele geralmente coloca um peso sobre ele que não pode suportar, dramatiza algo particular como se fosse universal, e com um desesperado mergulho de alegria imagina que acha que finalmente alcançou a verdade – considerando sua confusa "como abaixo" como sendo o eterno "acima". Ele ainda não percebe que, se ele realmente tivesse alcançado aquele "acima", saberia não apenas o solitário abaixo que surgiu deslumbrantemente em seu mundo, mas todos os outros "abaixo" da mesma classe.

Mas, novamente, desta altura de "filosofar", vamos descer ao lugar comum místico. Das coisas físicas, temos certos conhecimentos definidos, resumidos nas medições e observações precisas e na arte mecânica geral da ciência moderna. Além desse domínio, para a ciência mecânica existe 'x'; para o místico "vidente" não há "x", mas uma série indefinida de fases de sensações cada vez mais sutis. Agora, como todo leitor inteligente sabe, é justamente a natureza dessas impressões extranormais que está começando a ser investigada criticamente nas linhas do método impessoal e justamente elogiadas por todos os trabalhadores científicos.

Nesse domínio de tão intenso interesse para muitos estudantes de teosofia o que deveríamos dizer sobre a aplicação do nosso "como acima" se aplica? E aqui vamos começar pelo início; isto é, o primeiro grau discreto além do físico – o psíquico, ou o assim chamado "astral". O que constitui este primeiro grau distinto? É na realidade um grau discreto? E por discreto quero dizer: é descontínuo com o físico? Isto é, há alguma mudança fundamental de tipo entre os dois? "Leste é Leste e Oeste é Oeste"; Astral é astral e físico é físico. Mas como? Apenas para os sentidos ou é também racionalmente distinto?

A primeira dificuldade que nos confronta é a seguinte: que, por mais aguçados que sejam os sentidos sutis de um homem, não importa quão "clarividente" ele possa ter se tornado – falo, é claro, apenas do que está sob minha observação pessoal e da literatura geral do assunto, [Da visão e propriamente apocalíptica, é claro, e não da visão subjetiva ou lembrança de cenas físicas], ele parece incapaz de transmitir com clareza sua própria experiência imediata a uma segunda pessoa, a menos que, é claro, a segunda pessoa possa "ver" como a primeira. Não importa o quanto ele possa tentar, ele é aparentemente obrigado a valer-se dos termos físicos para se explicar, ou melhor, é altamente provável que tudo o que foi escrito no "astral" não tenha produzido nenhuma outra impressão em leitores não psíquicos do que aquilo que é uma fase mais sutil do físico. E isso presumivelmente, porque o próprio vidente, ao explicar as impressões que ele registra para si mesmo, isto é, para sua consciência física, tem que as traduzir nas únicas formas que a consciência pode oferecer, a saber, formas físicas. De fato, parece haver um abismo entre o psíquico e o físico, de modo que as impressões de lá não podem ser passadas para nós. Em outras palavras, elas não podem, pela própria natureza das coisas, ficar nuas neste mundo; elas devem estar vestidas.

Bem, se isso é verdade, se isso é um fato inevitável na natureza, então a própria natureza do astral está excluída da natureza do físico por um abismo intransponível: "O Leste é o Leste, e o Oeste é o Oeste". Mas isso é realmente verdade? É só isso, porque não se conhece ninguém, até agora, que possa transpor o abismo perfeitamente? Ou, supondo mesmo que haja aqueles que podem fazer a ponte, serão eles incapazes de tornar seus conhecimentos acessíveis para os outros simplesmente porque estes outros não podem colmatar o abismo em sua própria consciência pessoal e, portanto, não podem seguir o *continuum* de seus irmãos mais talentosos?

Mas, mesmo supondo que haja uma continuidade do físico para o astral, parece que devemos, por assim dizer, ir daqui para lá, mas que ela não pode vir de lá para cá. Em outras palavras, o astral não pode ser registrado com precisão no físico, a imagem não pode reproduzir exatamente o protótipo, pois se pudesse, um seria o outro. Qual é então a natureza da diferença de qualidade ou grau? Perguntamos, mais uma vez, como o astral realmente difere do físico? Podemos, nesse caso, obter alguma satisfação de especulações concernentes à chamada "quarta dimensão" da matéria?

Esse é um assunto de imensa dificuldade, e eu não proponho a entrar em nada a não ser no seu recinto mais externo; na verdade, sou incapaz de fazê-lo. Tudo o que desejo anotar presentemente é que todas as analogias entre o espaço bidimensional (*flatland*) e nosso espaço tridimensional, e entre este último e o pressuposto estágio quadrimensional, são baseadas na *petitio principii*[47] mais flagrante. É o caso de "assim acima como abaixo", *in excelsis*. "Flatland – espaço de duas dimensões, mais a suposição adicional gratuita de seres bidimensionais que se movimentam naquele espaço – é inconcebível como matéria de qualquer tipo. Uma superfície é – uma ideia; não é uma coisa do mundo objetivo. Podemos conceber uma superfície em nossas mentes; é um conceito mental, não é uma realidade sensível. Não podemos vê-la nem prová-la nem ouvi-la nem cheirá-la nem tocá-la. Nossos seres bidimensionais não são apenas invenções da imaginação, são absolutamente inconcebíveis como entidades. Eles não podem estar conscientes um do outro, pois, no conceito abstrato chamado de superfície, não pode haver posição do ponto de vista de si mesmo e de coisas semelhantes, mas apenas do ponto de vista de outro. Mesmo o sentido mais primitivo de toque seria inexistente para os nossos "bidimensionais", pois não haveria nada para tocar. E assim por diante.

Portanto, imaginar como as coisas tridimensionais apareceriam para a consciência de um bidimensional e, a partir disso, por analogia, tentar construir coisas quadrimensionais, a partir de uma série de fenômenos tridimensionais, é aparentemente, um verdadeiro círculo muito vicioso. Não podemos chegar a esse ponto dessa maneira, temos que procurar outro caminho, um "outro caminho" muito diferente, aparentemente por meio do qual podemos sair das três dimensões – para o quê? Em – duas, de qualquer maneira ou de todas as maneiras? Quem sabe?

[47] A expressão latina *petitio principii* é uma retórica falaciosa que consiste em afirmar uma tese que se pretende demonstrar verdadeira na conclusão do argumento, já partindo do princípio que essa mesma conclusão seja verdadeira em uma das premissas. Também transformar a conclusão numa premissa é um petitio principii. (Wikipédia).

De alguma forma, a Escola Platônica posterior chamou curiosamente o "astral" de o "plano", baseando-se em um dos chamados oráculos caldeus: "Não maculem o espírito nem transformem o plano no sólido"; onde o "espírito" corresponde aparentemente ao que a terminologia teosófica moderna chama de "etérico", e ao "plano" a teosofia denomina de "astral". Como diz Psellus, ao comentar esse aforismo: "Os caldeus vestiram a alma com duas vestimentas: a que chamaram de espiritual, que é tecida para ela (por assim dizer) fora do corpo sensível; a outra, a radiante, sutil e impalpável, que eles chamam de plano." [Ver o meu *Orpheus*, p. 283, Londres, 1896].

Acima disse, estavam as "linhas" e os "pontos", todos pertencentes presumivelmente à região da mente.

O que, então, mais uma vez perguntamos, é o "astral" propriamente dito em comparação com o físico? Como as coisas parecem para si mesmas no próprio astral; por enquanto; na própria natureza das coisas, sempre que falamos "aqui embaixo" do astral, temos que falar disso em termos físicos? Em que, para usar um termo famoso do filosofar antigo, consiste sua "alteridade"? A "alteridade" é para ser pensada e distinguida por um abismo na matéria; uma lacuna – o que parece ser um absurdo, pois "a natureza não dá saltos"; ela também "abomina o vácuo", *und so weiter* (e assim por diante), ao longo dessa linha de aforismo. Aqui, de novo, somos confrontados com o outro lado da proteção, com a intuição inevitável de que existe um continuum na matéria; que, se fosse possível impulsionar magicamente uma entidade humana para o espaço, ela deixaria sucessivamente seus vários "veículos" [ou melhor, para especular com mais precisão, as moléculas de alguns, os átomos de outros, os elétrons de outros e assim por diante] nas esferas da atmosfera e dos elementos, enquanto, como no caso de John Brown, sua alma "continuaria marchando" até chegar ao último limite – sempre ou onde quer que esteja, em um universo que sempre em cada ponto entra em si mesmo.

Seja como for, não há dúvida de que a ideia de uma "coisa" ou "matéria" cósmica – sejam quais forem esses termos – enrolada continuamente em si mesma, como no diagrama do átomo tão familiar aos estudantes da teosofia moderna – é extremamente iluminadora, se pensada como um símbolo dos sistemas de força. Todas as coisas, então, parecem estar solidificadas aqui embaixo pelo "céu sendo enrolado como um tapete", para parafrasear o *Upanishat*. O "em cima" tem sido assim "envolvido" no "em baixo" e, se pudéssemos apenas seguir o processo, talvez pudéssemos compreender vagamente a verdade subjacente ao nosso aforismo. Então, e só então, no sentido mais sério e literal disso, e não no sentido sarcástico do escritor, ou melhor, cantor, do *shvetâshvataropanishat*: "quando, como o tapete, o céu, os homens se enrolarem; então (somente, não até então) será o fim da tristeza, sem que os homens conheçam a Deus "[Shvetâshvataropanisht, vi, 20. Ver *Os Upanishats* (Mead e Chatterji's Trans) II, 97] pois então, talvez, eles seriam Deus.

Agora, na verdade, esse *continuum* de matéria é o fundamento sobre o qual todo pensamento científico está baseado; transformação perpétua e contínua, mas sem saltos repentinos – evolução ordenada, sem surpresas espontâneas, miraculosas ou sem causa. E se isso for verdade, segue-se que algum dia a linha direta de "descida" do astral para o físico será controlada mecanicamente pela invenção humana, e o astral se tornaria visível até para o mais irremediavelmente profano de um ponto de vista psíquico; e não apenas isso, mas os erros da observação humana, que contaminam toda a investigação psíquica presente, serão evitados de uma maneira tão maravilhosa quanto os erros de observação física são agora eliminados pelos instrumentos maravilhosamente delicados já inventados pela engenhosidade humana.

Isso parece seguir imediatamente a premissa principal da nossa presente especulação; mas, de uma forma ou de outra, não estou de forma alguma convencido de que seja esse o caso. Nossa salvação é dependente de máquinas? *Dei ex-machinis*[48] de fato!

Mas o que tudo isso tem a ver com "assim acima como abaixo"? Por que isto: se o mundo sensível se eleva por es-

[48] *Dei ex-machinis* significa literalmente Deus surgido da máquina. É uma expressão latina, mas de origem grega, utilizada para indicar uma solução inesperada, improvável e mirabolante para terminar uma obra ficcional. (*Wikipédia*).

tágios – deste estado grosseiro, familiar a nós pelos nossos sentidos normais, através de graus cada vez mais refinados da matéria, nós finalmente alcançamos – mas aí está a dificuldade: o que alcançamos? Por onde começamos? A verdade a esse respeito é – seja sussurrado humildemente – você não pode pensar em termos de matéria. Mas, por enquanto, adote a ideia "sempre tão tênue" como suficientemente indefinida para qualquer místico que não seja metafísico [*metaphysician*, no original em inglês – NT], usando o último termo da maneira muito antiga, onde a *physis* incluía toda a natureza o que é *natura,* o campo do devir.

"Assim acima como abaixo" – quantos estágios acima? Vamos dizer sete, para estar na moda. Então o "acima" será presumivelmente muito nebuloso, uma espécie de "risco primitivo" esférico, de dentro para fora – mas um "traço primitivo em seu próprio modo, e diferindo presumivelmente *toto coelo* do veio primitivo que aparece primeiro na embriologia física. Pode haver "correspondência", mas essa correspondência deve ser rastreada através de numerosas ordens de "matéria"; a próxima ordem sucessiva ao físico já está atuando como força, ou energia, para a matéria que se submete aos nossos sentidos normais. Aqui estamos de novo, no início, face a face com o "astral" 'x' – que, comparado com o físico, talvez devesse ser considerado como um "sistema de forças", e não como um molde da mesma maneira e forma que o físico. E, se essa visão é, de qualquer modo, um estágio mais próximo da realidade do que a interpretação do astral por imagem e simbolismo puramente físicos – o que pode possivelmente ser a natureza de nossa fase esférica de "traço primitivo"; quando já no primeiro remover nós pedimos todas as nossas possibilidades de descrição?

Pois, certamente, não avançamos muito simplesmente lançando a imagem do físico, por assim dizer, para uma série de espelhos que diferem um do outro apenas na distância em que estão separados um do outro. De qualquer forma, parece que sim para a mente reflexiva do homem; embora talvez pareça tão natural para os seus sentidos mais sutis, por assim dizer, de sua experiência, quando ele fala fisicamente sobre elas.

Que se entenda de uma vez por todas que não tenho a menor pretensão de decidir entre essas oposições aparentemente eternas – o sentido e a razão; de fato, tenho uma crença particular de que seria muito impróprio e desastroso tentar separar os cônjuges eternos desse casamento sagrado; não apenas indecoroso, mas sacrílego para fazê-lo – talvez até mesmo o pecado contra o Espírito Santo. De mãos dadas, ou melhor, na mais íntima de todas as uniões, eles devem sempre ir juntos, para sempre dando a luz o verdadeiro homem – que é sua fonte comum.

Ainda assim, é sempre uma vantagem manter continuamente diante de nossas mentes a pergunta: o que é um protótipo; o que é um paradigma; o que é um logos – uma razão; o que é uma ideia? O que, por exemplo, é o *autozôon*, o próprio animal, quando comparado a todos os animais; o que é o sempre o "mesmo", em comparação com todos os "outros"?

Aqui, para nos ajudar, a intuição das coisas que embasam o filosofar do mundo ocidental em seu nascimento no raciocínio consciente – desde o tempo de Pitágoras em diante – avança com seu ajuste do numênico contra o sensível, ou fenomenal, – a mente contra a alma. A característica da mente pura é que ela "vê" a si própria, não a outra, e sabe que ela sempre "vê" a si própria. É o "plano da verdade" – onde quer que estejam os paradigmas, ideias e razões de todas as coisas – e quando dizemos "onde" não queremos dizer que é um lugar ou espaço, pois ela é a causação eterna deles, e não é condicionado por eles, mas autocondiciona a si própria.

Seria muito longo, seria muito difícil, para mim, tentar escrever sobre um tema tão sublime nesses pensamentos errantes. Só para uma coisa eu desejei chamar a atenção; é a tradução descuidada de termos em consciência e o perigo de cair muito profundamente no hábito do que Stallo chama de "despersonificação das ideias". Pois quando você "reificou" suas ideias, seja ela a gravidade, a atomicidade ou a vibração, você só tem a sombra e não a substância; a aparência, o fenômeno, e não a verdade subjacente, o número.

Já será visto que, mesmo neste breve artigo, usei as mesmas palavras em sentidos totalmente diferentes; pois quando falo do matrimônio sagrado da mente e dos sentidos, estou usando "mente" em um sentido diferente da "mente" da qual acabo de falar, que nesse sentido significa o Eu, o (*atman*) âmago da filosofia hindu.

Mas não importa como usemos nossas palavras (e aquele que ama a sabedoria é tão tolo a ponto de brigar por palavras?) parece ser uma posição inexpugnável na razão certa, que aquela "visão" que revela ao homem as "razões" das coisas é uma possessão superior e mais divina que aquela "visão" que vê as formas sensíveis das coisas, não importa quão belas e grandiosas sejam essas formas. E quando digo "vê" as "razões" das coisas, será que quero dizer a apreensão intelectual de alguma explicação única, alguma fórmula, alguma abstração? De jeito nenhum. Por "razão" quero dizer logos – quero dizer que, quando "vemos" as "razões" das coisas, vemos nossos "eus" (ou *selfs*) em todas as coisas; pois os nossos verdadeiro eus é o verdadeiro fundamento dos nossos seres, o que em nós constitui os "Filhos de Deus" – *logoi* como Ele é Logos, parente Dele.

"Assim acima como abaixo." O que, então, é o "acima", onde não há lugar nem direção, nem dimensão nem tempo? E é o "acima" superior ao "abaixo"? Ah, é aí que a mente se desintegra, incapaz de compreender isso. É a eternidade maior que o Tempo? É o Mesmo mais poderoso que o Outro? Claro que é, nós dizemos, como tantos em muitas escolas já disseram antes. Mas é realmente assim? Não estamos ainda na região dos opostos; nenhum dos quais pode existir sem o outro, e cada um dos quais é igual ao outro? Ainda estamos na região das palavras – palavras neste caso, não razões; embora a mesma palavra *logos* faça sentido para ambos no grego; mostrando mais uma vez que na verdade *demon est deus inversus*.

Nenhuma palavra pode realmente falar Dele, ou Daquilo, se você preferir, embora o gênero neutro seja tão pouco apropriado quanto o masculino. "Tu que és para ser adorado somente em silêncio!" Como Tu és acima, assim és Tu abaixo; como Tu és em Ti, assim és Tu no homem; como Tu mesmo estás em Ti, assim é Teu homem em Ti – agora e para sempre.

Apresentação

Embora vivamos em uma sociedade cada vez mais materialista, ainda subsiste interesse bem difundido, conquanto não muito bem embasado, a respeito dos fenômenos supranormais e parapsicológicos, sendo notável que até mesmo alguns ramos da ciência já tenham se aliado à psicologia experimental e observacional em seu lado mais místico e fora do comum.

Considerando que o homem é o único laboratório disponível para o estudo de eventos anímicos extraordinários, os quais costumam ser considerados pelo público apenas do ponto de vista emocional ou como uma questão de privilégio especial de algumas pessoas, ao invés de instrumento científico de relevante utilidade e mesmo de orientação na vida espiritual, cresce a necessidade de se difundir não apenas narrativas ficcionais bem fundamentadas mas também as experiências humanas transcendentais factuais e a sua análise, mantendo-se sempre a maior isenção possível e o afastamento de superstições e facciosismo religioso.

O material apresentado nesta seção, a qual deverá ter sequência em volumes vindouros da presente coleção de Luzes da Teosofia, surge naturalmente, da necessidade de se apresentar evidências que deem indicação convincente de que nem o *zeitgeist* (o espírito da época) das sociedades modernas, em que predomina o ceticismo, o materialismo e o cientismo, nem o avanço do conhecimento científico verdadeiro mataram a sabedoria arcaica das tradições religiosas ou a crença no encantamento, na magia, na astrologia, na feitiçaria, na pedra filosofal, na existência de habitantes de outras dimensões ou mundos invisíveis, nas inúmeras outras crenças mantidas ferrenhamente ao longo de toda a história da humanidade. Este trabalho não é um exercício fútil, pois têm surgido muitos estudos que demonstram a influência das tradições populares místicas e a sua importância científica, mostrando que muitas crenças condenadas em determinadas épocas pela ciência como coisas de ignorantes ressurgem plenamente e passam a ser reconhecidas como válidas adiante, quando surge um conhecimento mais completo.

É nesse campo um tanto escorregadio dos fenômenos supranormais que a presente coletânea pretende aprofundar uma revisão do assunto, tornando o público em geral mais instruído sobre tais questões. Libertos da ortodoxia e dos preconceitos, os editores não têm, porém, a intensão de conciliar apresentações e teorias diferentes dos vários autores, pois pretendem apenas auxiliar no sentido de que as crenças das gerações anteriores não se percam.

Os "espíritos" vampiros[49]

H. P. Blavatsky
Tradução: Edilson A. Pedrosa

Tudo o que há de organizado neste mundo, as coisas visíveis e as invisíveis, tem um elemento que lhe é próprio. O peixe vive e respira na água; a planta consome o gás carbônico, que nos animais e nos homens produz a morte; alguns seres foram feitos para viver em camadas rarefeitas de ar, outros existem apenas nas mais densas. A vida, para alguns, depende da luz do Sol; para outros, da escuridão; e é assim que a sábia economia da natureza adapta uma forma viva a cada condição de existência. Essas analogias permitem concluir não só que não existe uma porção desocupada na natureza universal, mas também que para cada coisa que tem vida são fornecidas condições especiais e, tendo sido fornecidas, elas são necessárias. Assim, admitindo-se que há um lado invisível, as condições fixas da natureza autorizam a conclusão de que essa metade está ocupada, como também a outra; e de

[49] Este artigo, denominado originalmente *Los 'Espíritus' Vampiros*, foi publicado pela Sociedade Teosófica na Espanha, no início de século XX, no livro *Narraciones Ocultistas y Cuentos Macabros*, que foi montado a partir da compilação de artigos e trechos de livros de H. P. Blavatsky e que está enriquecido com comentários do renomado escritor teosófico Mário Roso de Luna (1872 – 1931). O material do artigo em pauta foi organizado por Francisco de Montolin y de Togores (1861 – 1892), um dos fundadores da ST na Espanha, que morreu precocemente em grande sofrimento, como poderá ser visto em sua breve biografia na seção Curiosidades Teosóficas. Para elaborar seu trabalho, Togores traduziu do inglês e compilou seletivamente trechos do livro Ísis Sem Véu, que, na edição brasileira, se encontram no cap. 10 do Vol. 2, a partir da p. 53. (o texto original pode ser encontrado em *https://docslide.net/documents/paginas-ocultistas-y-cuentos-macabros.html.*). (NT).

que cada grupo de seus ocupantes está provido das condições indispensáveis de existência. O fato de que há espíritos implica que haja uma diversidade de espíritos; pois os homens diferem, e os espíritos humanos são apenas homens desencarnados.

Dizer que todos os espíritos são semelhantes, ou foram feitos para viver na mesma atmosfera, ou que possuem poderes iguais, ou são governados pelas mesmas atrações – elétricas, magnéticas, ódicas, astrais, não importa quais –, é tão absurdo quanto dizer que todos os planetas têm a mesma natureza, ou que todos os animais são anfíbios, ou que todos os homens podem ser alimentados com a mesma comida. Muitíssimo mais razoável é supor que, dentre os espíritos, as naturezas mais grosseiras descerão às alturas mais profundas da atmosfera espiritual – em outras palavras, estarão mais próximas da Terra. Ao contrário, as mais puras estarão mais longe do ambiente terrestre... Supor o contrário e pensar que qualquer desses graus de espíritos podem ocupar o lugar e as condições dos outros equivaleria a esperar que, na hidráulica, dois líquidos de densidades diferentes pudessem fazer uma troca na escala do hidrômetro de Baumé.

Görres, ao descrever (*Mystiques*, III, 63) uma conversa que manteve com alguns indígenas na costa do Malabar, narra que, ao lhes indagar sobre o fato de lhes aparecem fantasmas, eles lhe responderam: "Sim, mas nós os conhecemos como espíritos maus." Os bons aparecem mui poucas vezes. O maus espíritos são geralmente de suicidas ou de pessoas assassinadas, ou seja, das que morreram de formas violentas. Eles flutuam ao nosso redor e aparecem-nos como fantasmas, enganando as pessoas de curto alcance e tentando as demais de mil maneiras diferentes, sendo a noite especialmente favorável a isso."

Porfírio (*De Sacrificilis*, capítulo de *O Verdadeiro Culto*) apresenta-nos alguns fatos repugnantes cuja veracidade está consubstanciada na experiência de todo estudioso de Magia. "A alma de pessoas perversas", diz ele, "tem, mesmo após a morte, certo apego a seu corpo e afinidade com ele proporcional à violência com que se rompeu a sua união. Por isso, quando desenvolvemos certas faculdades podemos ver muitos espíritos pairando em desespero em torno dos seus restos terrestres; vemo-los até mesmo procurando ansiosamente os restos pútridos de outros cadáveres e, sobretudo, o sangue recentemente vertido, o que parece infundir-lhes, por um momento, vida material." Se algum espiritista põe em dúvida as palavras do grande teurgo, não tem mais que ensaiar em suas sessões de materialização os efeitos de um pouco de sangue humano recém-derramado. "Os deuses e os anjos", diz Jâmblico, "aparecem-nos na paz e na harmonia; os demônios maus fazem com que tudo se agite em confusão. (...) E quanto às almas comuns, é muito difícil que possamos percebê-las."

A alma, com efeito, nasce neste mundo, deixando o outro mundo no qual existia antes de se encarnar na Terra ... Ela parece então morrer quando se separa do corpo, no qual, como numa barca frágil, cruzou esta vida ... Mas a morte não aniquila a alma, apenas a transforma ora em um ser protetor como aqueles que os romanos reconheciam e reverenciavam com nomes tais como *manes*, *penates* e lares; ora, se foi perversa, em uma larva, um lêmure, um espírito errante, o terror do ímpio ... Se, por razão de vícios, crimes e paixões animais, um espírito desencarnado tiver na oitava esfera (o Hades alegórico pagão, ou o geena do Bíblia, que é a região mais próxima da nossa Terra), ainda pode se arrepender com o vislumbre de razão e consciência que ainda conserva ... Um desejo ardente de compensar os seus sofrimentos, um desejo fervoroso de retorno, pode trazê-lo de volta à atmosfera terrestre, onde permanecerá vagando e sofrendo mais ou menos em sua triste solidão. Seus instintos irão induzi-lo a buscar avidamente o contato dos vivos ...

Tais espíritos são os invisíveis, mas também palpáveis, vampiros magnéticos; os demônios subjetivos tão bem conhecidos por freiras e frades contemplativos da Idade Média e pelos "feiticeiros" a quem o *Martelo dos Feiticeiros* deu tanta fama; verdadeiros clarividentes e sensitivos de acordo com suas próprias confissões. Eles são os demônios sanguinários de Porfírio; as larvas e lêmures dos antigos; os abomináveis instrumentos de sugestão que levaram tantas infelizes e débeis vítimas à tortura e ao patíbulo. Orígenes sustenta que muitos demônios obsessores dos possessos do Novo Testamento eram "espíritos" humanos ... Moisés sabia perfeitamente quem eram esses desafortunados e não ignorava as tremendas consequências a que estavam expostas as pessoas que cediam a tais influências demoníacas, razão pela qual ele promulgou seus terríveis decretos contra tais "bruxos". Jesus, por outro lado, cheio de justiça e amor divino para com a humanidade, limitava-se a curá-los em vez de matá-los. Mais tarde, no decorrer do tempo, nosso clero, pretenso modelo de virtudes cristãs, seguiu a lei de Moisés, dispensando Aquele a quem eles chamavam de "seu Deus vivo", queimaram milhares daqueles pretensos feiticeiros ... Feiticeiros! Denominação fatídica que naquele tempo vinha acompanhada da morte mais ignominiosa e que nos dias atuais suscita, por outro lado, uma tempestade de sarcasmo e ridículo!

As histórias dos sortilégios de Salem, tal como as encontramos registradas nas obras de Cotton, Mather, Calef, Upham e outras, são um capítulo trágico na história da América, que nunca foi descrito de acordo com a verdade dos fatos.

No povoado de Salem Vitcheraft, quatro ou cinco meninas sentiram-se convertidas em médiuns espontâneas, como diríamos hoje, depois de terem convivido com uma nativa negra do Oeste norte-americano, que era muito hábil nas operações de magia negra conhecida por rito de Obeah. As garotas mencionadas começaram a se sentir maltratadas por alfinetadas, beliscões e mordidas em diferentes partes do corpo, devido a fantasmas invisíveis que não lhes davam um momento de descanso. A famosa *Narração de Deodat Lawson* (Londres, 1704), afirma que "os espíritos obsessores das meninas, maltratavam-nas pelo conhecido método feiticeiro de *emboutement*, ou seja, das figurinhas de cera, trapos etc., que representavam as vítimas, e nas quais cravavam alfinetes, davam beliscões etc., que então, por telepatia, eram sentidos pelas infelizes jovens." O sr. Upham relata-nos que Abigail Hobles, uma dessas meninas, reconheceu que havia feito um pacto com o diabo, "que lhe aparecia na forma de um homem jovem, o qual lhe ordenara atormentar as donzelas a quem conhecia, levando-lhe imagens madeira, que se pareciam mais ou menos com as jovens, e espinhos para que cravasse nessas imagens, o que ela fazia ao pé da letra, sentindo, então, as moças a mesma dor que experimentariam se lhes cravassem os espinhos na carne".

Todos esses lamentáveis fatos históricos, cuja validade foi comprovada pelo irrefutável testemunho dos tribunais que conheceram a causa, confirmam a doutrina de Paracelso, sendo por demais surpreendente que um sábio tão sério como Upham, pudesse ter acumulado, nas mil páginas dos dois volumes de sua obra, tal massa de evidência legal para demonstrar a intervenção naqueles eventos de almas ainda ligadas à Terra e de espíritos maliciosos da natureza, sem suspeitar da verdade oculta que está por trás dessas tragédias, já que, há alguns séculos, Lucrécio punha na boca do velho Ênio estas frases de perfeito ocultismo, que dizem:

Bis duo sunt hominis: juba, cara, espíritos, umbra;
Quator ista loci bis duo suscipiente:
Terra tegil carnem; lumulam circanivolat umbra,
Orcus habet manes.

Em relação a essa classe de fatos, por incríveis que hoje possam parecer ao nosso ceticismo, não deveríamos nos perguntar, imparciais, qual dos escritores antigos menciona fatos da natureza aparentemente sobrenaturais, mas, sim, qual deles não os menciona. Na Odisseia de Homero (v. 82), vemos Ulysses evocando o espírito de seu amigo, o adivinho Tirésias, mediante a cerimônia da "festa do sangue". O herói de Tróia desembainha sua espada, afugentando com ela os milhares de fantasmas sedentos atraídos pelo cruento sacrifício, e seu próprio amigo Tirésias não se atreve a se aproximar da vala sangrenta, enquanto Ulisses brande a arma do crime ... Ao troiano Enéias, em *Eneida* de Virgílio (livro VI, v. 260), ao tentar descer para o reino das sombras, a Sibila que o guia nos seus umbrais, ordena que ele desembainhe sua espada e abra caminho através da multidão compacta de sombras fugazes, que sedentas, impedem-lhe a passagem: *Taque invade viam, vaginâque eripe ferrum.*

Glanvil, em seu *Sadducismus Triumphatus*, faz uma resenha maravilhosa da aparição do "tamborileiro de Tedworth", ocorrida em 1661, e na qual o *scin-lecca*, ou o duplo do feiticeiro tamborileiro, assustou-se grandemente à vista de uma espada. Psellus, em sua obra *De Daemon*, faz uma longa narração sobre o terrível estado em que afundou sua cunhada devido à possessão de um *daimon* elementar, e como foi curada pelo conjurador Anaphalangis, que começou a ameaçar com a espada desembainhada o obsessor invisível daquele corpo, até que ele fosse expulso. Psellus então expõe o catecismo da demonologia nestes termos ou noutros semelhantes:

Desejais saber se os corpos invisíveis dos espíritos podem ser feridos com uma espada ou outra arma qualquer? Pois sabei que sim, eles podem ser graves. Um objeto duro jogado neles causar-lhes-á dor correspondente a que teriam se ainda estivessem vivendo aqui abaixo; porque, embora seus corpos já não sejam formados pelas substâncias resistentes que os nossos possuem, nem por isso deixam de ser sensíveis, porque, em seres dotados de sensibilidade, não são apenas seus nervos que têm a faculdade de sentir, mas também o espírito que reside neles ... Sem ajuda de qualquer organismo físico, o espírito vê, ouve e sente qualquer contato ... Se o dividirdes em dois, sentirá a mesma dor que qualquer homem vivo experimentaria, porque seu corpo atual não deixa de ser matéria, embora de uma natureza tão sutil que geralmente é invisível aos nossos olhos.

... No entanto, há uma coisa que distingue o corpo dos vivos dos corpos dos mortos: quando os membros de uma pessoa viva são seccionados, as duas porções não podem ser reunidas facilmente, enquanto o corpo etéreo de um demônio se reintegra imediatamente depois de ter sido completamente cortado, da mesma maneira como a água ou o ar se juntam depois de um corpo sólido passar por eles. Mas, apesar disso, qualquer arranhão ou ferida produzida causa dor àquele demônio, e é por isso que todos temem a ponta da espada ou outros instrumentos de defesa.

Bodin, o mais sábio demonólogo de seu século, mantém a

mesma opinião tantas vezes repetida por Porfírio e Jâmblico, seguindo Platão e Plutarco, como bem o sabem todos os teurgistas. Na *Demonologia* aquele sábio nos conta:

Lembro-me que, em 1557, um demônio elemental, daqueles chamados relampagueantes, caiu como um raio na casa do sapateiro Pondot, e imediatamente começou a chover pedras por toda a casa, com as quais casa pude encher uma arca. A dona da, então, fechou hermeticamente as janelas, mas isso não impediu que as pedras continuassem caindo, embora sem machucar nenhum dos presentes. O magistrado Latomí veio informar-se, porém, nem bem entrou, quando o espírito lhe arrebatou o chapéu. Seis dias se passaram assim, quando o conselheiro M. J. Morgues também veio me procurar para esclarecer tal mistério. Quando entramos na casa, alguém já havia aconselhado o dono a se entregar a Deus de todo o coração e a brandir sua espada desembainhada com energia por toda a sala. A partir daquele momento cessaram, como que por encanto, aqueles fenômenos que os haviam molestado por uma semana.

Os livros de feitiçaria da Idade Média estão cheios de narrativas análogas, mas os filósofos mais antigos não apenas mencionam histórias análogas, mas as descrevem e analisam pontualmente.

Proclo figura na dianteira no caso de tais maravilhas. Verdadeiramente causa pasmo a coleção de fatos que apresenta, corroborados por testemunhas, incluindo alguns filósofos famosos. Ao recordar muitos casos de seu tempo, em que não poucos cadáveres foram encontrados em posições diferentes em suas sepulturas, fatos atribuídos a larvas ou vampiros, "como os casos, acrescenta ele, referidos pelos antigos sobre Aristeu, Epimênides e Hermodoro", ou como outros cinco na *História de Clearco*, o discípulo de Aristóteles. Para finalizar, ele cita o caso de Filonea. Esta filha de Demostrator, acrescenta, casado contra sua vontade com um tal Krotero, morreu pouco depois, mas após seis meses de sua morte, voltou à vida, como disse Proclo, por causa de seu antigo amor pelo jovem Macates, a quem visitou por muitas noites sucessivas, até que ela, ou melhor, o vampiro que fazia suas vezes, morreu de raiva. Seu cadáver, após sua segunda morte, foi visto, por toda a cidade, na casa de seu pai, enquanto seu túmulo era encontrado vazio. Tal evento é confirmado pelas *Epístolas de Hiparco* e pelas de Arrietus a Filipos, de acordo com Catherine Crowe em seu *Nighi-Side of Nature*, p. 335. Demócrito, em seus escritos sobre o hades, disserta, em suma, extensivamente sobre as possibilidades de que alguns mortos retornarem à vida.

Para enfatizar a timidez, frivolidade e preconceitos com que esses e outros milhares de fatos do passado costumam ser julgados, é suficiente folhear a obra *História do maravilhoso nos tempos modernos* do Dr. Figuier. O trabalho, apoiado por testemunhos tão valiosos quanto o do famoso Dr. Calmeil, diretor do asilo de lunáticos de Charentón, ocupa-se, bem documentadamente, dos profetas de Cévennes; os *camisardos*, os *jansenistas*, o diácono Paris e uma centena de outras epidemias de neurose registradas na história dos últimos séculos e que só ligeiramente podemos mencionar, especialmente porque foram descritas por todos os autores modernos que lidaram com esses problemas.

Os surpreendentes fenômenos dos convulsionários Cevennes apresentaram-se como uma epidemia ao final de 1700. As medidas desumanas tomadas pelos católicos franceses para extirpar o espírito de profecia que tinha tomado uma população inteira são eventos históricos sobre os quais não temos porque insistir. O simples facto de que um punhado de homens, mulheres e crianças, de apenas duas mil pessoas, resistisse por anos aos 60.000 soldados do rei, já foi em si um prodígio. Todas essas maravilhas ocorridas com eles estão registradas nos processos que hoje estão preservados nos Arquivos da França. Entre eles existe o relatório oficial do feroz abade Chayla, prior de Lava, levado a Roma e onde ele se lamenta pelo fato de que o espírito maligno fosse tão poderoso, a ponto de que nem exorcismo nem tortura inquisitorial alguma conseguisse desalojá-lo dos *cevennenses*. O abade acrescentou que ele próprio pôs as mãos dessas pessoas sobre brasas, envolveu várias delas em algodão impregnado de óleo e lhes pôs fogo sem que, em ambos os casos, elas se chamuscassem ou tivessem uma só bolha formada na epiderme; que as balas de tiros dados contra elas, à queima-roupa, apareciam esmagadas entre as suas roupas e a pele, sem lhes trazer um arranhão sequer etc...

No final do século XVII, diz o Dr. Figuier após relatar tudo isso, uma anciã importou de Cevennes aquele espírito de profecia, que prontamente se comunicou com vários jovens de ambos os sexos, resultando o contágio generalizado. Homens, mulheres, crianças de tenra idade tornaram-se torrentes da mais estranha inspiração, expressando-se não em dialetos comuns, mas no mais correto francês, uma língua mui pouco conhecida na região naquela época. Até mesmo as crianças de peito profetizavam. Oito mil profetas, continua ele, se espalharam pelo país, e metade das faculdades de medicina da França, inclusive a de Montpeller, apressaram-se em estabelecer-se em Cevennes, declarando-se maravilhadas e confusas ao ouvir pessoas sem nenhuma cultura literária dissertar eruditamente sobre coisas das quais jamais souberam uma palavra e até mesmo crianças de colo expressarem-se com igual lucidez durante horas ... Aquilo, acrescenta o comentador, não era uma exaltação momentânea das faculdades intelectuais, fenômeno que pode ser observado em muitas doenças do cérebro" ... Exaltação momentânea, que durava muitas horas, no cérebro de bebês, falando em francês correto antes que tenham aprendido uma só palavra de seu dialeto: oh, milagre da fisiologia! Prodígio deveria ser o teu nome, exclama o católico Des Mousseaux ao comentar o trabalho de Figuier em seu *Os costumes e práticas dos demônios*.

Vejamos agora os prodígios não menos célebres dos jansenistas segundo o dr. Figuier, munido de grande cópia de dados históricos. Conta-nos ele.

O diácono Paris foi um jansenista que morreu em 1727. Imediatamente após sua morte, começaram a ocorrer junto com seu túmulo os mais surpreendentes fenômenos. O cemitério transbordava com pessoas desde manhã até a noite, e os jesuítas, exasperados ao ver que os hereges verificavam as curas mais maravilhosas e todos os tipos de prodígios, recorreram às autoridades, obtendo delas a ordem de que se fechasse a entrada para o túmulo do famoso diácono. Mas, apesar de todos os obstáculos, as maravilhas continuaram por cerca de vinte anos. O bispo Douglas, que foi a Paris com este único propósito, visitou o túmulo e pode verificar que os milagres continuavam entre convulsionários tal como o primeiro dia; coisa pela qual, forçosamente, como de costume, o diabo foi responsabilizado. O próprio Hume, em seu *Ensaios filosóficos*, acrescenta:

Nunca será certamente atribuído a uma única pessoa tantos milagres quanto os que ocorreram recentemente no túmulo do diácono Paris. Em todos os lugares se viam doentes que tinham sido curados, surdos que voltaram a ouvir e cegos que haviam recuperado a visão em virtude do santo sepulcro. Mas o mais extraordinário é que muitos dos ditos milagres aconteceram no mesmo local do túmulo perante juízes de seriedade e retidão inquestionáveis, numa época esclarecida; fatos que nem os próprios jesuítas, apesar de serem pessoas comumente instruídas, terem o apoio das autoridades civis e serem decididos inimigos das opiniões favoráveis à origem dos milagres realizados, foram capazes de negá-los, refutá-los ou descobrir a sua verdadeira causa. Tal é a verdade que lança o testemunho histórico sobre tais eventos.

Dr. Middleton, em seu *Investigação livre*, uma obra que ele escreveu sobre esses fenômenos depois de dezenove anos que elas começaram e quando já estavam em franco declínio, declara que a evidência de tais milagres é tão plena e indiscutível quanto, pelo menos, as maravilhas a que se referem os apóstolos. Na verdade, estes fenômenos, cuja autenticidade é comprovada por muitos milhares de testemunhos perante magistrados e a despeito do então onipotente clero católico, devem ser colocados entre os mais incríveis já registrados pela história. Carré de Montgeron, um membro do Parlamento que se tornou famoso por suas relações com os jansenistas, enumera-los cuidadosamente em quatro grossos volumes in dedicados ao rei, sob o título de *La Vérité des miraeles operés par l'intercessão de M. Paris, demontrée contre l'Archevêque de Sens.* Por sua irreverência para com o clero romano, ele foi preso na Bastilha; mas era tal o acúmulo de testemunhos pessoais e oficiais invocados para provar cada um dos casos, que a obra foi aceita.

"Uma das convulsivas", diz Figuier, apoiada pelas costas na ponta de uma estaca afiada, mantinha-se curvada em forma de arco com a maior impassibilidade. O maior prazer que poderia ser dado a essa criatura era aplicar-lhe, em tal posição e em seu estômago, o golpe de um pedregulho de cinquenta libras suspenso de uma roldana. Montgeron e muitas outras testemunhas acrescentam que, não só a menina não mostrava hematomas, mas estava pedindo em voz alta que se batesse ainda mais forte.

Juana Maulet, outra garota de vinte anos, encostada na parede, recebia em seu epigástrio centenas de golpes dados por um brutamontes com um martelo de trinta libras sobre um trato de ferro apoiado no estômago da débil paciente. Crer-se-ia, acrescenta Montgeron ao relatar o fato, que o trato deveria afundar nas entranhas da jovem, mas, pelo contrário, ela gritava com seu rosto radiante de felicidade: "Oh, que delícia, e quanto prazer esse espancamento me causa! Ânimo, irmão, e golpei com força dobrada, se você puder! ...

A relação oficial de tais maravilhas, que é muito mais completa que a de Figuier, acrescenta outros detalhes, como o daqueles que se punham serenamente a descrever eventos distantes, logo comprovados infalivelmente; o de manterem-se esses convulsionários no ar graças a uma força invisível e sem que todos os esforços reunidos pelos membros da Comissão se mostrassem capazes de fazê-los descer. Foram vistas mulheres idosas escalando com agilidade de gatos selvagens paredes verticais de até 9 metros de altura.

O dr. Calmeil, diretor do Hospital de Loucos de Charentón, deu sobre esses e outros fenômenos análogos a explicação costumeira que lhes dão os médicos: "o meteorismo ou a plenitude dos gases no trato digestivo; o estado espasmódico do útero das mulheres; o intumescimento dos envoltórios adiposos das camadas musculares que protegem e cobrem o abdômen etc.; acrescentando que a surpreendente resistência oferecida pelo corpo dos convulsionários se deveu à histeria ou epilepsia, uma força que tem alguns pontos de contato com as mudanças de sensibilidade que se produzem pelo medo, a raiva, em uma palavra, qualquer outra paixão de ânimo levada ao paroxismo. Para o terrível crítico católico Des Mousseaux, em seu trabalho acima mencionado, ele responde cheio de indignação com essa e outras opiniões similares de nossa ciência médica:

Estava o médico ilustre plenamente desperto quando formulou tais teorias? ... Se ele ou o dr. Figuier quisessem manter seriamente suas afirmações categóricas, poderíamos dizer-lhes: "Vocês nos permitiriam uma vez, por experiência, insultá-los tão duramente que venham a explodir em justa indignação contra nós ao ouvir de nossos lábios, por exemplo, que vocês falsificam a ciência e enganam seu público e, aproveitando esse momento, repetíssemos com vocês as experiências de Cevennes, dando-lhes uma saudável massagem com estacas ou garrotes, certos de que nada resultaria desses terríveis golpes, dado o estado de insensibilidade a que a raiva de vocês certamente os levaria?"

É inútil acrescentar que o desafio de Des Mousseaux permaneceu, para sempre, sem resposta.

Voltemos aos fatos de vampirismo.

Verdadeiras ou falsas, há entre os orientais "superstições" de tal natureza como jamais poderia sonhar um Edgard Poe ou um Hoffmann, e essas crenças estão infiltradas no próprio sangue das nações que lhes deram vida. Cuidadosamente expurgadas de todo exagero, ver-se-á que encerram uma crença universal naquelas almas astrais, inquietas e errantes conhecidas pelos nomes de *gulas*, ou vampiros. Um bispo armênio chamado Yeznik, do século V, cita alguns exemplos dessa classe no livro I, parágrafos 20 e 30, de uma obra manuscrita que foi preservada há uns trinta anos na biblioteca do mosteiro de Etchmeadzine, na Armênia russa. Entre outras, existe uma tradição que remonta aos tempos do paganismo, segunda a qual, sempre que um herói cuja vida ainda é necessária na Terra, cai sobre o campo de batalha, os *aralez*, ou sejam, os antigos deuses populares do país, que possuem a faculdade de fazer voltar à vida aqueles que morreram em combate, lambem as feridas sangrentas da vítima e sopraram sobre elas até que tenham comunicado a eles uma vida nova e vigorosa, depois do que o guerreiro se ergue, desaparecem todas os seus ferimentos e ele volta a ocupar seu lugar na batalha. Porém, o espírito imortal do herói voa para muito longe enquanto isso e vive o resto de seus dias em um templo abandonado e longínquo.

Então, por outro lado, como um adepto, já não pertence mais a este mundo, pois era iniciado no último e mais solene mistério da transmissão da vida, o sétimo e temível rito da grande operação sacerdotal que constitui a mais alta teurgia . . . Sua alma já estava livre desde aquele momento, e os sete pecados capitais, até então sempre à espreita para devorar o seu coração no momento em que sua alma libertada pela morte atravessasse as sete escadas e os sete portais, não podiam mais machucá-lo nem na morte nem na vida, porquanto ele já havia ultrapassado as sete provas duais e os doze trabalhos da hora final. O Sumo Hierofante era o único que sabia como realizar essa solene operação de infundir seu próprio alento vital e sua própria alma astral no adepto escolhido por ele para sucedê-lo, que era assim dotado de uma dupla resposta vital.[50]

A Epístola V aos Hebreus trata do sacrifício de sangue. "Onde há uma vontade", diz, "deve necessariamente mediar a morte do mediador ... Sem o derramamento de sangue não há remissão nenhuma ..."[51] O sangue produz fantasmas, e suas emanações fornecem a certos espíritos os materiais necessários à formação de suas aparições transitórias. "O sangue", diz Eliphas Levi, "é a primeira encarnação do fluido universal, a luz vital materializada. Sua produção é a mais ma-

[50] O feroz costume introduzido mais tarde entre o povo de sacrificar vítimas humanas é uma mera cópia pervertida dos mistérios teúrgicos. Os sacerdotes pagãos que não pertenciam à classe dos hierofantes continuaram a praticar por algum tempo esse ritual horrível, o qual servia para esconder seus verdadeiros propósitos. Mas, o grego Héracles é representado como o adversário dos sacrifícios humanos e o destruidor dos homens ou monstros que os oferecessem. Bunsen demonstra, apoiando-se no fato de que nos mais antigos monumentos não se nota figura ou sinal algum que indiquem que, naquele tempo, havia sacrifícios humanos, os quais foram abolidos no antigo império, ao final do século VII, depois de Menes . Além disso, três mil anos antes de Jesus Cristo, Hipócrates proibiu severamente os sacrifícios humanos entre os cartagineses. Difilus ordenou que que as vítimas humanas fossem substituídas por touros. Amoris forçou os sacerdotes a substituir as vítimas por figuras de cera.
[51] Ver Hebreus 13:12-22. (NT).

ravilhosa de todas as maravilhas da natureza; vive, porque se transforma perpetuamente, sendo o Proteu universal efetivo. O sangue vem de princípios nos quais antes não havia nada análogo, e que se torna carne, ossos, cabelo, suor, lágrimas ... A substância universal, com seu duplo movimento, é o grande arcano do Ser, o sangue está em seu tempo o grande arcano da vida."

"O sangue", diz o hindu Ramatsariar, "contém todos os segredos da existência; nenhum ser vivo pode existir sem ele. Comer sangue é profanar a obra do Criador." Por essa razão, Moisés, seguindo a tradição universal, proíbe fazê-lo.

Paracelso escreve que, com os vapores de sangue, pode-se evocar qualquer espírito que se queira ver, já que, com suas emanações, formar-se-ão uma aparição, um corpo visível, mas isso é perfeita feitiçaria ou necromancia. Os hierofantes de Baal faziam incisões profundas em seus corpos e, com seu próprio sangue, produziam aparições objetivas e tangíveis. Os seguidores de certa seita persa, muitos dos quais são vistos nas proximidades de estabelecimentos russos de Temerchan-Shoura e Derbent, têm mistérios religiosos durante os quais formam um grande círculo e giram em frenética dança. Estando arruinados os seus templos, os rituais têm lugar em edifícios retirados e vedados à visão exterior, em edifícios com uma espessa camada de areia como pavimento. Todos estão vestidos com roupas brancas flutuantes e as cabeças descobertas e raspadas. Armados com facas e excitados pela dança macabra, logo que atinjam um tal grau de excitação, começam a ferir-se furiosamente, a si e aos outros, até não aguentarem mais, ficando o pavimento embebido em sangue. Antes de tal "mistério" terminar, cada homem tem um parceiro com quem dança. Às vezes os dançarinos espectrais têm cabelo em seus crânios, os quais se diferenciam dos cabelos naturais de suas cabeças inconscientes. Como prometemos solenemente não divulgar outros detalhes dessa cerimônia terrível, que só assistimos uma vez, devemos parar por aqui, acrescentando que, durante o tempo que estivemos em Petrovsk, no Cáucaso, presenciamos outro mistério semelhante.

Antigamente as feiticeiras da Tessália acrescentavam,

às vezes, sangue de uma criança ao sangue do famoso cordeiro negro para melhor evocar as sombras. Aos sacerdotes ensinava-se a arte de evocar os espíritos dos mortos e os dos elementos, mas seu modo de proceder certamente não era o daquelas terríveis feiticeiras.

Entre os *yakuts* da Sibéria, nos confins do Lago Baikal e ao longo do Rio Vitema, existe outra tribo que pratica a bruxaria tal como faziam as famosas feiticeiras da Tessália. Suas crenças religiosas são uma estranha mistura de superstição e filosofia ... Segundo elas, as almas dos mortos convertem-se em "sombras" condenadas a vagar sobre a Terra até que ocorra alguma mudança, ora favorável ora adversa, que eles explicam, por suposto. As sombras luminosas, ou as dos bons, tornam-se guardiões ou protetores daqueles que elas amam na Terra. As sombras escuras, buscando sempre, pelo contrário, causar dano a quantos conheceram em vida, incitando-os ao crime e a outras transgressões, prejudicando, assim, por todos os meios, os mortais ... Durante os sacrifícios de sangue, que sempre se verificam à noite, os *yakuts* evocam sombras escuras, ou malignas, para aprender com elas o modo como fazem para preservar sua malignidade. O sangue é necessário para isso, porque sem seus vapores, as sombras não poderiam se tornar visíveis, e até seriam, eles acreditam, ainda mais perigosas, porque o extrairiam das pessoas vivas através da transpiração. Quanto às sombras boas, ou luminosas, elas não precisam ser evocadas assim, porque isso as desagradam e, quando querem, podem fazer sentir sua presença sem a necessidade de nada.

Evocação através do sangue também é praticada, embora com diferentes finalidades, em distintos pontos da Bulgária e da Moldávia, especialmente em distritos vizinhos aos dos muçulmanos. A tirania e a escravidão horríveis a que esses desafortunados cristãos foram submetidos durante séculos tornaram-nos mil vezes mais impressionáveis e supersticiosos. No dia sete de maio de cada ano, os habitantes da Bulgária e da Moldávia Valaca celebram "a festa dos mortos". De fato, depois que o Sol se põe, uma multidão de homens e mulheres, carregando velas em suas mãos, vai aos cemitérios e reza sobre as sepulturas de seus mortos.

Essa antiga e solene cerimônia, chamada *Trizna*, é uma reminiscência geral dos primeiros ritos cristãos; mas era ainda mais solene enquanto durou a escravidão muçulmana ... Entre os habitantes das cidades a cerimônia já é meramente ritualística; mas entre alguns camponeses o rito toma proporções de uma evocação teúrgica completa. Na véspera do Dia da Ascensão, as mulheres búlgaras acendem uma porção de lâmpadas e velas; ao lado dos túmulos, colocam cadinhos nos tripés, e o incenso perfuma a atmosfera num grande raio ao redor. Do crepúsculo até um pouco antes da meia-noite, e em memória dos mortos, convidam-se amigos e um certo número de mendigos para comer, também lhes dando vinho e *raki* ou aguardente, e dinheiro é distribuído aos pobres. Assim que a festa acaba, os convidados acercam-se do túmulo e chamam o falecido pelo nome, agradecem-lhe pelas bondades de que foram objeto. Quando saem todos, inclusive os parentes mais próximos, uma mulher, geralmente a mais velha, é deixada sozinha com o morto, e é assegurado que ela prossiga à cerimônia de evocação. Prostrada de joelhos e, depois de súplicas fervorosas ao morto, repetidas umas mil vezes, para que ele se apresente, a mulher tira algumas gotas de sangue do lado esquerdo do peito e deixa-as cair lentamente sobre a sepultura. Isso dá força ao espírito invisível do morto que vaga ao derredor da sepultura, permitindo que, por alguns momentos, ele assuma forma visível e dê instruções adequadas à cristã teurgista ou, simplesmente, a abençoe, para depois desaparecer até o próximo ano. Tão firmemente está arraigada tal crença que ouvimos uma mulher moldava propor ao seu irmão que, por motivo de uma dificuldade familiar, adiasse qualquer decisão sobre o assunto em questão até que, na noite da Ascensão, o pai poderia resolver a dificuldade, coisa a que o irmão concordou como se seu pai estivesse na sala ao lado.

Que na natureza há segredos terríveis pode crer quem, como nós, tenha testemunhado o caso do *zuachar* russo. Caso em que o feiticeiro não pôde morrer até que comunicasse a palavra a outro, o que raramente deixam de fazer, por outro lado, os hierofantes da magia branca.

Os hindus acreditam em vampiros tão firmemente quanto sérvios e húngaros. "O fato de um espectro que reaparece para sugar o sangue humano, diz o dr. Pierart, famoso mesmerizador, num sábio artigo da *Revue Spiritualiste*, volume IV, não é tão inexplicável quanto parece e, ainda menos, para os espiritualistas, que admitem os fenômenos chamados bicorporificação, ou duplicação da alma. Aquelas mãos espectrais que temos apertado, aqueles membros materializados, tão palpáveis, que temos visto em sessões mediúnicas, são uma prova evidente acerca de quantas e quantas coisas são possíveis sob condições favoráveis para aqueles espectros do astral evocados."

Ao expressar-se assim o médico respeitável, não faz senão reproduzir a teoria cabalística sobre os *shandim*, isto é, a categoria mais baixa de todos os seres espirituais. Maimônides conta-nos, em sua obra *Abodah Sarah*, que as pessoas de seu tempo eram forçadas a manter relações íntimas com seus mortos e descreve as festas de sangue que eram celebradas nesses casos. Com efeito, eles cavavam um buraco no chão no qual derramavam sangue fresco e, colocando sobre ele uma mesa, evocavam os espíritos, que acudiam pressurosos, respondendo a todas suas perguntas. No entanto, Pierart, com toda a sua doutrina teurgista sobre o vampirismo, mostra-se muito indignado com a superstição do clero que ordenava que se atravessasse uma estaca no coração de todo cadáver sobre a qual havia suspeita de vampirismo.

Enquanto a forma astral do falecido não estiver completamente separada do corpo, há, com efeito, uma certa conexão pela qual, através da atração magnética, esta forma pode ser forçada a retornar e apossar-se do corpo novamente. Acontece, às vezes, que a forma astral não se desprende do corpo senão pela metade, por assim dizer, quando este é enterrado por apresentar todas as aparências de uma morte efetiva. Em casos tão horríveis, a alma astral, aterrorizada, retorna violentamente à sua envoltura de carne e, então, a desafortunada vítima, ou bem acaba de morrer realmente, sob o paroxismo das atrozes angústias da asfixia, ou bem se torna um vampiro, caso tenha sido grosseiramente materialista durante a sua existência terrestre ...

No segundo caso, começa para o miserável cataléptico assim enterrado em vida, uma existência verdadeiramente bicorpórea, na qual o corpo que se encontra aprisionado na tumba é sustentado com o sangue ou fluidos vitais que seus corpos astrais fantasmáticos roubam aqui e ali dos vivos, porque, como se sabe, esta última forma etérea pode ir aonde queira, desde que não se rompa o vínculo que a une ao corpo, e vaguear, em forma visível ou invisível, alimentando-se astuciosamente de suas vítimas humanas. A julgar por todas as aparências, tal "espírito" consegue então transmitir, através de uma disposição misteriosa e invisível que um dia talvez venha a ser explicada, o produto de suas sucções fluídicas ao corpo material que jaz inerte no fundo da tumba, contribuindo assim para perpetuar de certa forma aquele seu estado de catalepsia.

Brierre de Boismont cita alguns casos de diferentes teores, completamente autênticos, que houve por bem qualificar como "alucinações". "Uma pesquisa recente mostrou, diz um jornal francês, que dois cadáveres foram submetidos, em 1871, ao tratamento infame da superstição popular, por instigação do clero ... Oh, cega preocupação!" Mas, o dr. Pierart, citado pelo escritor católico Des Monsseaux, que admite resolutamente o vampirismo, exclama: "É superstição, dizeis? Sim, tão cega quanto gostaríeis, mas de onde vêm essas preocupações? Por que eles se têm perpetuado em todas as épocas e em tantos países? Depois da infinidade de casos de vampirismo que se tem visto, deveríamos dizer que hoje tal coisa não acontece e que os casos que estão relacionados a ele nunca tiveram uma base sólida? Do nada, nada é feito. Cada crença, cada costume, procede dos fatos e das causas que lhe deram origem. Se nunca se tivesse visto aparecer seres de aparência normal, no seio das famílias de certos países, mortos vindo sugar sangue de uma ou mais pessoas, e se isso não tivesse resultado na morte por exaustão da vítima, ninguém jamais teria ido desenterrar os cadáveres nos cemitérios, nem teríamos presenciado o fato incrível de ter-se encontrado pessoas enterradas há vários anos com o corpo macio e flexível, olhos abertos, tez corada, com a boca e o nariz cheios de sangue, e derramando sangue em torrentes ao serem decapitadas."

Um dos exemplos mais importantes do vampirismo está nas cartas reservadas do filósofo Marquis d'Argens e, na *Revue Britanique* de março de 1837, o viajante inglês Pashley descreve alguns casos dos quais teve notícias na Ilha de Cândia. O dr. Jobard, um erudito belga, anticatólico e antiespiritista, testemunha outros casos semelhantes em seu trabalho sobre *Les Hauts, Phenomenes de la Magie*, p. 199:

Eu não quero examinar, diz o bispo de Avrauches Huet (*Huetiana*, página 81), se os casos de vampirismo que são relatados diariamente são verdadeiros ou meros frutos de um erro popular, mas é verdade que foram atestados por tantos autores competentes e confiáveis e por um número tão considerável de testemunhas oculares, que ninguém deveria decidir sobre essa questão sem muita prudência.

Aquele bom senhor de Des Mousseaux, que tanto se tem incomodado recolhendo matérias para a sua teoria demonológica, deixa-nos com alguns exemplos sensacionais para mostrar que todos esses casos se devem à intervenção do diabo, o qual toma as formas fantasmagóricas dos mortos para revestir-se delas e vagar pelas noite sugando sangue do povo, uma explicação que nos pareceria excelente se não pudéssemos nos contentar com outras melhores sem trazer à cena um personagem tão sinistro. Se queremos definitivamente acreditar no retorno dos espíritos, temos uma infinidade de sensualistas perversos, miseráveis e criminosos de todos os tipos, especialmente suicidas, capazes de rivalizar em malícia com o mesmíssimo diabo em seus melhores dias, o que é suficiente por si só nos vermos agora forçados a acreditar no que vemos e sabemos ser um fato, ou seja, nos espíritos, sem necessidade de acrescentar ao nosso panteão de espectros um diabo quem ninguém jamais viu.

Nada obstante, no que se refere ao vampirismo, há detalhes interessantíssimos a serem reconhecidos, a partir do momento em que a crença em tal fenômeno existe desde os tempos mais remotos em todos os países. As nações eslavas, os gregos, *válacos* e sérvios, primeiro duvidaram mais da existência de seus inimigos, os turcos, do que do fato relativo à existência de vampiros. Os *brucolak* ou *vurdalak*, como são chamados os últimos, são hóspedes mais do que familiares nos lares eslavos para que deles se duvide. Escritores do maior talento, homens tão inteligentes como cheios de perspicácia como eles, trataram do assunto crendo nele por suposto ... De onde vem essa crença máxima através dos tempos; essa identidade de detalhes e analogias nas descrições desse fenômeno singular que encontramos no testemunho jurado de povos que são estranhos um ao outro e que discordam, no entanto, completamente com respeito a outras várias superstições?

"Há", diz Dom Calmet, o cético monge beneditino do século XIX, em seu artigo *Aparições* (vol. II, p. 47 da obra acima), "dois procedimentos distintos para destruir a crença nesses supostos espectros ... O primeiro é explicar os prodígios do vampirismo por meio de meras causas físicas; o segundo em negar completamente a verdade de tais histórias, o que consideramos o mais seguro e prudente".

Com efeito, o primeiro procedimento, o de explicar, o vampirismo por meio de causas físicas, embora ocultas, é o adotado pela escola de mesmerismo de Pierart e, certamente, não são os espiritualistas que têm mais razão em rejeitar a plausibilidade dessa explicação. O segundo plano, no entanto, é o adotado pelos cientistas e céticos. De acordo com Des Mousseaux, não há caminho que exija menos filosofia do que esse procedimento expedito de negação direta do que se ignora.

"Certo dia", acrescenta Dom Calmet, "o espectro de um pastor começou a aparecer inesperadamente para os habitantes de uma aldeia perto de Kodom e, como resultado do susto, ou por qualquer outro motivo, todos morreram em uma semana. Diante daquilo, os outros camponeses, exasperados, foram em busca do cadáver do pastor e o desenterraram, cravando-o ao solo com uma grande estaca. Mais uma vez apareceu, no entanto, o seu espectro naquela mesma noite, mergulhando a população em terrores quase apocalípticos e matando por sufocação vários habitantes, face ao que, as autoridades locais entregaram o corpo do pastor ao carrasco, que o queimou em um campo vizinho. O cadáver", acrescenta Des Mousseaux, comentando o incidente, uivava como um louco, chutando e resistindo como se estivesse vivo, jorrando ondas vermelhas de sangue pela ferida da estaca, e as aparições de seu espectro não cessaram até que todo o corpo estivesse reduzido a cinzas.

"Em mais de uma ocasião", continua Dom Calmet, "vários agentes da justiça visitaram os lugares que, segundo rumores públicos, eram frequentados por espectros. Os cadáveres destes foram logo exumados, e observou-se que o corpo de todos os suspeitos de vampirismo estava sempre saudável e rosado. Observou-se também que os objetos familiares das casas antes habitadas por eles em vida moviam-se estranhamente sem que ninguém os tocasse. Por um zelo muito natural, as autoridades geralmente recusavam a cremação ou a decapitação sem que primeiro se cumprissem os procedimentos legais: as testemunhas eram citadas, e as suas declarações ouvidas e cuidadosamente consideradas. Logo se passava, então, ao exame dos cadáveres desenterrados, e se eles apresentassem, por sua vez, os sinais inequívocos de vampirismo, eram entregues ao carrasco."

"A principal dificuldade, no entanto, de tudo isso", conclui Dom Calmet, "é saber como e quando estes vampiros podem deixar seus túmulos e, depois de realizar suas proezas, voltar a entrar neles sem que pareça que a terra tenha sido minimamente removida, tendo eles sido vistos por testemunhas usando suas roupas habituais, comendo e vagando de um lado para outro, enfim, como se estivessem vivos ... E se tudo isso não passa de pura fantasia da parte daqueles que eram favorecidos por tais visitas, por que, infalivelmente, se encontram logo os cadáveres de tais espectros em suas tumbas, frescos e flexíveis, cheios de sangue e sem sinais de decomposição em seus corpos encontrados em suas respectivas sepulturas?"

"Como explicar que no dia seguinte, à noite, em que repetidos espectros aterrorizavam com sua aparição os vizinhos, seus pés ficavam sujos e cobertos de lama, algo que não era observado de forma nenhuma nos outros cadáveres do mesmo cemitério? Por que, uma vez que sejam queimados os corpos dos vampiros, os seus espectros nunca aparecem novamente e por que, enfim, casos semelhantes ocorreram com tanta frequência neste país, tornando impossível banir tais superstições? "

Há, sem dúvida, um estado de semimorte, um fenômeno de natureza desconhecida e descartado, portanto, pela fisiologia e psicologia de nosso tempo como uma superstição. Nesse estado, o corpo está praticamente morto e, no caso daquelas pessoas em que a matéria tenha prevalecido sobre o espírito sem que, no entanto, houvesse uma perversão absoluta que tenha destruído "o fio de ouro" que liga a alma humana ao seu espírito supremo, a alma astral irá se desprendendo por esforços graduais, uma vez que o corpo físico se encontra entregue a si mesmo, separando-se completamente ao se romper o último dos vínculos corpóreos. A partir desse momento, uma polarização magnética repelirá violentamente o homem etéreo da massa orgânica de seu corpo, já em franca decadência, e toda a dificuldade consiste, primeiro, em que nós imaginamos que o momento de tal separação entre os dois corpos é aquele em que o homem é declarado morto pela ciência e não mais tarde, e, segundo, na descrença dominante acerca da existência, seja da alma ou do espírito, mantida injustamente por essa mesma ciência.

Pierart tenta demonstrar em seu trabalho que os enterros prematuros são sempre perigosos, mesmo quando oferecem sinais indubitáveis de putrefação. "No caso do infeliz morto cataléptico, diz-se, enterrado como morto efetivo em lugares secos e frescos, onde o corpo não pode ser destruído por causas locais, o seu espírito, (ou seja, o corpo astral), vestido de um corpo fluídico (ou etéreo), se vê impelido a deixar seu túmulo e executar, à custa de seres vivos, os atos peculiares de vida física, especialmente os de nutrição, e cujos elementos, graças a um misterioso laço existente entre o corpo e alma, a que a ciência espiritualista vai explicar algum dia, são transmitidos para o corpo material que se encontra na sepultura, ajudando assim a preservar a sua existência miserável. Semelhantes espíritos, vagando em seus corpos efêmeros, têm sido vistos com frequência afastando-se ou retornando aos cemitérios, e sabe-se que, descendo sobre os vivos, têm sugado o seu sangue, vampirizando-os. Novas investigações judiciais, então, têm conseguido provar que, como resultado de tão grande monstruosidade, sobrevinha uma extraordinária sangria, ou sangramento, das vítimas que, por causa disso, algumas vezes, vinham a morrer."

Assim, pois, ao teor do piedoso conselho de Dom Calmet, ou devemos persistir em negar os fatos ou bem, se aceitarmos os testemunhos humanos e legais, mui dignos de respeito, teremos de aceitar a única explicação possível dada por Glanvil ao dizer, no volume II, p. 70 de seu *Sadducismus Triumphalus*, que "as almas dos mortos encarnam-se em veículos aéreos, ou etéreos, como está plenamente comprovado por homens eminentes como o Dr. More, ao evidenciar que tal doutrina sempre foi a dos Santos Padres e dos mais antigos filósofos... "

Antes de deixar o tema repugnante do vampirismo, e sem outra garantia que a de havermos comunicado vários testemunhos confiáveis, gostaríamos de citar mais um caso para que sirva de exemplo.

No início deste século, ocorreu na Rússia um dos casos mais horríveis de vampirismo registrados pela história. O governador da província de Tch*** era um homem de cerca de sessenta anos e de caráter ciumento, malicioso e cruel. Investido com uma autoridade despótica, exercia-a sem qualquer contemplação, sendo levado sempre pelo primeiro impulso de seus instintos brutais. O governador havia se enamorado de uma linda moça, filha de um oficial subordinado seu. Apesar de saber que a donzela estava noiva de um jovem que a amava extraordinariamente, o tirano forçou o pai da menina a que ela cassasse com ele e não com o jovem. Presa do maior desespero, a pobre vítima tornou-se a esposa do velho, que logo se mostrou cheio de ciúmes, chegando até a bater nela e trancá-la por semanas inteiras em casa, sem deixar que falasse com ninguém a não ser em sua presença. Finalmente, o odioso governador adoeceu um dia e morreu; mas, ao sentir já próximo o seu fim inevitável, fez a sua esposa jurar que não voltaria a se casar, ameaçando-a com as mais horríveis maldições se ela descumprisse o seu juramento, o que o levaria até a sair da sepultura para matá-la.

O tirano foi enterrado no cemitério da cidade, localizado no outro lado do rio. Pouco tempo depois, a viúva libertada, superando seus escrúpulos pelo juramento que fizera, deu ouvidos novamente às instâncias de seu antigo namorado, e eles se comprometeram a casar-se em pouco tempo.

Na mesma noite da costumeira celebração esponsalícia, quando todos se retiraram, a velha casa foi perturbada com gritos angustiados de horror e lamentações que vinham do quarto da noiva. As portas foram forçadas ao ponto e viu-se com surpresa que a infeliz mulher jazia desmaiada em sua cama, ao mesmo tempo em que se ouvia o ruído de uma carruagem saindo do pátio. O corpo da jovem estava cheio de equimoses devido, aparentemente, a fortes beliscões recebidos e, em seu pescoço, era visto uma picada muito leve da qual brotavam gotículas de sangue. Logo todos foram tomados de surpreendente horror quando a viúva recobrou a consciência e narrou aterrorizada que o seu falecido marido, o governador, havia entrado subitamente em seu quarto fechado, exatamente como em vida, com a diferença de apresentar em seu rosto uma horrível palidez cadavérica, tendo-a espancado e beliscado cruelmente, depois de ter-lhe jogado na cara a sua inconstância.

É inútil acrescentar que ninguém deu crédito a tal relato, porém, na manhã seguinte, a sentinela postada no outro extremo da ponte que cruza o rio, contou que, momentos antes da meia noite, uma carruagem arrastada por seis cavalos passou velozmente pela ponte em direção à cidade e sem fazer o menor caso da ordem de "alto!" que lhe deram.

O novo governador, que não acreditava na história de tal aparição, tomou a precaução, no entanto, de dobrar as sentinelas da outra parte da ponte, apesar disso, o acontecimento repetia-se noite após noite com uma regularidade desesperadora. Os soldados que guarneciam a barreira de pedágio declararam unanimemente que, apesar de todos os cuidados e esforços para detê-la, a fantástica carruagem passava rapidamente adiante sem que pudessem impedi-la. Todas as noites era ouvido no pátio da casa o mesmo ruído prolongado e surdo do coche; os guardas, junto com os servos e a família da viúva ficavam logo imersos num sono profundo, e todas as manhãs surgia, enfim, a pobre vítima, machucada, ensanguentada e desfalecida.

Não é necessário descrever a consternação que tal evento produzia na cidade. Os médicos não conseguiram explicar o caso; os sacerdotes alojavam-se no palácio da viúva para passar a noite em oração. Mas, quando a meia-noite se aproximava, todos eram vítimas de uma letargia invencível. O próprio arcebispo chegou da capital e praticou pessoalmente a cerimônia de exorcismo, mas na manhã seguinte a viúva foi encontrada em um estado mais deplorável do que nunca e já próxima da morte.

Para acalmar o bairro horrorizado, o governador foi forçado, finalmente, a adotar medidas mais severas. Ele colocou cinquenta cossacos ao longo da ponte com ordem terminante de parar o fantasma da carruagem a todo custo. Sem embargo, as doze badaladas da meia-noite foram ouvidas e o coche foi visto em alta velocidade pela estrada do cemitério. O oficial de serviço e um padre, crucifixo na mão, ficaram na frente da barreira de pedágio, gritando ao mesmo tempo:

– Em nome de Deus e em nome do Czar, quem vem aí?

Ao que uma cabeça bem conhecida de todos apareceu na janela do coche, e uma voz, não menos conhecida, respondeu com energia:

– O Conselheiro secreto de Estado e Governador C ...!

No mesmo instante, o sacerdote, o oficial e os cinquenta soldados foram jogados violentamente para o lado, como que sacudidos por um choque elétrico, ao tempo em que a fantástica e luxuosa carruagem cruzava veloz sem que ninguém conseguisse detê-la.

O arcebispo, então, e como último recurso, apelou ao procedimento sancionado pelo tempo, isto é, desenterrar o corpo e pregá-lo no chão por meio de uma estaca de carvalho afiada que perfurasse o coração, algo que foi prontamente executado com grande pompa religiosa e na presença de todo o povo. Os narradores do espantoso evento me asseguraram que o corpo do governador estava, de fato, cheio de sangue e com bochechas e lábios vermelhos. No momento de cravar-lhe a estaca, ele exalou um gemido, enquanto uma grande jorro de sangue jorrou com ímpeto a uma grande altura. O arcebispo pronunciou logo o exorcismo costumeiro e, desde então, não se ouve falar mais do o vampiro ou de sua fantástica carruagem.

Até que ponto as circunstâncias do caso podem ter sido exageradas pela tradição, não podemos dizer, mas nós o conhecemos, há anos, por uma testemunha ocular, e até hoje ainda existem famílias na Rússia cujos membros idosos lembram-se fielmente do evento aterrador.

Comentário de Mario Roso De Luna

Na seção de referência, a mestra toca no ponto principal que separa o teosofista do espiritista fenomenal, que é aquele que usa a mediunidade, a saber que, enquanto, para os espiritistas, como para a tradição universal, os (espíritos) que guiam os médiuns são quase sempre «maus espíritos», larvas de suicidas ou elementais da pior espécie, mesmo em casos como o clássico Katie King de Crookes, para os teosofistas as entidades que guiam o médium são apenas as almas dos mortos.

Dada a afeição pessoal que nos une a não poucos ilustres e honorabilíssimos espíritas, dado também o respeito e afeto que a todo pensador deve merecer homens como Kardec, Leon Denis etc. e, em nossa pátria, outros como Torres Solanot, Quintin López, Viktor Melcior, Palatsi, Navarro Murillo, Amália Domingo etc., é desagradável para nós lidarmos com essa discrepância fundamental entre duas ideias, como as do espiritismo e da Teosofia, que, cada uma por seu lado, estão revolucionando profundamente o mundo contemporâneo e têm, como os dois ramos do Y, um tronco comum em doutrinas como a reencarnação, carma e muitas outras.

Além disso, é notório, e eles nunca negaram em seus livros, que os dois fundadores da Sociedade Teosófica sempre passaram, cada um a seu modo, por um período mediúnico preliminar, do qual se afastaram mais tarde, transcendendo-o. Assim, no prólogo e em outras passagens de nossos comentários a *Pelas Grutas e Selvas do Industão*, de H. P. B., ocupamo-nos – e a ele remetemos o leitor – dos enormes poderes psíquicos de H. P. B. desde o dia de seu nascimento. Também, com relação a H. S. Olcott, dissemos não pouco sobre seu franco primeiro período espiritista, conforme o interessantíssimo relato de tal período de transição espiritual que nos faz nas primeiras linhas de sua insubstituível História Autêntica da Sociedade Teosófica.

Como, então, o assunto está suficientemente abordado naqueles lugares e em outros livros nossos anteriores, o leitor não nos levará a mal se não insistirmos aqui sobre um assunto tão complicado, em que, para a satisfação dos espíritas e teosofistas, a pureza de intenção ou motivação e o emprego paralelo de meios de comunicação corretos são as duas únicas maneiras de julgamento sobre a licitude dos processos mediúnicos em que todo espírita fenomenista deveria perguntar-se previamente: "Me é lícito empregar como objeto de estudo um semelhante meu? O estado de transe é fisiológico ou patológico? Está, enfim, compreendido o emprego da mediunidade dentro da esfera de conduta reta estabelecida pelos três princípios eternos de justiça do direito romano: de *honeste vivere, alterum non laedere* e *sum tribuere cuique*[52]?" Com isso, ser ou não fenomenista espírita reduz-se a uma mera questão de consciência, santuário onde os outros não devem penetrar, ajustando-se ao aforismo que recomenda "não julgueis, para que não sejais julgados " ou aquela outra máxima evangélica "com a medida que usardes para medir a outros, igualmente medirão a vós." ...

Uma das leis naturais mais claras é a da continuidade: *natura não fecit saltum* [a natureza não dá saltos. (NT)], de que falavam os clássicos, e, portanto, nos seres invisíveis devem existir gradações de gentileza e intelectualidade do mesmo modo que acontece nos seres visíveis, estando os "espíritos" de nível inferior mais próximos que os superiores ao ambiente da Terra e sendo, portanto, muito mais fácil se comunicar com eles. Não vemos essa mesma lei nos homens durante sua vida física? Por acaso os homens verdadeiramente superiores não permanecem, enquanto vivem, mais afastados do que as mentes grosseiras das "pompas e vaidades do mundo", a ponto de ser proverbial o desapego terreno que os

[52] Estes são os preceitos do direito romano: viver honestamente, não ofender ninguém, dar a cada um o que lhe pertence. (NT).

santos e sábios sempre demonstraram em relação àquelas vãs atrações mundanas e ilusórias que, de acordo com as palavras de Jó, duram tanto quanto um dia ou que são ... "como feno, verde pela manhã, seco à tarde"?

Portanto, dada a continuidade da consciência psicológica, que perdura através da morte de acordo com os ensinamentos de todas as religiões e ainda do espiritismo e da psiquiatria, é sempre de temer-se que o "espírito" evocado mediunicamente pertença de ordinário aos mais perigosos, aos da classe mais baixa, porque o maior prazer que pode, sem dúvida, ser compatível com as almas desencarnadas superiores é o de estar livre dessas atrações terrenas que direcionam a um mundo miserável, do qual a morte, que é redenção e é progresso evolucionário, felizmente já os liberou.

Se nos poderiam objetar, é verdade, que espíritos superiores sempre aprazem em nos dar ensinamentos, ensinamentos que, no caso deles, teriam o valor de testemunhos experimentais do além-túmulo, uma vez franqueados por eles os limiares da eternidade. Mas, mesmo com respeito a esse particular, permitíramo-nos perguntar se o augusto ensinamento de tais seres excelsos já não resta dado *in aeternum* em sua obra e no exemplo de suas vidas como seres vivos, trabalho e exemplo já valorizados pela majestade da morte, que parece purificá-los de todos os pequenos defeitos dos dias em que viveram.

Por isso, sempre preferirei ao invés dos músicos Beethoven e Wagner, vivos ou mortos, as obras musicais com as quais, sem necessidade de evocá-los, nos deleitam, elevam e espiritualizam, atravessando povos e séculos, e nunca considerarei os ensinamentos dos gênios como testamentos mesmo depois de mortos os testadores, como vemos no Evangelho ou no Novo Testamento, selado pelo sangue de Jesus ...

Além disso, a única evocação sincera, o único vínculo efetivo que perdura no tempo e no espaço é o do amor, que tem sido, em todas as épocas, considerado como mais forte e poderoso do que a própria morte, pois que, por ele, como diria São Paulo, a própria morte é derrotada. Ele, de fato, permanece quando tudo físico desfaz-se em pó; ele estabelece uma continuidade eterna entre os que permanecem e os que se foram;

ele, em resumo, nunca precisa de evocações infantis, já que não há motivo para evocar ou chamar ao que nunca saiu nem jamais deixará nossos corações. Evocação é pergunta, chamada, rogo, algo, em suma, que quer voltar e agregar o que antes se rompeu, e o vínculo de amor verdadeiro não pode ser quebrado, porque é indestrutível. Por isso Platão e todos de sua escola, quais sejam, os teósofos e os neoplatônicos, seguindo fielmente o ensino tradicional, jamais evocaram a ninguém ou oraram suplicando coisas que, uma vez alcançadas, venham talvez a se constituir na nossa ruína, pois, como disse Juvenal (*Sátira X*, v. 356) "não devemos perturbar os deuses (e os deuses, no conceito clássico, são todos os mortos), dirigindo-lhes pretensões insensatas, pois que eles nos amam mais ainda do que nos amamos a nós mesmos e, portanto, se é para pedir-lhes alguma coisa, devemos apenas orar para que nossa mente seja pura e o nosso corpo saudável; *orandum est, ut sentar mens sana in corpore sano*",[53] ou seja, *hygieia*, a saúde holística, ou corporal e espiritual, os únicos meios físicos e espirituais de alcançar ou seja, o único meio de alcançar-se Sofrósine,[54] qual seja, essa ponderação integrante do espírito, da alma e do corpo, a qual nos previne de todas as doenças e toda dor que não sejam necessárias ao nosso progresso e que não deriva, na eterna lei de causa e efeito que se chama carma, de violações anteriores desta lei universal que serve de sustentação de tudo no mundo.[55]

***

A alma dos mortos maus, nas palavras do *Ensino Oculto*, vai para a oitava esfera, hades ou geena, que é a triste região,

---

[53] Frase latina que significa: "deve-se pedir em oração que a mente seja sã num corpo são." (NT).

[54] Na mitologia grega, Sofrósine era um *daemon* que personificava a moderação, a discrição e o autocontrole, opondo-se portanto à deusa Afrodite, que incitava as paixões desenfreadas. Seu equivalente romano era *Sobrietas*, a sobriedade. Fonte: Wikipédia. (NT).

[55] Esses interessantes problemas platônicos sobre *hygieia* e Sofrósine estão muito bem tratados na obra publicada recentemente, t CCXLII da Biblioteca Clássica, intitulada: "*Platão, o Divino. – Estudo Preliminar da Tradução Direta de seus Diálogos*", por Emerio Mazorriaga, professor de língua e literatura grega na Universidade Central. Um volume em 4° menor; Madri, Sucessores de Hernando; 1918. Bem, então, a mestra disse que, de Platão para cá, tudo é Platão no alto pensamento europeu.

ou cidade dantesca de Dite, sobre a qual os mestres sempre mantiveram um silêncio prudentíssimo.

Nós que, neste momento e como principiantes ignoramos tudo, podemos acrescentar muito poucas considerações a um assunto tão terrível que, nos piores casos, significa até a morte da alma racional humana, quebrando seu elo com o espírito supremo ou raio divino. que misticamente a coberta.

Entre os teosofistas ocidentais, além de H. P. B., nenhum talvez tenha dado tão belos traços sobre o assunto, como o pouco conhecido ocultista português Visconde de Figanière, em seus ***Estudos Esotéricos: Submundo, Mundo, Supramundo*** (p. 535). Este homem sábio, então, nos diz:

> Por mais que possa ser, a oitava esfera corresponde à perda da individualidade humana pela tibieza persistente de conduta a que aludimos anteriormente. Perde, assim, a alma seu poder de continuidade ou junção na escala ascensional dos seres, e quando a energia física de tal ser se anula completamente, deixando de ser dos quentes, espirituais ou átmicos, sem ser tampouco dos frios, perversos, ou *avitchianos*[56], o ego humano "é vomitado da boca", caindo na esfera dos rejeitados, ou proscritos.[57] Tais almas, por não responderem a nenhuma atração, boa ou má, de natureza transcendente ou etérea e, tendo apenas afinidades ou atrações materiais, acabam sendo absorvidas pela matéria. Por isso a oitava esfera é, em suma, o terrível destino das almas que, por sua estagnação egoísta persistente e tibieza,

[56] *Avitchi*, ou *avichi* (sânscrito), é um estado: não necessariamente após a morte apenas ou entre dois nascimentos, pois tal estado pode ocorrer também na Terra. Literalmente "inferno não interrompido". É o último dos oito infernos, onde, segundo se diz, "os culpados morrem e renascem sem interrupção, embora não sem esperança de redenção final". Esta é a razão pela qual *avitchi* é outro dos nomes usados para designar o *myalba* (nossa Terra) e também é um estado no qual são condenados a este plano físico alguns homens desalmados. [*Avitchi* é um estado de maldade ideal espiritual; uma condição subjetiva; o contrário do *devacham*, ou *anyodei*. (F. Hartmann)] – H. P. B. – Glossário Teosófico.

[57] Isso é propenso a confusão, mas não se esqueça de que, como outras vezes foi dito, o grande tronco da magia, ou da ciência dos super-homens, possui ambos os braços, o da direita e o da esquerda, cada um dos quais, por sua contraposição ao outro, tem sua missão evolutiva a cumprir, à maneira da oposição indispensável da inércia e do movimento em toda a natureza. O terceiro e mais terrível caminho, então, é o dos tíbios, aqueles que não são nem frios nem quentes e que (Apocalipse 3:15-16) "foram vomitados da boca do Logos", por serem egoístas.

estão impossibilitadas, ao chegarem certos períodos críticos evolutivos, de manter-se no plano comum da evolução ascensional, constituindo, em certo sentido, algo como a escória evolutiva da própria humanidade da qual eles chegam a se separar.

Os mestres acrescentam que, ao saírem tais almas da oitava esfera, são reduzidas ao que eram meramente no começo do *manvantara* planetário a que pertenciam, para reiniciar a evolução no manvantara imediato e desenvolver nele uma nova individualidade. A partir disso, segue-se também que uma parte de cada onda evolutiva humana não pode senão ser integrada por almas assim fracassadas em um *manvantara* anterior. De modo que, ao final desse período, tanto o *avitchiano* (ou mago negro) quanto o *octaviano* (ou caído na oitava esfera) retornam para se encontrar no mesmo estado em que estavam milhões de anos antes, cada um por um caminho diferente e pelo carma lógico de sua própria culpa – *faber quisque fortunae suae* [cada um é o artífice de sua própria sorte. (NT)] ...

Não se trata, finalmente, nestes caídos da oitava esfera, dos maus propriamente ditos, mas dos mornos, dos neutros, dos insignificantes. A maldade, em si mesma, constitui um fim; pertence à categoria, não do *devachan,* ou céu, mas do *avitchi*, ou abismo. O simples e mero egoísmo, por outro lado, não encontra outro lugar adequado de destino, fora já da vida terrena, que o de gravitar em direção à oitava esfera, região, em suma, correlativa, ou contraposta, no sentido ontológico à lei eterna natural que faz sobreviver os aptos e anula os ineptos[58] ...

[58] *Estudos Esotericos – Submundo, Mundo, Supramundo*, Visconde de Figaniére, Gran Cruz da Ordem de Santa Anna da Rússia; Enviado Extraordinário e Ministro Plenipotenciário de Portugal em São Petersburgo (1870-76); membro (*felow*) dá a Sociedade Teosófica. – Primeira parte: Evoluçao em geral: Metafísica, Ontologia, Cosmogonia. – Segunda parte: Evolução humana: Fragmentos pré-históricos, Ética. – Apêndice: Notas, Trechos, Elucidações. – Capítulo suplementar: Novíssima Luz. – A obra está datada em Leça da Palmeira, no Porto do Porto, em 25 de janeiro de 1889, e publicada no próprio Porto: "Livraria Internacional de Ernesto Chardrou, par Lugan et Genelioux, 1889"; dedicada "a seu primo coirmão Gustavo Adolpho de Serpa Pinto, Fidalgo Cavaleiro da Casa Real etc., etc. Formam volume em 8° e consiste em 744 páginas.
Este livro estranho daquele que é, no tempo e por direito, sem dúvida, o primeiro teósofo português, repercute o mesmo plano fundamental de *A Doutrina Secreta*, ou seja, uma primeira parte, Cosmogênese; uma segunda, Antropogênese; e

uma terceira, "Novíssima Luz", ou do ocultismo efetivo. Sem dúvida, Figanière, por suas ideias e visitas diplomáticas à Rússia, França e Inglaterra, travou conhecimento com a fundadora da Sociedade Teosófica e tornou-se seu discípulo. É por isso que disse, à guisa de prólogo: "Estando este livro para vir à luz, publicou-se em Londres *A Doutrina Secreta*, por H. P. Blavatsky, e como contém revelações recentes e muito importantes, nós também as fornecemos em um capítulo suplementar para modificar um pouco algumas ideias correntes nos círculos teosóficos ocidentais." Isso é importante porque mostra que a obra de Figanières não está inspirada pela última de Blavatsky, senão que, para a honra de nossa raça ibérica, representa, em forma e substância, uma coincidência muito feliz com o mais fundamental de quantas produções vieram da pena da mestra.
Na primeira parte, há sete capítulos dedicados à metafísica, ontologia e cosmogonia, e são precedidos por uma Introdução brilhante, em que se estuda o atual conflito entre o coração e a cabeça em naufrágios e catástrofes de toda sorte, frente aos quais o menor dos males é a morte, de acordo com o adágio de Adamastor, tudo por falta de pilotos experientes que saibam como nos salvar do duplo naufrágio da ciência e da religião, nem mais nem menos do que diz a Introdução de *Isis sem Véu*, defendendo uma ciência salvadora da religião e uma religião da ciência, que é a teosofia: "o mistério não é o sobrenatural, porque não há nada de sobrenatural na natureza, mas a ação de leis que ainda desconhecemos, porque como ensina Schopenhauer, 'as ciências naturais, à medida que se desenvolvem, acabam sempre tropeçando nas qualidades ocultas, a cuja categoria pertencem as forças elementais da natureza, que, portanto, competem à filosofia e não a ciência (*O Mundo como Vontade*, L. 15. Parerga, c. 17).' E acrescenta: 'Existem, sem dúvida, outros planos e outros mundos acima e abaixo de nós; o que sabe o rústico, de fato, dos conselhos do Governo?" Ademais, a humanidade, dado o seu progresso lento, tem uma história de milhões de anos, contra o que dizem cronologistas cretinos. Nossos costumes são idênticos aos dos romanos relatados no livro XXX de Políbio; o ouro e a prata estavam em igual relação naquele tempo como agora; e os diálogos platônicos, por exemplo, são tão atuais hoje como eram então. Os ciclos das civilizações se sucedem, mas as civilizações se repetem, e raças como a negra não seguem a lei da evolução. O ciclo, então, mais que um ensinamento de Vico, já o era dos filósofos estoicos e de outros mais antigos, mas acima destes ciclos, temos a espiral, e uma lei de correspondência compreendida na famosa sentença de Hermes Trismegisto: "o que está acima é como o que está embaixo, para operar os mistérios da harmonia que é a síntese dos vários no um." Fiel a esse ensinamento oculto, Figanière rejeita o atual erro da ciência de pensar que o estado primitivo da humanidade era o da barbárie, contra o que ensina a tradição religiosa universal. Diz-se sobre esse particular: "Por antigo que seja um povo, há sempre uma minoria seleta que lidera as pessoas comuns". Isso nos faz suspeitar que assim ocorreu desde o princípio com os primeiros homens e os enviados, ou "reis divinos". Além disso, Figanière acrescenta com sua maravilhosa intuição, "a brandura da inocência primitiva é indispensável para a domesticação do animal, tanto quanto para a educação do ser humano. O homem realmente primitivo pertencia à fase inocente, infantil e pacífica da humanidade. Por isso a inocência foi o primeiro estado pré-civilizado, enquanto a barbárie, que hoje supõe-se falsamente uma condição primitiva, é, ao contrário, uma queda, uma condição pós-civilizada. É por isso que o negro, o pele vermelha, o *pamú* são os filhos degenerados das nações pré-históricas que, em seus respectivos ciclos, alcançaram um alto estado de cultura e civilização. Homens chamados da idade da pedra, longe de serem homens primitivos eram raças decaídas, degradadas, que recuavam ante o fluxo de uma nova onda humana e, como certas tribos americanas, australianas etc. estão desaparecendo em contato com o homem branco. Por outro lado, seres como os hindus asiáticos, árabes etc., são povos adormecidos e em eclipse.
Possuidor Figanière de uma enorme cultura clássica, valoriza as suas falas com

Quanto ao dito do amabilíssimo sr. Sinnett, no seu *Budismo Esotérico*, de que a falada oitava esfera deve estar dentro do alcance de nossa visão e dos nossos dispositivos de observação, como está a lua, por exemplo, o consideramos como arriscado. Para Figanières, trata-se antes de um significado simbólico, não propriamente de um mundo inferior e excedente de nossa cadeia planetária, um *loka*, ou "esfera de ser" imediatamente abaixo da esfera dos tipos *monádicos* inferiores. Se nós, nesse assunto obscuro, fôssemos autorizados a dar nossa opinião, preferiríamos relacionar o problema da oitava esfera com o não menos obscuro problema da metempsicose pitagórica. Não nos esqueçamos, de fato, que, de acordo com a Introdução ao segundo volume de *A Doutrina Secreta*, o homem, nesta ronda, antecede todos os mamíferos, e que mesmo estes

testemunhos como o de Aristóteles (L. I, 3), quando diz que "as ciências e as artes se perderam mais de uma vez", ao teor da famosa frase dos Eclesiastes (I, 10) de que "nada de novo existe debaixo do Sol", pois que as ocultações parciais daquelas [as ciências e as artes] fazem-nas decair em alguns países enquanto florescem em outros, nem mais nem menos que o astro rei, alma da vida do nosso planeta, que dá alternativamente inverno e verão e, nos dois hemisférios, a noite após o dia a todos os países ...
O nobilíssimo Visconde arremete galhardamente contra esses historiadores modernos que não se compenetram com o espírito que presidiu a época que estudam, faltando a primeira condição necessária para se encarregar disso, pois já disse Schopenhauer (*Sabedoria* na vida, 6): "Cada época, por mais lamentável que seja, se crê mais sábia do que a anterior, da mesma maneira que, a cada idade, o homem se considera superior ao que fora antes, enganando a si mesmo, no entanto, não raramente". Horácio disse o mesmo, quanto canta:

Aetas parentum pejor avis, tulit
Nos nequiores, mox daturos
Progeniem vitiosiorem. (Carmina III, 6.)

Bacon corroborou essa frase ao dizer que o gênio do passado era de agudeza superior à nossa, pelo que Platão sempre ensinou que "os antigos estavam mais próximos dos deuses do que nós", e é bem sabido que a antiga filosofia era um delicioso ramalhete de religião, ciência, governo e instituições, cultivando-se, à luz do dia, a ciência agora chamada oculta, «a do saber que se sabe o que se sabe, e do saber que não se sabe o que se ignora" (Lun Ya, II 17). Por isso que o teósofo lusitano termina a Introdução erudita de seu trabalho, dizendo: "O que é comumente distinguido como civilização não se caracteriza principalmente por outra coisa senão pelo materialismo."

Em suma, a Introdução contém um resumo acadêmico das ideias ocultas de Lúlio, Roger Bacon, Leonardo de Pisa, Pedro de Albano, Céssec d'Ascoli, Robert Fludd, Rosenkreutz, Agripa, Cardano, Porta, Paracelso, Van Helmont, Saint Germain etc.; um elogio às maravilhosas construções do passado nos subterrâneos de Ajunta, Ellora, Naghonwat, Angkort etc.; indicações preciosas sobre os centros iniciáticos do Tibete, dos Himalaias, do Egito etc., e uma bibliografia teosófica de livros e revistas que nos são tão queridos.

animais superiores não têm alma individualizada, sendo todos guiados pela "alma-grupo" de sua espécie. Esta alma-grupo que durante a evolução progressiva acaba por se individualizar em outros tantos homens e que, portanto, na evolução regressiva, ou queda, tal como a da oitava esfera, pode voltar a se recuperar da perda da individualidade humana em que anteriormente veio a perder, tal como a gota de água que, individualizada por evaporação e pelo orvalho na montanha, torna a perder sua individualidade ao retornar pelo riacho ou rio ao fundo do mar de onde saiu, enquanto outras gotas, suas companheiras, mais felizes ou melhores que ela, permanecem individualizadas dentro do cristal universal, que por séculos e séculos as isola do mundo; no seio da pérola ou mesmo na lágrima de dor que brota da fonte de nossos olhos ...

A oitava esfera, a mesma que pode ser a Lua como região anterior e evolutivamente inferior à nossa Terra, pode estar localizada no interior do nosso próprio planeta, porque dentro dele, sob a fina camada de consolidação terrestre que forma a sua crosta, existe, de acordo com deduções cosmológicos mais recentes, um mar de fogo ou de materiais fluidos a imensas pressões e temperaturas, o mar ou região em que a lenda mitológica faz girar dois astros, dois grandes núcleos metálicos, os dois símbolos de Plutão e Proserpina, do mito greco-romano, núcleos de existência suspeitada também por nossa ciência atual, ao teor das observações feitas por ocasião de terremotos de epicentro distantes, dado que os terremotos transmitem aos observatórios três classes de vibrações e de tempos diferentes (sendo uma delas, no entanto, o movimento inicial); a primeira, regular e afastada do núcleo ou dos núcleos metálicos internos; a segunda, menos regular e mais lenta, através do oceano fluido que circunda os núcleos, e a terceira, eminentemente desigual e tardia, que é transmitida irregularmente pela crosta terrestre.

***

Fazer comentários sobre os sangrentos sacrifícios da história, por ocasião das alusões do artigo de referência, nos levaria longe demais. Ademais, nada disso foi dito nas seções anteriores. Relembremos apenas uma das passagens de Porfirio mencionada pela mestra (*De Abstinencia*, II, 55).

As histórias contam que Teofrasto faz menção a sacrifícios humanos ... Em Rodes, sacrificava-se um homem a Cronos (o 6 de julho) ... no altar do Bom Conselho. Em Salamina de Chipre (*Coronis*), homens eram consagrados a Agraula, filha de Cecrops e da ninfa Agraulis. A vítima era conduzida por jovens, rodeava o altar três vezes e era imolada (*in-molem*, sobre a pedra) com um golpe no estômago pelo sacerdote (como visto nas páginas 19-20 do *Códice Maia Cortesiano*) ... Em Chio e Tenedos, sacrificava-se um homem a Dionisios Omadios (antropofagia) ... Na Lacedemônia, ele se consagrava a Ares ... Nada digamos dos trácios e citas nem de como os atenienses imolaram a filha de Erechthé e Praxithé. Os romanos praticavam a mesma coisa na festa de Júpiter Latialis ...

Infinidade de elementos sobre esses sacrifícios humanos pode ser vista também na belíssima obra semiteosófica de Alexandre Bertrand intitulada *La religion des Galois – Les Druides et le Druidismo*, tais como os citados por Ésquilo em *Eumênides* (v. 3, 9 e 150); o relativo à estátua de Diana dos Brauron junto ao rio Marathon, atribuída a Praxíteles, a estátua da deusa sanguinária, veneradíssima em toda a Ásia Menor, que foi roubada de Taurida por Ifigênia (*Pausânias* I, 33 e IV, 46) e, em cujo altares de maldição, Aristodemo, seguindo o comando do oráculo de Delphos, teve o patriotismo de sacrificar sua própria filha. Os arianos puros, de fato, ao introduzir na Grécia o culto patriarcal de Zeus e Apolo, não destronaram, senão com grande dificuldade, Cronos e as Eumênides arcadianas, com todos os seus sacrifícios sangrentos, como o de Lycaon, rei de Arcádia filho de Pelasgo, quando foi transformado em um lobo por ter sacrificado uma criança a Zeus no Liceu, ou como aqueles dos aborteiros cretenses imoladores de crianças a Zeus, antes que os dórios introduzissem o incruento culto astrológico lunissolar de Diana e Apollo.[59] Cecrops de Ática, em suma, aboliu os sacrifícios humanos em

[59] Sobre esses detalhes, veja-se Fustel de Coulange, *La cité antique*; Victor Bérard, *Origines des cultes arcadiens* e, entre os antigos, Platão (*Minos*, tradução de Cousin, volume XIII, página 35); Teofrasto e Porfirio (*De abstinência*, livro II, páginas 11, 21, 26, 32, 43, 53 e 55, livro IV, página 20) etc.

seu país, o que não o poupou, no entanto, pois a sua própria filha foi sacrificada.

Para encerrar essa odiosa questão, observemos, com base no terrível fato ocorrido na exploração do Norte da Sibéria pelo Almirante Wrangel, que segundo Bertrand aconteceu no final do século XVIII, e que prova que tais sacrifícios ainda persistem nos tempos modernos. Na feira de Ostrownaye, desenvolveu-se uma doença contagiosa. Quando os xamãs foram consultados pelo povo tschukta (cristão na aparência), eles disseram que os espíritos exigiam o sacrifício de Kotschen, o líder mais venerado do povoado. Houve resistência, mas, finalmente, o caudilho apresentou-se heroicamente para ser uma vítima expiatória. Ninguém se atreveu a feri-lo, até que as pessoas o obrigaram a imolar o próprio filho.

Nós não encerraremos este comentário, sem passar, embora de maneira rápida, a uma objeção pueril que talvez algum cético positivista possa fazer a tudo isso, dizendo-nos com desdém: "Se as larvas e os lêmures dos clássicos gostam de sangue derramado fisicamente, em toda a sua efusão dele, ver-se-ia diminuir muito rapidamente a pressão do sangue vertido, e até mesmo suas manchas chegariam a desaparecer, absorvidas vorazmente pelos nossos vampiros ilusórios, desapareceriam."

Uma vez que não nos temos dedicado ao respeitável, mas não invejável, ofício de açougueiro nem à triste e penosa profissão de médico, no que diz respeito a essa preocupação de perda de peso, jamais nos ocorreu submeter a medições o fluxo que brota dos fornecedores desse licor divino que é a nossa vida. Mas observaremos que toda substância química ou orgânica, em seus constantes catabolismos, está sujeita às leis da física; que qualquer reação de uma ou de outra índole, não se mede, em resumo, senão na incrementação ou desintegração dos elementos de luz, calor, eletricidade, magnetismo etc que todas as reações químicas-biológicas caracterizam; e o sangue, tal como o leite, a urina e outros produtos orgânicos, a partir do momento em que deixam o ser que os produzem, iniciam uma série de reações regressivas, que, partindo da imensa complexidade orgânica de albuminas, lecitinas, *prota-*

gones etc., e passando pelas ainda mais complexas de ureia, ureídas e outros derivados, acaba por se decompor nas duas reações finais de toda destruição orgânica, a saber: a produção de água e dióxido de carbono, combustão que é a apoteose de todos as reações seriais regressivas do complicado, ou vital, ao simples, ou vitalizador, como a fixação e metabolismo fundamental dessas duas substâncias básicas da organização, em moléculas e sistemas cada vez mais complexos, constituem a evolução progressiva que tem sua meta no corpo físico do homem ...

O cético senhor de nossa hipótese será, pois, respondido, só isto: o vampiro não vive da grosseira matéria química de suas vítimas, mas das torrentes de energias físicas que se desprendem do desdobre das moléculas orgânicas cada vez mais simples, nem mais nem menos como acontece, por outro lado, no ser vivo, que mantém sua tonalidade calorífica, eletromagnética ou vital, precisamente por outras reações simétricas operadas nos vasos capilares de seu organismo.

Com efeito, até nisso é deficiente nosso linguajar científico, pois que confundimos o físico com o visível, sendo que numerosas forças conhecidas da física, tais como os raios X, são invisíveis em si e, dentro das imensas planícies do conhecido "quadro serial de vibrações", de W. Crookes, há muitas outras que, além disso, por não serem apreciáveis com nossos equipamentos, ainda são perfeitamente desconhecidas para nós.

Não vamos continuar nesse terreno, porque não escrevemos para químicos nem médicos, senão para homens de boa fé, ansiosos por levantar, se possível, não mais que uma ponta do misterioso véu de Ísis ...

T. Subba Row[60]

Tradução: Edilson A. Pedrosa

Tallapragada Subba Row (1856 – 1890) foi um destacado membro da The Theosophical Society em seus primeiros anos na Índia. Madame H. P. Blavatsky planejou originalmente colaborar com ele na produção de A Doutrina Secreta, mas esse plano não prosperou. Em homenagem a Subba Row o Coronel H. S. Olcott disse que: "Não havia ninguém igual a ele em genialidade para apreender o espírito da sabedoria antiga".

A filosofia de Subba Row era essencialmente vedanta, embora ele também estivesse muito estimulado pela teosofia de Madame Blavatsky. Ele era altamente respeitado por sua ampla erudição e conhecimento de filosofia e prática esotérica, e foi um dos mais destacados membros hindus da antiga Sociedade Teosófica.

Primeiros dias

T. Subba Row nasceu em 6 de julho de 1856 em Kakinada, no Distrito de Godavari, Andhra Pradesh. Ele pertencia a uma família distinta, sendo seu avô o *sheristadar*[61] do distrito, e seu tio materno o primeiro-ministro do Rajá de Pithapuram. O nenê Subba Row perdeu o pai quando tinha seis meses de idade e foi criado por seu tio. Em 1869, ele e sua mãe acompanharam seu tio e sua tia numa peregrinação a Benares (atual

[60] Fonte: The Theosophical Society – Adyar. https://www.ts-adyar.org/content/t-subba-row-1856-1890

[61] *Sheristadar* era o oficial chefe na corte indiana encarregado de receber e verificar os pedidos do tribunal. O termo era derivado da palavra persa sarishta-dār que significa "registrador". Traduzido da Wikipedia em inglês. (NT).

Varanasi). Durante as atividades religiosas dos adultos, o jovem Subba Row desapareceu por várias horas. Quando questionado, ele afirmou que havia encontrado um iogue que o iniciou em *brahma vidyâ* e, a partir desse momento, nunca deixou de realizar as orações e meditações diárias prescritas. Ele foi uma criança precoce e cedo mostrou sinais de memória e inteligência prodigiosas. Depois de frequentar a Escola Hindu em Kakinada, passou no exame de admissão e ingressou no Colégio da Presidência de Madras em 1872, onde se mostrou um excelente aluno e, em 1876, recebeu o título de Bacharel em Artes.

Mais tarde, naquele ano, ele foi nomeado secretário do Supremo Tribunal no estado de Baroda (Gujarat, na atualidade), onde Sir T. Madhava Rao era o Primeiro-Ministro. Depois de um ano, retornou a Madras (atual Chennai), onde continuou seus estudos e passou no exame de Bacharel em Direito. Ele se juntou à firma de Grant e Laing e foi admitido como um apelante junto ao Supremo Tribunal no final de 1880. Exerceu a advocacia por dez anos, aparecendo em casos importantes, e foi tido em alta estima pela Bench e pelo Tribunal. Ainda como estudante, teve também papel ativo na vida pública, tendo sido membro de muitas organizações, como a Triplicane Literary Society. É significativo que alguns dos membros desta Sociedade Literária fundaram o Madras Mahajana Sabha, o precursor do Congresso Nacional Indiano, em 1883. A prática legal do Sr. Row mostrou-se lucrativa, e ele iria, sem dúvida, tornar-se um proeminente advogado ou estadista, pois que era profundamente interessado em assuntos sociais e políticos, se não tivesse desviado sua atenção para a filosofia.

Madame H. P. Blavatsky e o Coronel H. S. Olcott, que fundaram a Sociedade Teosófica na América em 1875, publicaram uma revista amplamente divulgada, *The Theosophist*, que continha artigos sobre o ocultismo e as várias religiões e filosofias do mundo. Subba Row correspondeu-se com os dois líderes e contribuiu com alguns artigos valiosos sobre religião e filosofia hindu para aquela revista.

Ele se junta à Sociedade Teosófica

HPB e o Coronel Olcott estabeleceram-se desde 1879 em Bombaim, onde se juntaram a Damodar Mavalankar e um núcleo de membros. Iniciou-se uma troca de correspondência entre HPB e Subba Row, o que levou à sua adesão à Sociedade Teosófica em 25 de abril de 1882. O Cel. Olcott também menciona em seu diário (*Old Diary Leaves)* que eles escolheram Adyar como sede permanente da Sociedade por causa, principalmente, de sua presença em Madras.

Em 3 de fevereiro de 1882, Subba Row escreveu a HPB que achava altamente desejável que eles fossem para Madras. Ele recebeu os fundadores e seu grupo em 23 de abril de 1882, quando chegaram de Calcutá (hoje Kolkata) por navio. A Sociedade Teosófica de Madras foi formada com R. Raghoonath Row, como Presidente, e Subba Row como Secretário.

Um fato interessante é que, até o momento em que a Subba Row entrou em contato com os fundadores, ele não estava cônscio do conhecimento oculto que possuía. O Coronel Olcott escreve:

> Era como se um depósito de experiências ocultas, há muito esquecidas, tivesse sido subitamente franqueado a ele. Lembranças de seu último nascimento precedente ocorreram-lhe... Seu conhecimento armazenado de literatura sânscrita ressurgiu, e seu cunhado disse-me que, se você recitasse qualquer passagem do *Gitâ*, *Brahma-sutra-s* ou *dos Upanishads*, ele poderia dizer de onde era tomada e em que conexão estava empregada.

Subba Row auxiliou no trabalho teosófico dos fundadores através de seus artigos e, por algum tempo, como editor do *The Theosophist*. Ele também participou de várias comissões, incluindo o Conselho Geral. Durante a convenção anual, em

1885, proferiu uma palestra introdutória e, em 1886, uma série de quatro palestras sobre o Bhagavadgitâ, que mais tarde foram colocadas em forma de livro.

O profundo conhecimento de Subba Row sobre as antigas escrituras da Índia e seu entendimento oculto eram tais que ele foi selecionado originalmente pelos adeptos para ajudar HPB na redação de sua monumental obra *A Doutrina Secreta*. Naquela época, em 1884, pretendia-se que a obra se tornasse uma nova versão do *Ísis Sem Véu*, com Subba Row escrevendo a maioria dos comentários e explicações. No entanto, em janeiro de 1885, um novo plano para *A Doutrina Secreta* foi formulado. HPB foi trabalhar nisso e enviou partes do primeiro rascunho para a Subba Row dar sua opinião e fazer correções. Ele, entretanto, recusou-se a editá-la ou a ajudar a escrevê--la, pois achou o texto difuso e caótico. No entanto, era tão grande o respeito de HPB por seu crítico intransigente que ela começou todo o trabalho novamente desde o início. Isso sem dúvida contribuiu para o sucesso final de sua *magnum opus*. Outra razão para a recusa de Subba Row era que ele acreditava que o mundo ainda não estava pronto para a revelação daqueles segredos que tinham sido, por boas razões, mantidos, até então, dentro do conhecimento sagrado de poucos.

Uma controvérsia entre HPB e Subba Row sobre a classificação dos princípios do homem foi impressa no *The Theosophist*. HPB apresentou os ensinamentos da escola transhimalaia sobre a constituição sétupla do homem, enquanto Subba Row sustentava que a classificação quadrupla do *Taraka Râja Yoga* era mais lógica. Essa discussão entre dois ocultistas de status inquestionável é uma dos mais brilhantes desse tipo. Subba Row pediu, em 1886, demissão da Sociedade quando foi feito um apelo a HPB, por quarenta e cinco membros proeminentes da Seção Americana, chefiados por W. Q. Judge, para que publicasse *A Doutrina Secreta* imediatamente.

Mas Subba Row manteve contato com Adyar e lia livros e periódicos teosóficos. Ele falava sobre HPB da velha maneira amigável sempre que tinha a oportunidade de conversar com o Coronel Olcott e seus antigos amigos em Adyar.

Como um erudito

Subba Row foi muito admirado não apenas por seus conterrâneos na Sociedade, mas também pelos estrangeiros na Sede de Adyar. Ele era um representante do Sringeri Math em Madras[62] e, como tal, tinha considerável influência entre os hindus ortodoxos. Sua produção literária é bastante limitada, considerando o seu vasto aprendizado e a facilidade para escrever que possuía, mas vale a pena ler tudo de sua pena. Sua ansiedade no sentido de que nada de natureza esotérica pudesse ser divulgado aos não iniciados pode explicar sua aparente relutância em se comprometer a transmitir seu vasto conhecimento em tais assuntos.

A produção literária de Subba Row foi estimulada quando ele se juntou à Sociedade Teosófica e participou ativamente de seu trabalho. Seu primeiro ensaio foi sobre *Os Doze Signos do Zodíaco*, no qual ele explica o significado esotérico e espiritual dos signos e relaciona-os às forças da natureza e do cosmos. Este artigo chamou a atenção de HPB, e ela o citou em *A Doutrina Secreta*.

Subba Row escreveu artigos, resenhas, respostas a perguntas e réplicas de artigos críticos para The Theosophist, do qual ele foi o editor por algum tempo. Sob o título *A Collection of Esoteric Writings of T. Subba Row (Uma Coleção de Escritos Esotéricos de T. Subba Row),* estes artigos foram publicados pela primeira vez em forma de livro em 1895 pelo *Bombay Theosophical Publishing Fund* (Fundo de Publicação Teosófica de Bombaim), fundado principalmente pelo Sr. Tookaram Tatya. Uma segunda edição ampliada foi publicada pela editora Theosophical Publishing House em 1931, à qual C. Jinarâjadâsa adicionou uma seleção de artigos inéditos coletados a partir de anotações feitas pelo juiz Subramania Iyer, que também era amigo de Subba Row. Subba Row tinha um grupo de alunos ou amigos pessoais que, como os "poucos escolhidos", recebiam instruções particulares. Entre eles estavam sir S. Subramania Iyer, o sr. C. W. Leadbeater, o sr. A. J. Cooper-Oakley e o dr. Neil Cooke. Em 1925, C. Jinarâjadâsa descobriu outra cópia das anotações nos arquivos da Seção

[62] Um monastério vedanta (NT).

Galesa, que estava mais completa.

Uma série de palestras intitulada *Notes on the Bhagavad-gitâ* é a única obra de Subba Row que permanece como uma unidade. Elas foram entregues na convenção anual de Adyar em dezembro de 1886. Ele as revisou antes de serem publicadas como um livro pela Theosophical University Press, Point Loma, Califórnia, EUA. Essas palestras eram profundamente eruditas e místicas e trouxeram-lhe fama. Madame Blavatsky cita extensivamente esse livro em *A Doutrina Secreta*, particularmente em suas notas sobre o termo *mulaprakriti* e em sua explicação sobre o significado dos números e dos *avatâras*.

Apesar de suas diferenças, HPB, ao escrever sobre Subba Row, declarou: "Não conhecemos nenhuma autoridade melhor na Índia em qualquer coisa respeitante ao esoterismo da filosofia advaita."

Últimos dias

A última visita de Subba Row a Adyar ocorreu em abril de 1890, quando a misteriosa doença cutânea à qual ele finalmente sucumbiu tinha começado a se revelar. Embora ninguém suspeitasse que fosse algo sério, ele tinha que ficar em seu quarto, incapacitado de ir a qualquer lugar, salvo uma vez, quando foi levado a uma casa diferente para uma mudança de ar. A seu pedido, o Coronel Olcott foi vê-lo em junho; ele estava em estado grave e pediu ao coronel para ajudá-lo com o mesmerismo. A partir daquele dia, pareceu haver alguma diferença, e ele começou a se recuperar. Ele até parecia estar convalescente com a terceira visita do Coronel Olcott, mas, infelizmente, houve uma recaída logo depois, e a doença completou seu curso rapidamente e, em 24 de junho de 1890, Subba Row faleceu, com apenas trinta e quatro anos de idade.

A medalha Subba Row

Alto tributo foi pago a Subba Row pela Sociedade Teosófica em Adyar na Convenção de 1883, quando foi instituída a Medalha de Subba Row, que deveria ser concedida a qualquer membro da Sociedade Teosófica que produzisse o melhor ensaio sobre qualquer um dos seguintes assuntos: ciência oculta e filosofia arianas, filosofia esotérica budista, ciência e filosofia esotéricas caldaicas e zoroastrismo, cabala judaica e interpretação esotérica da religião cristã.

Fontes

1.'A Sketch of the Life of the late T. Subba Row', H. S. Olcott, The Theosophist, Vol. 108, No. 6, March 1987.

2.'Swami T. Subba Row', Digavalli Venkatasiva Rao, The Theosophist, Vol. 107, No. 1, October 1985.

3.'Swami T. Subba Row', Ramananda Bharati, The Theosophist, Vol. 103, No. 10, July 1982.

4.A Lonely Disciple — Monograph on T. Subba Row, 1859-90, N. C. Ramanujachary, TPH, 1993.

5.Damodar and the Pioneers of the Theosophical Movement, compiled and annotated by Sven Eek, TPH, 1978.

Alquimia[63]

A mágica e secreta 'ciência' da alquimia está envolta em uma atmosfera de encantamento e mistério mesmo no mundo objetivo e científico de análise e medidas da atualidade. Conhecida em latim como a *Opus Magna*, ou a *Grande Obra*, a alquimia é uma forma de transformar o mundo no qual vivemos em algo sublime e transcendental. É o modo de alcançar a quintessência da vida através da pesquisa prática e esotérica sobre a real essência da vida e do universo.

Isso pode ser metafórico ou a efetiva criação de uma nova estrutura, uma nova forma ou energia. Sempre que criativamente tentamos transformar nosso mundo em algo melhor começamos a entrar no mundo da alquimia. No passado esta era a forma como os antigos tentavam descobrir um mundo novo e oculto que poderia ajudar a humanidade a melhorar sua vida. O objetivo era descobrir a mágica e eterna 'pedra filosofal'.

A teoria da relatividade de Einstein no século XIX, a subsequente divisão do átomo e a descoberta do mundo subatômico podem ser a moderna alquimia tocando algo que se aproxima do que era buscado há muitos anos pelos alquimistas. Com os últimos desenvolvimentos da ciência, como a teoria dos quarks e dos quanta, outro mundo parece estar-se abrindo e exigindo que mesmo o cientista mais materialista, teimoso, tenha de aceitar que o mundo é mais complicado do que ele imaginava.

[63] Texto de autoria desconhecida, publicado na Revista *Sophia* n° 42 (Ed. Teosófica).

Existem dois aspectos na alquimia. O primeiro é uma abordagem científica onde os antigos alquimistas tentaram, através de várias técnicas e processos experimentais, transformar metais inferiores, básicos, em ouro. A segunda abordagem, que às vezes poderia também envolver esses 'experimentadores', era a alquimia espiritual onde havia um método e processo esotérico e oculto para tentar transformar a natureza inferior dos seres humanos em algo mais refinado, em indivíduos espirituais com maior compreensão de si mesmos e *insight* místico quanto ao significado da vida.

A antiga alquimia helênica teve origem no Egito e aí floresceu por volta de 200 d.C. no contexto do gnosticismo e do hermetismo. Foi redescoberta pelos árabes nos séculos VII e VIII, tendo sido posteriormente transformada e transmitida à Europa no século XII. O objetivo dos alquimistas, tanto árabes quanto ocidentais, era a criação da pedra filosofal. Os processos químicos e espirituais eram comparados aos processos redentores e transformadores de purificação, sofrimento, morte e, finalmente, renascimento. O toque da pedra mágica poderia curar doenças e conferir imortalidade. A 'pedra' era produto do perfeito equilíbrio de opostos – enxofre e mercúrio; macho e fêmea; o casamento sagrado do rei e da rainha; o andrógino.

A alquimia alcançou seu ponto culminante por volta de 1470 até 1700 quando foi considerada a arte hermética e posteriormente foi praticada pelos primeiros cientistas famosos como Robert Boyle e Isaac Newton.

Contam-se entre os famosos e antigos alquimistas do século XVI e XVII: Paracelso (1491-1541), John Dee (1527-1624), Michael Maier (1568-1622) e Robert Fludd (1574-1637). Cada alquimista seguia sua própria viagem, muitas vezes influenciado por outros alquimistas.

A imagem de Michael Maier a segir mostra o alquimista efetuando a quadratura do circulo tentando transformar os dois sexos em um. Ele está tentando "criar um círculo a partir de um homem e uma mulher, daí derivar um quadrado, e do quadrado um triângulo: fazer um círculo e (criar) a pedra filosofal". O triângulo denota a unidade de corpo, alma e espírito. A meta dos alquimistas era criar o andrógino onde os dois opostos complementares fundem-se em um no casamento místico de união espiritual e divina.

Michael Maier

Paracelso e Robert Fludd estavam inicialmente interessados em como poderiam desenvolver novos remédios. Fludd opunha-se à ordem prevalecente de sua época em que a doença era resultado de um desequilíbrio entre os quatro humores. Ele acreditava que a criação em si era um processo químico no qual o *mysterium magnum* (matéria prima) estava separado nos quatro elementos – terra, água, ar e fogo. Para ele a doença era o mau funcionamento das reações químicas que poderia ser identificada pela análise química e tratada com remédios quimicamente preparados.

A Alquimia foi um dos temas principais da Tradição Esotérica Ocidental juntamente com o Hermetismo, a Cabala, o Rosacrucianismo, a Teosofia, A Livre Maçonaria e o Iluminismo.

Alquímica e astrologicamente o Sol ocupa um lugar especial no mundo do esoterismo. Simbolicamente relaciona-se ao ouro como sendo a força e energia mais resplandecente e radiante em nosso mundo imediato e perceptível. Representava a meta que os alquimistas buscavam com seus experimentos para transformar em ouro os metais básicos e inferiores. O ouro é imutável e inalterável irradiando tanto energia pura quanto pureza neste mundo. Juntamente com o diamante é um dos materiais naturais mais estimados que existem no mundo. O Sol divide com o ouro essas mesmas qualidades, mas a partir de uma dimensão superior dos mundos cósmico e espiritual.

Em algum momento a maioria das culturas adorou o Sol como a suprema força cósmica. Ele era, e ainda é para muitos,

a força-vida que cria e sustenta a vida neste planeta. É vital para toda a vida como doador de calor, energia e luz. Esotericamente, é o centro do ser humano e pode simbolizar a alma humana, a energia do coração e a iluminação espiritual.

A vida exemplar de um mártir da S.T. na Espanha[64]

Don Francisco de Montoliú

Don Francisco de Montoliú y de Togores (1861-1892), organizador do artigo "Os Espíritos 'Vampiros'" que aparece da seção Narrativas e Contos Fantásticos desta edição de *Luzes da Teosofia* foi um dos mais importantes pioneiros do movimento teosófico no mundo hispânico, tendo falecido em 10 maio de 1892, com apenas 31 anos.

Um mês antes de sua morte, a revista *The Theosophist*, órgão oficial do Presidente Internacional da Sociedade Teosófica (Adyar), publicou no Vol. XIII – N° 7, p. 453, edição de abril de 1892, a seguinte carta de Montoliú:

> Gostaria que nossos irmãos indianos soubessem que na Espanha damos muito mais atenção em alargar o conhecimento da teosofia do que organizar os ramos[65]. Em um país como o nosso, que tem

[65] Lojas, no Brasil – NT

> um caráter mais oriental que ocidental, os poucos indivíduos que estão ativos e dedicados à Grande Obra seriam mais prejudicados do que ajudados em suas atividades por organizações locais; se eles as formaram com a ilusória esperança de torná-las tão perfeitas quanto deveriam ser, enfrentarão dois inimigos formidáveis, a indolência e a violência, dois extremos que se pode dizer dominam o temperamento espanhol. Os dois centros teosóficos, Madrid e Barcelona, são formados apenas por afinidade natural ou, pode-se dizer, carmicamente, embora estejam firmemente estabelecidos. Em La Coruña, a influência está começando a se concentrar, e pode-se ver as sementes de futuros ramos aparecendo em outros lugares. Aqui (em Barcelona) nossas conferências teosóficas são bem frequentadas, temo, porém, que, se muitos gostam de ouvir, poucos parecem dispostos a trabalhar ou treinar sua memória para reter o que é dito. Em relação às nossas publicações, não preciso falar, na medida em que já foram noticiadas na *The Theosophist*.

No mesma página do periódico, o presidente internacional, acrescentou, na sequência, o seguinte comentário:

> Se alguém se dispuser a avaliar os enormes obstáculos que diariamente se opõem aos nossos irmãos espanhóis, leia a história religiosa da Espanha e as observações dos viajantes contemporâneos sobre a condição da Igreja espanhola e do clero. Nossos irmãos são, na verdade, heróis de um batalhão teosófico de infantaria e já conquistaram o respeito e a gratidão de todos os seus membros por seu ataque corajoso ao preconceito e conservadorismo nacionais. – H. S. Olcott.

Morte de Montoliú

A inexorabilidade do carma e da lei cíclica que regem o universo cumpriram o seu papel, levando prematuramente desta vida o ilustre e incansável trabalhador teosófico catalão. Mesmo a morte tendo-o ceifado tão precocemente, a sua vida e o seu trabalho se constituíram num exemplo notável a inspirar as gerações seguintes de teosofistas. Ele compreendeu profundamente que viver com dignidade exige coragem e que a liberdade é o bem mais precioso de que dispomos. Montoliú nunca se violentou ao optar e lutar pela sua liberdade de pensamento.

O sr. Olcott, muito sensibilizado com o passamento precoce de Montoliú ocorrida pouco depois da publicação de sua carta à The Theosophist, divulgou na mesma revista, em julho de 1892, p. 599, o emocionado artigo traduzido e apresentado a seguir, intitulado *Death of Montoliú*:

> Nossa causa na Espanha acaba de sofrer uma perda muito grave com a morte prematura do sr. Don Francisco de Montoliú y de Tagores, membro da Sociedade Teosófica de Barcelona. No que diz respeito à nossa propaganda nos países de língua espanhola, o golpe é apenas menos grave do que a morte de H. P. B. para toda a sociedade.
>
> Graças a sua genialidade, indústria e sacrifício, nossa literatura começou a se espalhar e ser recebida em toda a Espanha, México, Cuba, América Central e do Sul, Filipinas e Índias Ocidentais. Ele traduziu para o clássico espanhol *Ísis sem Véu*, uma obra que ele publicou por assinatura em edições mensais, além de outros importantes livros teosóficos.
>
> Ele se deparou com a furiosa oposição de sua aristocrática e intolerante família católica romana e, ainda assim, dedicou-se ao árduo trabalho de nossa Sociedade com generoso abandono e inexcedível zelo. Cada uma das cartas que ele me enviou respirava a influência sagrada do altruísmo e a coragem de não se intimidado com a oposição.
>
> Olhando para toda a Sociedade, não poderia destacar ninguém mais dedicado à voz da consciência, mais ardentemente amigo da humanidade, mais livre da estreiteza do regionalismo e do sectarismo. Sua morte foi completamente inesperada. Uma carta dele que não foi respondida estava na minha mesa de trabalho quando me chegou, da parte de nosso querido amigo, seu colega José Xifré, o comovedor aviso oficial e pessoal da calamidade. As circunstâncias do seu leito de morte foram triste-

mente trágicas.
Ele nos deixou no dia 10 de maio depois de ficar doente por uma semana por causa de um resfriado no peito que se transformou em febre tifoide, um resultado, receio, de exaustão nervosa por excesso de trabalho. Os senhores Xifré, Roveratta, Bosch e Das estiveram presentes até o final, a pedido do nosso irmão moribundo, apesar dos insultos dirigidos a eles e a ele pela família e pelos padres jesuítas.
"Morte" – disse o Sr; Xifré – "foi admirável, um exemplo que nenhum de nós jamais poderá esquecer".
Apesar de todos os ditames de decoro e respeito pelos desejos do teosofista moribundo, os sacerdotes fizeram uma cerimônia sectária, que me parece, sob as circunstâncias, que não era nada melhor do que uma profanação do verdadeiro sentimento religioso; e então espalharam a cruel falsidade que a vítima havia sido "convertida": a evasão habitual do clero para esconder a derrota no caso de quase todos os livres-pensadores. Nossos companheiros atenciosos conseguiram com dificuldade salvar o mais importante dos documentos teosóficos de Montoliú; os sacerdotes – tolos pobres e cegos que não aprenderam nada da história! – apoderaram-se do resto e os queimaram até reduzi-lo a cinzas.
Longe de ficarem sentados em desespero total, nossos outros camaradas espanhóis conduziram imediatamente a tocha quando ela caiu da mão morta do querido Montoliú, e eu recebi uma circular solicitando que toda a correspondência concernente à Sociedade Teosófica passe a ser enviada para: Editorial e Administração dos Estudos Teosóficos, Calle Tallers, 66, Barcelona, Espanha.

Em 4 de outubro de 2016, a Seção Teosófica de Barcelona promoveu uma conferência pública em homenagem a Montoliú, a cargo de José Terragó Ferrer, ex-presidente da Sociedade Teosófica Espanhola, de cujas palavras destacamos os seguintes excertos:

Profundamente insatisfeito com a sociedade de seu tempo, ele buscou outros caminhos, outras filosofias que dessem mais sentido à sua vida. Em janeiro de 1888, lendo um número da *Revue Theosophique,* de Paris que havia caído por acaso em suas mãos, despertou-lhe a curiosidade sobre o assunto. Na mesma edição da revista, vinha anunciada o livro *Ísis sem véu* de H. P. Blavatsky. Pouco tempo depois, recebeu o trabalho em dois volumes, em inglês, idioma que eu não dominava. Isso não o desencorajou e, em três meses, era capaz de ler perfeitamente nessa língua. A leitura de *Ísis sem véu* "converteu-o" à nova teosofia. Montoliú imediatamente pediu a Blavatsky para se juntar à Sociedade e permissão para traduzir suas obras para o espanhol. Foi quando, então, que enviou a petição a José Xifré para que ele se interessasse por Montoliu. O próprio Xifré, depois de ler a revista *Le Lotus*, havia contatado Madame Blavatsky, sendo o primeiro contato espanhol com a Sociedade Teosófica. José Xifré encontrou Montoliú traduzindo o primeiro grande obra da nova teosofia quando se aproximou do modesto apartamento do jovem professor para encontrá-lo. Conta Xifré que, ao entrar em seu quarto, Montoliú guardou os papéis de sua tradução.

A conversão de Francisco Montoliú à teosofia levou-o a enfrentar sua família. Seus ardentes pais católicos tentaram reconduzi-lo ao seio da Igreja Católica. Diante da persistência do filho na verdade de sua nova fé, o pai deserdou-o. Esse confronto causava grande sofrimento emocional a Francisco Montoliú, mas ele não renunciou a suas crenças nem no momento de sua morte. Sua família simulou uma conversão *in extremis* ao catolicismo que realmente não aconteceu. Durante sua curta doença, febre tifoide de curso galopante, ele foi atendido pelo dr. Roviralta Borrell, que ocuparia a presidência da teosofia barcelonesa após a morte de Montoliú. Este morreu aos 31 anos em 10 de maio de 1892. As coroas enviadas por seus colegas teosofistas não foram admitidas e tampouco eles foram autorizados a comparecer ao funeral ou ao enterro. Em maio de 1893, o primeiro ramo da Sociedade Teosófica foi estabelecido em Barcelona, levando o nome de "Ramo Montoliú".

Índice dos artigos até agora editados

Volume 1

Volume 2

Volume 3

Volume 4

Volume 5

Volume 6

Os Habitantes dos Mundos Invisíveis

EDILSON ALMEIDA PEDROSA

14x21cm, 194 p.

Habitantes dos Mundos Invisíveis é uma obra de grande importância e significado para todos os espiritualistas, pesquisadores e interessados nos assuntos transcendentais. Versa sobre os moradores dos mundos invisíveis que rodeiam a Terra, destacando-se por sua clareza, objetividade, profundidade e rigor conceitual, dificilmente encontrados em obras do gênero, sendo notável também pelo universalismo e ausência de preconceitos. O autor, Edilson Pedrosa, baseou-se em sua experiência investigativa e nos seus vastos conhecimentos de teosofia já demonstrados em livro anterior, *Um Olhar sobre a Filosofia Esotérica*, mas manteve como pano de fundo pesquisas de clarividentes altamente qualificados, como Geoffrey Hodson e C. Jinarajadasa, que perscrutaram por si mesmos o mundo oculto e o descreveram com narrativas instigantes.

O leitor deve estar ciente de que não se trata de um livro sobre magia prática, sendo antes a fundamentação teórica da existência, descrição e classificação dos mais conhecidos seres dos planos acima do material. Desse modo, este trabalho vem completar o conhecimento que devemos ter de nós mesmos e do mundo que nos cerca. Por seu intermédio, poderemos ter uma visão mais aprofundada a respeito de diversos moradores de grande elevação espiritual situados além do mundo material, ainda que umbilicalmente ligados à Terra, como os anjos e os nirmanakayas, bem como dos elementais: fadas, gnomos, duendes e de outros espíritos da natureza, bons ou maus.

Com a edição de mais esta obra, a Editora do Conhecimento, que já conta com um catálogo considerável de obras teosóficas, vem ampliar a disponibilidade ao público de livros do gênero, publicados em seu selo "Teosofia – a Força da Verdade".

LUZES DA TEOSOFIA – VOL. 7
foi confeccionado em impressão digital, em junho de 2020
Conhecimento Editorial Ltda
(19) 3451-5440 — conhecimento@edconhecimento.com.br
Impresso em Super Snowbright_b 70g. – Hellefoss AG